kritik & *utopie* ist die politische Edition im mandelbaum *verlag*.
Darin finden sich theoretische Entwürfe ebenso wie Reflexionen aktueller sozialer Bewegungen, Originalausgaben und auch Übersetzungen fremdsprachiger Texte, populäre Sachbücher sowie akademische und außeruniversitäre wissenschaftliche Arbeiten.

Margit Appel, Barbara Prainsack

ARBEIT – CARE – GRUNDEINKOMMEN

mandelbaum *kritik* & *utopie*

Gedruckt mit Unterstützung von

Lektorat: Elvira M. Gross
Satz: Bernhard Amanshauser
Umschlag: Michael Baiculescu und Martin Birkner, unter Verwendung einer Grafik von Heinz Harrich
Druck: Primerate, Budapest

Inhaltsverzeichnis

Wir danken Markus Blümel, Luise Gubitzer, Robert Reischer und Elias Weiss für die hilfreichen Kommentare zum Manuskript; Ronald Blaschke für Hinweise zur deutschen Diskussion. Bei Dino Corbo bedanken wir uns für die Forschungsassistenz und bei Ilona Wenger und Elvira M. Gross für das sorgfältige Lektorat. Wir danken Heinz Harrich und Hendrik Wagenaar für die Sorgearbeit, die dieses Buch mit möglich gemacht hat; Heinz Harrich insbesondere für die Zuverfügungstellung der Titelgrafik. Unser besonderer Dank gilt dem Mandelbaum Verlag, allen voran Martin Birkner, für die gute Zusammenarbeit.

Vorwort

Die Diskussion um die Idee des Bedingungslosen Grundeinkommens (BGE) reißt nicht ab. Sie hat Konjunkturen, wie ihr erneuter Start in den 2000er Jahren zeigte, in Deutschland damals angestoßen durch die heftigen Debatten um die Reform der Sozialgesetzbücher (SGB). Insbesondere die Einführung des im Volksmund Hartz IV genannten Arbeitslosengeldes II löste Kritik aus. Mit ihm wurde offensichtlich, dass die Reform zu einer erneuten Betonung auf Erwerbsarbeit als Königsweg eines bewährten und anerkannten Lebens führt.

Dies zeigte sich nicht zuletzt 2005 mit den im SGB II verankerten Zumutbarkeitsregeln, unter denen eine Beschäftigung aufzunehmen sei. So mussten längere Anfahrtswege zur Arbeitsstätte in Kauf genommen, niedriger qualifizierte Berufe akzeptiert sowie bei jüngerem Alter der eignen Kinder die Bereitschaft zur Rückkehr in den Arbeitsmarkt gezeigt werden. Schließlich und am konsequentesten verdeutlichten die Sanktionsregeln den Geist der sogenannten Arbeitsförderung: Wer nicht spurt, hat nicht etwa eigene Lebensvorstellungen oder multiple Problemlagen, die Vermittlungshindernisse darstellen, sondern muss diszipliniert werden. Die Arbeitslosen wurden damit wie renitente Kinder behandelt, ihre Autonomie schwerwiegend untergraben. Dass schließlich diese Politik nicht zur nachhaltigen Verbesserung der Beschäftigtensituation führte, geschweige denn über die Erwerbsarbeit ein gesundes Selbstbewusstsein entstand und das Gefühl, in diesem Land Wertschätzung zu erfahren, ist für eine Arbeitsmarktforscherin ebenso wenig erstaunlich wie für den gesunden Menschenverstand.

Im Zuge der SGB-Reformen gründeten sich in Deutschland Initiativen wie „Freiheit statt Vollbeschäftigung", das „Netzwerk Grundeinkommen" und in wachsender Zahl regionale Initiativen, die seitdem den öffentlichen Diskurs pflegen, über die Idee informieren, sich für ihre Verbreitung und Durchsetzung stark machen. Immer wieder gibt es Anstöße für eine Neubelebung der Grundeinkommensdebatte. So hat die Gründung des Vereins „Mein Grundeinkommen" 2014 mit der Verlosung von einjährigen BGE durch Crowdfunding zu großer Aufmerksamkeit in den Medien gesorgt, ebenso wie die Schweizer Kampagne für eine Volksabstimmung Anfang Juni 2016. Sie rief die Eidgenoss:innen dazu auf, zu beschließen, ob ein bedingungsloses Grundeinkommen in die Bundesverfassung aufgenommen wird. Zwar ist der Vorschlag mit 23,1 Prozent Zustimmung abgelehnt worden, doch ein solches Schicksal war der Durchsetzung des Frauenwahlrechts in der Schweiz bekanntlich vor 1971 ebenfalls widerfahren.

Als die Maßnahmen zum Schutz vor der Corona-Pandemie im Frühjahr 2020 schließlich zu erheblichen Einkommensverlusten verschiedener, vom Lockdown betroffener Berufsgruppen führten, lag es auf der Hand: Ein Grundeinkommen würde hier schnell, verlässlich, unbürokratisch Abhilfe schaffen und Sicherheit bieten. Zudem wäre eine der größten Stärken und ein zentraler Charakterzug des Grundeinkommens ersichtlich geworden: Die Zahlung des BGE auf das Konto eines jeden zeigt Wertschätzung des Einzelnen, gibt einen Vertrauensvorschuss und bindet damit an ein Gemeinwesen, das auf diese Weise Sicherheit und Anerkennung stiftet. Plötzlich war das Grundeinkommen ein breit diskutiertes Thema nicht nur in Deutschland. Vom ehemaligen Fußballprofi Ewald Lienen bis zu den Vereinten Nationen reichte der Bogen des Interesses, und sogar der Papst erwähnte die Idee in seiner Osteransprache. In Deutschland erhielten drei Petitionen – unter anderem die nach 2009 zweite Petition an den Bundestag von Susanne Wiest – in wenigen Wochen Hunderttausende Unterschriften. Doch mit dem Rückgang der Infektionszahlen, so schien es, nahm auch das öffentliche Interesse an der sozialpolitischen Alternative wieder ab.

Aber die Debatte geht weiter. Eine Vielzahl zivilgesellschaftlicher Akteur*innen, einzelne Protagonist*innen in Parteien und Medien sowie größer angelegte Projekte wie das durch Crowdfunding finanzierte „Pilotprojekt Grundeinkommen" tragen dazu bei. Auch die wissenschaftliche Auseinandersetzung wächst. So wird das Pilotprojekt des Vereins „Mein Grundeinkommen", bei dem seit Juni 2021 an 122 Menschen über drei Jahre 1.200 Euro pro Monat ausgezahlt werden, während eine Vergleichsgruppe von 1.380 Menschen ohne Grundeinkommen bleibt, vom Deutschen Institut für Wirtschaftsforschung (DIW Berlin) begleitet. Eine andere Forschungsinstitution ist das Freiburg Institut for Basic Income Studies (Fribis), an dem seit Herbst 2019 innerhalb eines interdisziplinären Kompetenzverbundes an der Universität Freiburg in verschiedenen thematischen Teams Forschung rund um das Bedingungslose Grundeinkommen beheimatet ist und das durch Stiftungsgelder gefördert wird. Um nur einige Beispiele aus Deutschland zu nennen.

Das hier vorgelegte Buch von Margit Appel und Barbara Prainsack liefert nun einen weiteren Anstoß für die Debatte um ein Bedingungsloses Grundeinkommen. Die Autorinnen plädieren dabei für ein neues Verständnis von Arbeit und stellen facettenreich dar, inwiefern ein BGE einen geeigneteren Rahmen für das Handeln des Einzelnen wie auch für notwendige Entscheidungen der Gesellschaft als Ganze abgeben würde. Durch ihren weit aufgefächerten Arbeitsbegriff geraten komplexe Zusammenhänge in den Blick, die für eine nachhaltige Gesellschaftsgestaltung wichtig sind.

Im Kapitel zur Nachhaltigkeit wird dieser weite Horizont besonders deutlich, wenn es heißt: „Arbeit nicht mehr nur als Ware zu behandeln, sondern als Teil des In-der-Welt-Seins der Menschen: als Akt der Sorge um sich selbst, um andere Menschen und um die Natur. Mit dem Rahmen des BGE gedacht, führt Arbeit in ihren unterschiedlichsten Formen – als bezahlte oder unbezahlte Arbeit, selbständige oder unselbständige Arbeit, individuelle oder kollektive Arbeit als Arbeit im Produktions-, Pflege-, Kultur- oder Ökologiebereich, als politische oder zivilgesellschaftliche Arbeit zu einer Absicherung durch ‚Brot und Butter': Grunddienstleistungen und Grundeinkommen." [vgl. Kapitel 8, S. 203]

Dieses Beispiel der Argumentation zeigt den eingeschlagenen Weg eines „verbindenden Denkens", das der Komplexität gerecht zu werden versucht, die von zukunftsweisenden Lösungen der aktuellen Herausforderungen verlangt wird. Das Credo der Autorinnen lautet, nicht länger einem ökonomisch ausgerichteten Paradigma zu folgen, das einen Teil der Probleme selbst erzeugt hat, sondern die realen Abhängigkeiten zusammenzudenken. Im feministischen Diskurs stehen sie damit nicht allein, wovon viele Vorarbeiten kritischer sozialwissenschaftlicher Arbeits-, Familien- und Biografieforschungen zeugen.

Dem weiten Arbeitsbegriff, wie er oben deutlich wird, ließe sich vorwerfen, dass der spezifische Charakter von ökonomisch ausgerichteter Arbeit im Verhältnis zu unentgeltlich, familiär oder zivilgesellschaftlich verrichteter Arbeit verwischt wird. Man könnte – wie es die Autor*innen der Initiative „Freiheit statt Vollbeschäftigung" vorschlagen – stattdessen von „Tätigkeiten" sprechen, wenn Handlungspraxis außerhalb des Erwerbssystems gemeint ist. Der Arbeitsbegriff bliebe reserviert für beruflich und marktvermittelte Tätigkeiten. Der Vorteil einer solchen begrifflichen Trennung liegt in der Möglichkeit, den Eigencharakter der verschiedenen Arenen oder auch Bewährungsfelder gesellschaftlich notwendiger Tätigkeiten im Blick zu behalten.

Denn zu Recht betonen Appel und Prainsack im Kapitel über die Bedingungslosigkeit (Kapitel 3), dass Sorgearbeit als Frauenarbeit schon immer bedingungslos geleistet wurde und uns daher das Prinzip der Bedingungslosigkeit vertraut ist. Ein anregender Gedanke in einem öffentlichen Diskurs, dem es entgegen diesem Wissen hartnäckig gelingt, diesen Zusammenhang auszublenden. Schon zu Beginn der Frauenforschung der 1970er und 1980er Jahre haben Autorinnen wie Regina Becker-Schmidt, Gudrun-Axeli Knapp, Ilona Ostner und einige mehr auf die versteckte weibliche Reproduktionsarbeit hingewiesen, die der ökonomisierten Arbeit als Ware zugrunde liegt und die Mehrwertproduktion erst ermöglicht. Inzwischen ist die Erkenntnis der als „doppelte Vergesellschaftung" von Frauen in die Forschung eingegangene Formel erweitert worden. So spreche ich in meinen Studien beispielsweise von einer „dreifachen Reproduktion", die zur nachhaltigen Gesellschaftsgestaltung gelingen muss. Damit meine ich die gesellschaftlichen Handlungsprobleme der generativen, sozialen und materiellen Reproduktion, konkret also: die Sicherung des Nachwuchses, des sozialen Zusammenhalts sowie der Erwirtschaftung eines erwünschten und ökologisch verantwortbaren Wohlstands. In dieser Sichtweise ist ebenfalls die von Appel und Prainsack betonte gegenseitige Abhängigkeit der „Sektoren“, wie sie es nennen, enthalten: Eine Gesellschaft kann sich nicht erhalten und weiterentwickeln, wenn nicht alle drei Bereiche gesichert werden.

Und ein weiterer, damit zusammenhängender Gedanke von Appel und Prainsack ist anregend: Indem die Bedingungslosigkeit als Grundprinzip des – bisher vornehmlich weiblichen – Sorgens ans Licht gebracht wird, erwächst ein neues, treffenderes Verständnis von Bedürftigkeit und Abhängigkeit. Die kurze Formel „Alle sind von allen abhängig“ räumt mit dem modernen Mythos auf, Autonomie und Freiheit beruhten auf beruflichem Erfolg und individuelle Selbstbehauptung sei der akzeptierte, alleinige Ausweis eines gelungenen Lebens. Dieser Irrtum basiert auf der Abspaltung von Selbstbezug qua bezahlter Arbeit an Männer und Bindung qua unbezahlter Arbeit an Frauen, worauf die psychoanalytisch fundierte Sicht von Vera King bereits in den 1990er Jahren aufmerksam machte. Daraus lässt sich ein für die BGE-Diskussion wegweisendes Verständnis von Autonomie ableiten, nämlich als „Freiheit in Abhängigkeit“. Eigentlich ist es ganz einfach: Wenn wir auf den Beginn des Lebens schauen, offenbart sich diese Struktur im Kern. Menschliches Leben wird durch Interaktion und Fürsorge erst möglich gemacht – um sich dann zu verallgemeinern in der Fürsorge für das Gemeinwesen. Diese Abhängigkeit nicht länger zu leugnen, dazu eignet sich die Diskussion des BGE. Dies machen Appel und Prainsack mehr als deutlich.

Ein Bedingungsloses Grundeinkommen stellt also in mehrfacher Hinsicht einen zukunftsweisenden Rahmen dar. Einmal für die Auseinandersetzungen der Gesellschaftsgestaltung im Allgemeinen, aber auch für die Handlungsentscheidungen des Einzelnen in zweifacher Weise: 1. Praktisch ist es den Einzelnen möglich, ihre Entscheidungen an den erwünschten und notwendigen Herausforderungen auszurichten. Sie können sich um Angehörige, Bedürftige oder das Gemeinwesen kümmern, können erwerblich tätig sein, dies alles gleichzeitig oder eines nach dem anderen im eigenen Lebensentwurf realisieren. 2. Normativ wird mit dem BGE das Signal gesendet, dass die Einzelnen als Wert an sich, als Teil der Gemeinschaft wertgeschätzt werden, unabhängig von ihrer Erwerbstätigkeit. Mit einem BGE kann der tatsächliche Einsatz ermöglicht und auch anerkannt werden, egal in welchem der Bereiche er geleistet wird oder ob jemand aus individuellen Gründen (zeitweilig) an keiner dieser Problemlösungen teilnimmt.

Ein solcher umfassenderer Blick auf Gesellschaft verdeutlicht daher die Wirkmächtigkeit eines Grundeinkommens für die zukünftige Bewältigung der Herausforderungen, die in Zusammenhang mit Klimawandel und Starkwetterereignissen, kriegerischen Auseinandersetzungen, Fluchtbewegungen, gesundheitlichen Bedrohungen und vielem mehr zu erwarten sind.

I
Einleitung

Mit diesem Buch wollen wir Arbeit, Care und Grundeinkommen zusammendenken, ohne uns an „Denkverbote“ zu halten. Diese Denkverbote ergeben sich aus hegemonial gewordenen Vorstellungen darüber, wie die Gesellschaft funktioniert, welchen Gesetzen „die Wirtschaft“ gehorcht und wie unterschiedliche Teile der Gesellschaft miteinander verbunden sind (Wagenaar & Prainsack 2021). Diese Vorstellungen beschränken das, was sag- und denkbar ist, und bilden damit die Grenzen dessen, was und wie wir uns eine bessere, gerechtere, und nachhaltigere Gesellschaft vorstellen können.

Die derzeitig dominante Erzählung nutzt und rechtfertigt gesellschaftliche Praxen der Hierarchisierung, der Ausgrenzung, der Unterdrückung und der Abwertung. Sie legt fest, was Arbeit ist, wessen Arbeit was wert ist, und wessen Arbeit unsichtbar bleibt. Sie markiert einige von uns als Leistungsträger:innen, während sie andere als defizient und hilfsbedürftig darstellt. Dieses Buch möchte einen Beitrag dazu leisten, diese Hegemonie zu durchbrechen. Dinge, die viele von uns für wahr halten, halten bei näherem Hinsehen einer empirischen Überprüfung nicht stand. Und wenn wir das einmal erkannt haben, dann können als unvereinbar behauptete Dinge zusammengedacht werden. Der Horizont des Möglichen erweitert sich und Wege zur Transformation des Bestehenden werden deutlicher.

Warum ist es so wichtig, Arbeit, Care, und Grundeinkommen zusammenzudenken? Arbeit ist eine wesentliche Form menschlicher Praxis, die Welt zu gestalten. Sie ist sowohl für einzelne Menschen als auch für die Gesellschaft im Allgemeinen bedeutungsvoll. Zugleich ist die Art, wie Arbeit verstanden und organisiert ist, wer selbstbestimmt arbeiten kann und wer nicht, und ganz allgemein die Rolle, die Arbeit in der Gesellschaft einnimmt, eine Ausdrucksform von Macht und Herrschaft. Arbeit in ihrer kommodifizierten Form ist ein Schlüsselelement der kapitalistisch-marktwirtschaftlichen Wirtschaftsweise, ein weiteres die Ausbeutung jeder anderen Form von Arbeit, insbesondere der unbezahlten oder schlecht bezahlten Care-Arbeit.

Unbezahlte oder schlecht bezahlte Care-Arbeit ist gleichzeitig Voraussetzung und Ausfluss „sorgloser" Wirtschafts- und Gesellschaftssysteme. Care[1] steht dabei für den Bedarf an Sorge, der in jeder menschlichen Gesellschaft da ist und gestillt werden muss, um Leben zu ermöglichen und zu erhalten. Sowohl die (moralische) Verantwortlichkeit als auch die konkrete Erbringung von Care-Tätigkeiten beruhen auf einer geschlechterhierarchischen, rassifizierten und klassistischen Arbeitsteilung. Um diese Form der Arbeitsteilung zu überwinden, muss eine Orientierung an Care – ganz konkret im Sinne vorliegender Ansätze einer Care-Ethik – zu einem Angelpunkt einer „Neuausrichtung von Wirtschaft" (Meier-Gräwe/Praetorius/Tecklenburg 2023) und insgesamt einer sorgeorientierten Gesellschaft werden.

1 Die Begriffe Care(-Arbeit) oder auch Sorge(-Arbeit) werden in diesem Buch synonym verwendet.

Arbeit in all ihren Formen spielt eine Schlüsselrolle im Umgang mit den Vielfach-Krisen, einschließlich der Klimakrise. Eine Neubewertung der Rolle und Definition von Arbeit, vor allem auch des Verhältnisses von Arbeit und Einkommen, ist für die Lösung der Gesundheits-, Care-, Klima-, Verteilungs- und Demokratiekrisen unabdingbar. Das macht die Idee eines Bedingungslosen Grundeinkommens (BGE) aktueller denn je. Nicht nur, weil das BGE einen konkreten Handlungsansatz zur Vor- und Umverteilung darstellt. Sondern auch, weil es in die Prozesse rund um Fragen der Arbeit, des Verhältnisses von Arbeit und Einkommen und der Hierarchisierung von Arbeit in einer Weise interveniert, die es zu einem wichtigen Instrument für die partizipative Gestaltung des Wandels der Arbeitsgesellschaft werden lässt. Derzeit sind die Machtverhältnisse in unserer Gesellschaft so gestaltet, dass politische Mitwirkungs- und Durchsetzungschancen an die Verfügung über sozioökonomische Ressourcen geknüpft sind (Zandonella 2021). Das emanzipatorische und transformative Potenzial des BGE zielt auf soziale Anerkennung und Einkommen für alle, buntere Identitäten anstatt der derzeit dominanten Identitätsstiftung durch Erwerbsarbeit, eine gerechtere Verteilung von materiellen und natürlichen Ressourcen, faire Verteilung der gesellschaftlich notwendigen (Sorge-)Arbeit, Entideologisierung von für die herrschende Wirtschaftsweise zentralen Bestimmungen wie Leistung und Wachstum und Transformation zu einer sozial-ökologischen Wirtschaftsweise (vgl. Wagenaar/Prainsack 2021; Prainsack/Wagenaar 2021).

Demokratie als geteilte Sorgeverantwortung

Die Politologin Joan Tronto definiert Demokratie als „geteilte Sorgeverantwortung und Sicherstellung, dass jede:r

Bürger:in an dieser Sorgeverantwortung so umfassend wie möglich teilhaben kann" (Tronto 2015, S. 15).[2] Das politische System der Demokratie braucht die ständige Sorge der Bürger:innen – in allen Bedeutungsfacetten des Begriffes. Umgekehrt müssen die Bürger:innen sich darauf verlassen können, dass für sie gesorgt wird, indem Rahmenbedingungen geschaffen werden, die es ihnen ermöglichen, gut für sich und für andere zu sorgen. Es braucht Sorge um Werte, umeinander, um geteilte Räume, um existenzsichernde Einkommen, um gute Institutionen, um bedürfnisorientierte Grunddienstleistungen und um die natürliche Umwelt. Die Arbeitsgesellschaft in ihrer derzeitigen Form bietet diese Rahmenbedingung der geteilten Sorgeverantwortung, an der alle Bürger:innen umfassend teilhaben können, nicht. Damit wird die Frage, welche Rolle welche Arbeit in unserer Gesellschaft einnimmt, nicht nur zu einer politischen, sondern zu einer Frage, die den Status unserer Demokratie berührt (vgl. Urban/Ward 2020).

Die ohnehin nie für alle geltende, vertragstheoretisch idealisierte Form der sozialversicherungsrechtlich abgesicherten, mit gutem Einkommen versehenen und mit Mitbestimmungsrechten ausgezeichneten Erwerbsarbeitsverhältnisse ist erodiert. Prekarisierung ist ein Teil des Geschäftsmodells kapitalistischer Gesellschaften. Demokratie zu erfahren, zu lernen, einzuüben – ohnehin auch in den Hochzeiten regulierter Erwerbsarbeit ein Minderheitenphänomen –, wird in den zahlreichen prekarisierten Erwerbsarbeitswelten und der unter Sparzwang stehen-

2 Im Original: „Democracy is the allocation of caring responsibilities and assuring that everyone can participate in those allocations of care as completely as possible." Alle Übersetzungen aus dem Englischen stammen, wenn nicht anders angegeben, von den Autorinnen.

den öffentlichen oder von der Rendite privater Investor:innen getriebenen Einrichtungen der Gesundheit und Pflege gänzlich zur Illusion.

Kapitalismus als Pyramidenspiel

Die ungleiche Reichtumsentwicklung der letzten Jahrzehnte schadet der Demokratie und dem sozialen Zusammenhalt. Nicht die Sorge um alle, sondern die Interessen weniger bestimmen die politische Agenda (Elsässer 2018). Die als Ergebnis von Kämpfen und Austragung zahlloser Konflikte – nach Weltregion und

Wirtschaftsformen sehr unterschiedlichen – existierenden Formationen sozialen Ausgleichs werden nicht nur ständig angegriffen, sondern von der herrschenden Schieflage der Vermögens- und Einkommensverteilung sowie von der Obszönität des Reichtums einiger und der damit verbundenen politischen Macht konterkariert. Um mit Nancy Fraser zu sprechen: „Die Unterwerfung derer, die das Kapital *expropriiert*, ist […] eine versteckte Möglichkeitsbedingung für die Freiheit derer, die es *ausbeutet*" (Fraser 2023, S. 67). Für Fraser geht es um das Aufzeigen der kapitalistischen Notwendigkeit der Enteignung – an Gütern, Land, Freiheit, und Selbstbestimmung – jener, die im Globalen Süden und in den deprivierten Gegenden des Globalen Nordens leben und keine Aussicht darauf haben, jemals in die Schicht der „bloß" Ausgebeuteten und nicht völlig Enteigneten aufzusteigen. Die Implikationen dieser Analyse sind zweifach: Erstens war und ist kolonialistische Ausbeutung und Unterwerfung in dieser Sichtweise keine Verirrung vereinzelter kapitalistischer Gesellschaften. Sie war vielmehr von Anfang an ihre Voraussetzung: „Hinter Manchester liegt Mississippi", wie Fraser es ausdrückt (Fraser 2023, S. 70). Zweitens wird in dieser Sichtweise deutlich, dass der Kapitalismus nicht dazu geeignet ist, Wohlstand für alle – oder auch nur für den Großteil der Menschen – zu schaffen, und schon gar nicht, mit den natürlichen Ressourcen schonend umzugehen. Die Oberklasse der Superreichen und Teile der sich immer wieder neuformierenden Mittelklasse profitieren von diesem System. Hingegen löst sich das Versprechen auf Gewinn für alle anderen, die ihr Arbeitsvermögen einsetzen und an dieses System glauben sollen, nicht ein. Der Kapitalismus wird zum Pyramidenspiel.

Bedingungslose Ausbeutung

Das Funktionieren der kapitalistischen Gesellschaft hat Voraussetzungen, die diese weder herstellen noch sicherstellen kann. Ein Funktionsgarant ist die generative und reproduktive Arbeit von Frauen[3] und ihre Enteignung (Fraser 2023). Frauen leisten den Großteil der un- und unterbezahlten Arbeit und halten in nahezu allen Gesellschaften der Welt nur einen sehr geringen Teil des Eigentums. Wir orten die Existenz eines – feminisierten – „Sektors der Bedingungslosigkeit" (Appel 2020a): Frauen wird, traditionell und in immer neuer Weise, die Fähigkeit zugeordnet, eigene Bedürfnisse zurückzustellen und das Notwendige zu tun, ohne große Ansprüche zu stellen. Sie werden als diejenigen „markiert", die für Sorgetätigkeiten besser geeignet sind. Die Ausbeutung weiblichen Arbeitsvermögens ist keine vergangene Größe, sondern, wie jüngst in der Corona-Pandemie wieder deutlich wurde (Kittel et al. 2021; Mader et al. 2020), jeder-

3 Mit der Verwendung des Begriffs Frauen implizieren wir nicht unsere Zustimmung zu patriarchal geprägten Zuschreibungen der *Natur* oder der *natürlichen Rolle* von Frauen. Vielmehr geht es uns um eine Sichtbarmachung der Diskriminierung und Ausbeutung der Menschen, die der Kategorie Frau zugeordnet werden (Schutzbach 2021, 11 f.).

zeit reaktivierbar. Auf Kosten der Freiheit und Gleichheit von Frauen soll bedingungslos gesorgt und damit das kapitalistische Wirtschaftssystem am Laufen gehalten werden.

Eine weitere Möglichkeitsbedingung kapitalistischer Gesellschaften ist die Ausbeutung der Ökosysteme. Die Stabilität unseres demokratischen Systems beruht unter anderem auf der Fiktion, dass alle gleichermaßen die natürlichen Ressourcen ausbeuten können: „Die wechselseitige Zuerkennung *gleicher Rechte auf Naturentrechtung* bildet die implizite Geschäftsgrundlage der modernen Demokratie und ihres sozialen Grenzregimes“ (Lessenich 2019, S. 86). „Eingepreist“ ist die Zerstörung der Lebensgrundlagen jener Menschen vor allem im Globalen Süden. In erster Linie auf ihre Kosten sollen die Güter der Erde bedingungslos ausgebeutet werden. Es sind vorrangig die Beiträge der Vertreter:innen der Care-Ökonomie, die diese Grundproblematiken des herrschenden Wirtschafts- und Politiksystems anprangern und den Zusammenhang zwischen gelingenden Sorgebeziehungen und der Belastbarkeit der Ökosysteme aufzeigen (Winker 2021).

Emanzipation, Bedingung für Veränderung

Die Bedeutung eines BGE sehen wir angesichts dieser Analysen in seinem vielfältig emanzipatorischen Potenzial. Ganz unmittelbar liefert ein BGE eine wichtige Voraussetzung dafür, dass Menschen über die wirtschaftlichen und politischen Arrangements, die ihr Leben beeinflussen oder gar bestimmen, mitentscheiden können. Ein BGE schafft Einkommenssicherheit und mehr Kontrolle über die eigene Zeit. Bestimmungen, die gewisse Gruppen von politischer Beteiligung ausschließen – wie etwa das Staatsbürger:innenrecht –, werden durch ein BGE nicht unmittelbar verändert, weder in Richtung größerer Ex- noch stärkerer

Inklusion. Gleichzeitig bedeutet die Aufgabe, sich politisch auf die Definition des Bezieher:innenkreises für ein BGE zu verständigen, auch, etablierte Kategorien – wie Staatsbürger:innenschaft, legaler oder illegaler Aufenthalt in einem Gemeinwesen etc. – in ihren Wirkungen zu hinterfragen und gegebenenfalls neu zu konzipieren. Festgefahrene Denkmuster lassen sich so verändern. In dieser Art hat das BGE emanzipatorisches Potenzial über seine unmittelbaren Wirkungen hinaus.

Emanzipation bedeutet, die Bedingungen für die Veränderung gesellschaftlicher Verhältnisse zu schaffen und damit Unterdrückung zu beenden. Mit Unterdrückung ist hier nicht bloß die offenkundige, rohe Gewalt (zumindest in ihrer Androhung) beinhaltende Unterjochung von Menschen gemeint, die dadurch gezwungen werden, etwas zu tun, was sie nicht tun möchten. Es geht auch um viel „sanftere", weniger offenkundige Aspekte der Unterdrückung. Der Politologe Peter Digeser fasste die unterschiedlichen Formen der Macht – von der rohen Gewalt bis hin zur völlig „freiwilligen" Übernahme hegemonialer Werte und Normen – als „vier Gesichter der Macht" zusammen (Digeser 1992; vgl. Dahl 1957, S. 202 f.). Das erste Gesicht der Macht ist nach Digeser das, das die meisten Menschen vor Augen haben, wenn sie an Macht denken: Es beinhaltet einen offenen Konflikt und die Androhung oder Ausübung roher Gewalt. Das zweite Gesicht der Macht bezieht sich dagegen auf Situationen, in denen eine Person daran gehindert wird, etwas zu tun, was sie tun möchte.[4] Dabei

4 Die Anerkennung dieser weniger offenkundigen, aber nicht weniger wichtigen und wirksamen Dimension der Macht ist größtenteils der Arbeit von Peter Bachrach und Morton S. Baratz zu verdanken, die in einem bahnbrechenden Artikel in den frühen 1960er Jahren die Aufmerksam-

geht es um Entscheidungen, die nicht getroffen werden konnten, oder Prozesse, die dazu führten, dass bestimmte Anliegen nie verhandelt wurden, andere sehr wohl. Dieses zweite, „weichere“ Gesicht der Macht schließt auch Effekte greifbarer sozialer und ökonomischer Ungerechtigkeiten mit ein. Das dritte Gesicht der Macht beschreibt Machtausübung durch Manipulation: Hier gibt es gar keinen offenen Widerstand mehr. Menschen tun „freiwillig“, was mächtigere Akteur:innen wollen, obwohl es ihren Interessen zuwiderläuft. Das vierte Gesicht der Macht, das stark an die Arbeiten Michel Foucaults angelehnt ist, erfasst Macht auch in Situationen, in denen die handelnden Akteur:innen dominante Präferenzen und Werte der herrschenden Eliten internalisiert haben und als ihre eigenen ansehen. Die Supermarktkassiererin, die trotz magerer Bezahlung noch besser arbeiten möchte, damit sie zur Mitarbeiterin des Monats wird, oder der Bereichsleiter, der im vorauseilenden Gehorsam Mitarbeiter:innen seines Teams zum Personalabbau vorschlägt – dies sind klassische Beispiele des vierten Gesichts der Macht. Im Unterschied zum dritten Gesicht der Macht, in dem es auch keine offenen Konflikte, aber zumindest noch einander widersprechende Interessen gibt, bezeichnet das vierte Gesicht der Macht Prozesse, in denen Menschen nach Maßgabe hegemonialer Werte und Maßstäbe „sich sozusagen selbst regieren“.

Beim emanzipatorischen Potenzial des BGE geht es nicht bloß darum, den augenfälligsten Formen der Unterdrückung

keit der politischen Analyst:innen auf Fälle von Machtausübung lenkten, in denen Akteur:innen nicht als Konfliktparteien konstituiert sind und Themen nicht als strittig definiert werden (vgl. Bilgin/Berivan 2008, S. 9; Bachrach/Baratz 1962; 1963).

und Ausbeutung menschlicher Arbeitskraft ein Ende zu bereiten. Es geht auch nicht nur darum, sicherzustellen, dass alle Menschen genug für ein würdevolles Leben haben, unabhängig von ihrem Erwerbstatus und ohne gedemütigt zu werden. Vielmehr verfolgen progressive Befürworter:innen des BGE das Ziel, die geistige Gefangenschaft, in der wir uns durch die hegemoniale Macht der kapitalistischen Lebensweise befinden, zu beenden. Es geht darum, eine Situation zu erreichen, in der so viele Menschen wie möglich selbstbestimmt leben, arbeiten, Gesellschaft gestalten, für die Bewahrung des Planeten Erde sorgen können und in der Menschen von familiären und natürlichen Zwängen so weit wie möglich befreit werden, um ihre Beziehungen selbst zu gestalten. Es geht um eine Gesellschaft, in der Menschen sinnvoll tätig sind und damit einen Beitrag für andere leisten – in anderen Worten, dass wir alle *gut arbeiten* und für alle gut gesorgt ist, wir uns umeinander sorgen können. Ein BGE ist ein zentraler Schlüssel, um das möglich zu machen – aber keineswegs der einzige, den es braucht.

Mentaler Registerwechsel: Prädistribution statt Redistribution

Wer für ein BGE eintritt, hört bestimmte Bedenken immer wieder: Sie reichen von der mangelnden Finanzierbarkeit über Fairnessfragen bis zur Sorge, dass das BGE als *Herdprämie* für Frauen wirken könnte. Während manche dieser Vorbehalte einen wertvollen Beitrag zur Debatte leisten und dabei helfen können, Denkfehler und Fehler in der Ausgestaltung des BGE zu vermeiden, handelt es sich bei anderen um Vorurteile, die sich trotz gegenteiliger Faktenlage hartnäckig halten. Die Behauptung, dass ein BGE die Mehrheit der Menschen *faul* machen würde, gehört dazu. Die Idee, dass alle Menschen das Lebensnotwendige nicht nur im Rahmen von Sach- und

Dienstleistungen, sondern auch in Form einer Geldzahlung bedingungslos erhalten, bricht mit dem Format, mit dem wir gewohnt sind, Gerechtigkeit realisiert zu sehen. Dieses Format ist die Umverteilung – also der Versuch, die Ungleichverteilung von Geld und anderen Gütern nachträglich abzuschwächen. Typische Beispiele für Praktiken und Instrumente, die aus Einkommen und Kapital entstandenes Vermögen umverteilen, sind progressive Steuersätze, steuerfinanzierte Transferleistungen, steuerfinanzierte Gesundheitssysteme.

Eine solche Redistribution ist jedoch nicht die einzige Möglichkeit, Ungleichheiten zu reduzieren. Neben der Redistribution gibt es auch die Prädistribution – also die Vorverteilung – von Gütern und Dienstleistungen. Sie soll vermeiden, dass große Ungleichheiten überhaupt erst entstehen (siehe auch Prainsack 2020). Eine solche prädistributive Maßnahme ist ein allen ohne finanzielle Schranken zugängliches, qualitätsvolles Gesundheitssystem oder auch steuerfinanzierte staatliche Bildung. Arbeitsmarktpolitische und sozialpartnerschaftliche Instrumente wie Kollektivverträge oder Mindestlöhne gehören ebenfalls in die Werkzeugkiste der Prädistribution.

Wenn man diesen mentalen Registerwechsel durchführt, dann wird deutlich, dass ein BGE zwar ein neues, aber in der Räson der Vorverteilung völlig plausibles Politikinstrument ist. Das BGE hilft, Vermögen und Wohlstand in der Bevölkerung (vor-) zu verteilen. Armut und großen Ungleichheiten wird so vorgebeugt, sie müssen nicht durch umverteilende Maßnahmen nachträglich ausgeglichen werden. Ein *vor-verteilendes* BGE ermöglicht vielfältige Beiträge zum Gelingen des Gemeinwesens und erleichtert die (Selbst-)Organisation in kooperativen Arbeitsformen. Mit einem BGE haben Bürger:innen eine bessere Basis für politische Partizipation und wohl auch für ein erstarktes Vertrauen in die Politik. Die Qualität und die Ausgestaltung der Leistungen der Daseinsvorsorge sowie der öffentlichen Infrastrukturen können in einem viel höheren Ausmaß von jenen mitbestimmt werden, die sie auch in Anspruch nehmen – ein deutlich demokratiestärkender Faktor.

Die Freiheit, Verantwortung zu wagen

„Ohne einen Ermöglichungsgrund durch ein Grundeinkommen wird der Mensch immer wieder zu einem schlechten Gehorsam gegenüber Instanzen der Macht oder ihn absorbierenden Abhängigkeiten gezwungen" – dies argumentieren die beiden Grundeinkommensvordenker:innen Herwig Büchele und Lieselotte Wohlgenannt in ihrem für die österreichische Debatte grundlegenden Buch *Grundeinkommen ohne Arbeit* (Büchele/Wohlgenannt 1985, S. 23). Der stattfindende Wandel der Arbeitsgesellschaft und die wieder zunehmende ökonomische und soziale Ungleichheit verstärken diesen „schlechten Gehorsam" noch. Die zunehmende Ungleichverteilung zwingt immer mehr Menschen in „absorbierende Abhängigkeiten". Ansätze, die dazu beitragen, den Charakter von Arbeit als Herrschaftsinstrument zu beenden und die Frage *Wie möchten wir sorgen?* zu einer politisch-öffentlichen Frage zu machen, möchten wir mit diesem Buch stärken. Im BGE sehen wir einen solchen Ansatz – der wiederum mit anderen Ansätzen zur Veränderung verknüpft sein muss, um eine sozial und ökologisch gerechte, sorgeorientierte, demokratischere Gesellschaft zu schaffen.

Übersicht über das Buch

Kapitel 2, „Arbeit als Herrschaftsinstrument", enthält eine Skizze der Geschichte des Herrschaftscharakters von (Erwerbs-)Arbeit. Die Doppelgesichtigkeit von Arbeit prägt bis heute unser Verständnis von und unser Verhältnis zu Arbeit. Arbeit ist bedeutsam für Existenzsicherung, Identitätsstiftung, sozialen Status und Integration in die Gesellschaft. Gleichzeitig sind Arbeit und die Art ihrer Organisation Instrumente zur Aufrechterhaltung von Herrschaft und Abhängigkeit. Anhand von Beispielen, wie etwa der Übernahme des MAN-Werks in Steyr im österreichischen Bundesland Oberösterreich oder des von arbeitsideologischen Vorstellungen geprägten Umgangs mit Erwerbslosen, zeigen wir, dass die Durchsetzung des Arbeitskraftzugriffs auch heute Kernstück kapitalistisch-marktwirtschaftlicher Wirtschaftsweise ist. Dieser nach den Interessen des Kapitals erfolgende Arbeitskraftzugriff prägt auch die Geschichte der Aneignung des Arbeitsvermögens von Frauen. In der Fiktion, Arbeit sei ein vertraglich abgesichertes Verhältnis unter Freien und Gleichen, waren sie allerdings lange nicht mitgemeint. Die historische Erfahrung von Frauen, *systemrelevant* zu sein, aber dennoch keinen stabilen (Erwerbsarbeits-)Bürger:innenstatus zu erreichen, kann daher als Vorbote oder warnendes Anschauungsbeispiel gelesen werden: für die prekarisierte *workforce* im Finanzkapitalismus und in der digitalen Ökonomie. Der Charakter von Arbeit als Herrschaftsinstrument steht Arbeit als Erfahrung von Mitbestimmung, Selbstwirksamkeit und dem Einüben demokratischer *Tugenden* weitgehend entgegen. Der Umstand, dass die meisten Menschen zu unselbständiger Erwerbsarbeit gezwungen sind, um ihre Existenz zu sichern, führt zu Anpassung und Gehorsamshaltungen. Dies setzt sich in der Organisation des Zugangs zu Sozialleistungen fort.

Im darauffolgenden Kapitel 3, „Bedingungslosigkeit als historische Konstante unbezahlter und bezahlter Frauenarbeit", vertiefen wir die Analyse von Arbeit als Herrschaftsinstrument. An historischen Beispielen geschlechterhierarchischer Arbeitsteilung sowie an den Rahmenbedingungen für die Arbeitsfelder Elementarpädagogik und 24-Stunden-Betreuung machen wir deutlich, dass Bedingungslosigkeit eine besondere Anforderung an Frauenarbeit war und ist. In der beharrlichen Zuweisung von unbezahlter oder schlecht bezahlter, gesellschaftlich abgewerteter (Sorge-)Arbeit an Frauen ist die Erwartung einer bedingungslosen Erbringung dieser Arbeiten enthalten. Zunehmend wird dieses Arrangement aufgekündigt, wie wir am Beispiel der Proteste der Arbeitnehmer:innen aus Elementarpädagogik und 24-Stunden-Betreuung zeigen. Überdies wird in diesem Kapitel das Problem der Konkurrenz zwischen Wirtschaftssektoren innerhalb einer Volkswirtschaft ausgeführt, das – gemeinsam mit bestimmten Strategien zum Umbau des Sozialstaates – dazu angetan ist, dysfunktional gewordene Bewertungen von Arbeit als produktiv beziehungsweise unproduktiv aufrechtzuhalten. Dieser Vorwurf der Aufrechterhaltung dysfunktionaler Bewertungen wird auch gegen Akteur:innen der BGE-Debatte gerichtet: Nicht alle messen der in diesem Kapitel problematisierten Arbeitsteilung zwischen den Geschlechtern mit ihren negativen Auswirkungen für die Gleichheit und Freiheit von Frauen die notwendige Bedeutung zu. Das schwächt das emanzipatorische Potenzial des BGE und verhindert wichtige Bündnisse zu dessen Umsetzung.

Aufbauend auf das vorangehende Kapitel führen wir in Kapitel 4, „Bedingungslosigkeit politisieren“, die Auseinandersetzung mit dem Begriff der Bedingungslosigkeit weiter. Entgegen der Kritik, das BGE breche aufgrund des Anspruchs, eine bedingungslose sozialstaatliche Leistung zu sein, mit allem, was gesellschaftlich üblich ist, wurde bereits gezeigt, dass Bedingungslosigkeit Bestandteil der bestehenden geschlechterhierarchischen Ordnung ist. Der mit der BGE-Idee erhobene Anspruch auf eine bedingungslos garantierte menschenwürdige Existenz wird nun in diesem Kapitel mit der Idee allgemeiner Menschenrechte verbunden. Die Debatte um das BGE sehen wir als Beitrag dazu, den Zusammenhang von bürgerlichen, politischen und sozialen Rechten ganz deutlich zu machen. Im vorwiegend an Frauen gerichteten Anspruch, zu sorgen, und – wie wir argumentieren – Frauen damit für gesellschaftlich inferior bewertete Tätigkeiten als besser geeignet zu markieren, sehen wir nicht nur ein Gerechtigkeits- sondern wesentlich auch ein demokratiepolitisches Problem. Dementsprechend zeigen wir die Herausforderungen und die Möglichkeiten auf, Bedingungslosigkeit zu einer Qualität des Öffentlichen zu machen. Gelingen kann dies, wie wir ausführen, durch mehrere Prozesse. Die Diskussion zum BGE gilt es, verstärkt in Richtung eines Transformationsinstruments für mehr Geschlechtergerechtigkeit weiterzuentwickeln. Idealisierte kapitalistisch-patriarchale Vorstellungen von Autonomie, Freiheit und Eigenverantwortung sind zugunsten menschen- und umweltfreundlicherer Konzepte zu verabschieden. Arbeit als Herrschaftsinstrument und Hort geschlechterhierarchischer Machtverhältnisse ist – zugunsten von sorgeorientierter Arbeit und einem sorgenden Staat – zu entwerten.

Kapitel 5, „Fünf Mythen zum Bedingungslosen Grundeinkommen“, geht auf Vorbehalte ein, die sich gegen das BGE richten. Die Frage, wie ein BGE gestaltet sein muss, um zu einer gerechten, freien und solidarischen Gesellschaft beizutragen, ist komplex – und skeptische Positionen sind in dieser Debatte wichtig und hilfreich. Manche Vorbehalte allerdings nehmen den Charakter von Mythen an, die verbreitet werden, um die Diskussion um ein BGE im Keim zu ersticken. Wir gehen auf fünf solcher Mythen ein: Ein Grundeinkommen sei Geld fürs

Nichtstun; es sei ungerecht, weil es auch die Reichen bekommen; es sei nicht finanzierbar; es höhle den Sozialstaat aus; und es sei *Herdprämie* für Frauen. Letzterer Punkt ist dabei ein Bedenken, das wir sehr ernst nehmen – und am Ende nicht für überzeugend halten.

Kapitel 6, „Brot und Butter – öffentliche Infrastrukturen und bedingungslose Absicherung", argumentiert, dass ein BGE den Sozialstaat nicht nur nicht aushöhlt, sondern sein neues, stärkeres Fundament sein kann. Es wäre ein Sockel der Existenzsicherung und Ankerkennung, unter den niemand fallen kann. Gleichzeitig müssten auch nach einer Einführung eines BGE die Grundbedürfnisse der Menschen weiterhin nicht nur durch Geldzahlungen, sondern ebenso durch öffentliche Dienstleistungen und Infrastrukturen befriedigt werden. Durch welche Politiken in den letzten Jahrzehnten die Gewährleistung von Grundbedürfnissen als Aufgabe des Staates unter Druck gekommen ist, zeichnen wir mit einem Abriss zur Ideologie der Austerität nach. Auf die Sorge, einen ausdifferenzierten Sozialstaat mit der Einführung eines BGE zu einem Sozialstaat mit nur mehr einem Hebel zur Bekämpfung vielfältiger sozialer Probleme zu machen, wird ebenfalls eingegangen.

Kapitel 7, „Wohnen ohne Markt", ist einem zentralen Grundbedürfnis gewidmet – dem Wohnen. Stabiler und qualitativ hochwertiger Wohnraum zählt nicht nur zu den menschlichen Grundbedürfnissen, sondern ist auch eine Bedingung für ein gesundes Leben. Vor diesem Hintergrund ist es erschreckend, in welchem Ausmaß Wohnraum auch in Europa zu einem Spekulationsobjekt geworden ist. Die Zurverfügungstellung von ausreichend leistbarem und gutem Wohnraum für alle, die dies möchten, ist eine positive Pflicht des Gemeinwesens. Am Beispiel des Vereinigten Königreichs zeigt dieses Kapitel, wie die Idee des Wohnraums als öffentliches Gut verloren gegangen ist und durch Finanzialisierung ersetzt wurde. Wir argumentieren, dass Zugang für alle zu leistbarem Wohnraum eine wesentliche Voraussetzung dafür ist, dass ein BGE seine emanzipatorische und transformative Wirkung entfalten kann.

Kapitel 8, „Bedingungsloses Grundeinkommen und Nachhaltigkeit", bespricht, was es braucht, um der Klimakrise zu begegnen und eine sozial und ökologisch gerechte Gesellschaft denken und umsetzen zu können. Jene Praktiken, die für unsere extraktivistischen Wirtschafts- und Gesellschaftssysteme kennzeichnend sind, stellen zugleich die Ursachen der Klimakrise dar. Mit der Bekämpfung von Symptomen ist es hier nicht getan; es braucht eine Reorganisation unserer Gesellschaft – vorrangig unserer Wirtschaft –, orientiert an Werten wie Freiheit, Solidarität und Respekt, statt Fetischisierung schneller Profite. Dies, wie wir in Anlehnung an Hendrik Wagenaar und Barbara Prainsack (2021) argumentieren, wird nur gelingen, wenn wir auch andere Leitbilder für unser Handeln haben: Anstelle von noch mehr Ingenieurskompetenz braucht ökologische Transformation die Kompetenz des Gärtnerns. Während erstere weiterhin für die Bewältigung komplizierter Probleme unabdinglich ist, gilt es den komplexen Herausforderungen der Gegenwart mit Ansätzen zu begegnen, die auf Beziehung, gegenseitigem Lernen und Dialog aufbauen – und sich nicht als Herrschaftsprojekt verstehen. Hier schließt sich der Bogen zum ersten Kapitel des Buches. Arbeit wurde dort als Herrschaftsinstrument im Rahmen der politisch-ökonomischen Ordnung kritisiert. Als solches ist Arbeit Teil der Ausübung von Herrschaft über die Naturverhältnisse. Ein BGE, so versuchen wir zu zeigen, könnte mehr Freiheit in die derzeitige Zwangsehe zwischen ökonomisierter Natur einerseits und Existenzsicherungsnot und Profitinteresse andererseits bringen.

Im neunten Kapitel, „Zusammendenken: Arbeit – Care – Grundeinkommen“, sind die Grundgedanken des Buches noch einmal zusammengefasst.

2
Arbeit als Herrschaftsinstrument

Das BGE ist nicht nur ein Instrument zur Armutsbekämpfung. Auch wenn manche Vertreter:innen des BGE, erst recht Skeptiker:innen, es darauf verkürzen wollen, ist es immer auch ein Instrument zur Ermöglichung der Emanzipation von herrschenden Verhältnissen. Wie in diesem Kapitel ausgeführt wird, ist die Überwindung der Arbeitsgesellschaft, wie wir sie heute kennen, nicht zuletzt aus einer demokratiepolitischen Perspektive dringlich. Das Grundeinkommen ist wesentliche Voraussetzung dafür, dass diese Transformation partizipativ vonstattengehen kann und von den Menschen nicht passiv erlitten werden muss.

Warum Arbeit, wenn es um Grundeinkommen geht?

Die größten Bedenken und die häufigsten Einwände gegen das Grundeinkommen haben mit den vermuteten Auswirkungen auf die Arbeitsbereitschaft der Menschen zu tun: Man fürchtet, dass bedingungslose Absicherung Menschen „faul" machen würde (siehe auch Kapitel 5). In diesem Kapitel möchten wir als Kontext für diesen Einwand die These der (insbesondere Erwerbs-)Arbeit als Herrschaftsinstrument vertreten: Der soziale Wert von Menschen wird von ihrem Erwerbsstatus, ihrer daraus abgelesene Arbeits- und Leistungsbereitschaft sowie ihrer Bereitschaft zur kontinuierlichen Verbesserung ihrer *employability*, also ihrer Vermittelbarkeit am Arbeitsmarkt, wesentlich mitbestimmt. Sich für ein Grundeinkommen einzusetzen heißt, für eine gesellschaftliche Ordnung einzutreten, die sich zuvorderst an den Voraussetzungen orientiert, die Menschen brauchen, um gut zu leben und sinnvoll und gesund arbeiten zu können; also für eine Ordnung einzutreten, die den Stellenwert von Arbeit neu bewertet und den Stellenwert von Leben und sozialer Sicherheit erhöht.

Umbrüche in ihrer Bewertung und ihrer gesellschaftlichen Organisation kennzeichnen die Geschichte der Arbeit; in bestimmten Abständen erfindet sich das kapitalistisch-marktwirtschaftliche Wirtschaftssystem neu und – als zentraler Teil seiner Funktionsweise – auch die Organisation von Arbeit. Man könnte also sagen, wenn der Kapitalismus und die ihm folgende Organisation von Arbeit dynamisch sind, warum dann die These von Arbeit als Herrschaftsinstrument? Veränderungen in der Organisation von Arbeit sind eben nur die eine Seite der Medaille, die andere ist der rote Faden der Nutzung menschlicher Arbeitskraft für Produktivitäts- und Gewinnsteigerungen, ohne die erwerbstätigen Menschen adäquat daran zu beteiligen.

Es war einmal ...

Im Jahr 1996 hielt die Sozialwissenschaftlerin Carola Möller vor österreichischen Gewerkschaftler:innen einen Vortrag über „Die neue Arbeitsorganisation" (Möller 1996). Ende der 1990er Jahre fehlte vielfach noch das Bewusstsein dafür, dass bereits seit den 1980er Jahren die ökonomische Ungleichheit wieder zunahm und die Lohnquote – als Indikator für den Anteil, den Arbeit aus der Wohlstandsproduktion erhält – zurückging. Nach nur dreißig vermeintlich *goldenen* Jahren, die bei genauerem Hinsehen für viele gar nicht so golden waren, nahm die Arbeitslosigkeit zu, stiegen prekäre Beschäftigungsverhältnisse an, wurde es deutlich schwieriger, einen langfristigen Arbeitsplatz zu finden, nahm die Schere innerhalb der unselbstständigen Einkommen und erst recht zwischen diesen und den Unternehmensgewinnen und Vermögenserträgen überproportional zu. Die Höhe von Sozialleistungen wurde gesenkt und der Zugang teilweise erschwert (Zandonella 2021, S. 11) – während gleichzeitig die Produktivität und die Profite auf Kapital stiegen.

In Möllers Vortrag ist von atemberaubender Veränderung in kurzer Zeit die Rede, und von Phänomenen wie „*Toyotismus*", „*lean production*" und „*just-in-time*-Lieferung" (Möller 1996, S. 4 ff.). In einer ähnlichen Umbruchzeit in der Organisation von Arbeit in der ersten Hälfte des 20. Jahrhunderts hießen die Stichworte *Fordismus* und *Taylorismus*. Zu dieser Zeit, so Möller, war für die Manager die Arbeitskraft im Grunde der größte Störfaktor gewesen, weil ihre Reaktionen nicht vollständig der Technik unterzuordnen waren (ebd.). In der neuen Arbeitsorganisation sollten die Arbeitskräfte nun mitdenken und verstärkt selbstverantwortlich agieren – allerdings im Rahmen eines strikt auf Kostensenkung ausgerichteten Unternehmenskonzepts. Das betraf die Löhne und Gehälter an sich, ergänzt durch Strategien der verstärkten Auslagerung in in- und ausländische Zulieferbetriebe mit schlechteren Lohn- und Arbeitsbedingungen und fehlender Interessenvertretung. Die Verlagerung der Arbeit auf die Kund:innen selbst stellte eine weitere Kostensparstrategie dar, die vor allem im Dienstleistungssektor zum Einsatz kam.

Lesen wir Möllers Vortragstext heute, werden wir sehr konkret an den Kulturwandel erinnert, der sich damals – schwerpunktmäßig in den Produktionsunternehmen, aber in Form von *lean administration* oder *lean banking* ebenso im Dienstleistungsbereich – abgespielt hat: Ein Vorschlagswesen wurde etabliert, in dessen Rahmen die in Teams organisierten Arbeitnehmer:innen Rationalisierungsvorschläge zu machen hatten, auch wenn sie Lohneinbußen bedeuten konnten. Das Arbeitstempo erhöhte sich. Was als Enthierarchisierung verkauft wurde, nämlich die Ausdünnung des mittleren Managements, wurde in die Selbstkontrolle oder auch in zunehmende technische Überwachungsmaßnahmen verlagert. Betriebsräte und Gewerkschaften wurden entsprechend „mitbehandelt". Möller gibt die Darstellung eines Opel-Betriebsrates wieder, der die neuen Bedingungen in einer Produktionshalle in Eisenach so beschrieb: Über den Köpfen der Arbeitenden hängt eine elektronische Anzeigentafel, die ständig das Produktionssoll und die Istleistung anzeigt. Bei Tempostörungen leuchtet Licht auf, der „Fehler" muss behoben werden. Schautafeln zeigen den aktuellen Stand der Kranken- und Fehlzeiten für die einzelnen Arbeitsteams an. Die Höhe des Weihnachtsgeldes der Arbeitsteams richtet sich nach der Höhe des Krankenstandes in der Gruppe. Wagt es der Betriebsrat, sich gegen Arbeitsbedingungen zu wehren, wird er per Aushang am schwarzen Brett als „standortgefährdend" angeprangert (ebd., S. 5 ff.). Die Arbeitsbedingungen und die Chancen der Erwerbstätigen auf einen höheren Anteil an der Wohlstandsproduktion sind seither nicht wieder besser geworden – im Gegenteil.

Mehr Arbeitslose oder mehr Freizeit?

Nimmt man den fast zeitgleich mit Möllers Analyse 1995 in den USA erschienenen Klassiker von Jeremy Rifkin *Das Ende der Arbeit und ihre Zukunft* zur Hand, dann liest sich dieser streckenweise wie frühe Analysen zur Fahrt aufnehmenden Digitalisierung Anfang der 2010er-Jahre (Frey/Osbourne 2013; Bundesministerium für Arbeit und Soziales 2015). Die angenommenen Veränderungen in der Arbeitsorganisation durch die Weiterentwicklung der Informations- und Kommunikationstechnologien wurden damals, wie schon in den vorangegangenen Wirtschaftsphasen, die von besonderen technischen und technologischen Entwicklungen gekennzeichnet waren, mit der Frage „Mehr Arbeitslose oder mehr Freizeit?" diskutiert (Rifkin 1997, S. 166). Wie Martina Heßler (Heßler 2016) mit ihren Arbeiten zu den stets wiederkehrenden Bildern und Begrifflichkeiten in gesellschaftlichen Technik- und Technologie-Debatten zeigen konnte, ist es wenig überraschend, dass

auch der Digitalisierungsdiskurs über weite Strecken nach diesem Muster „Mehr Arbeitslose oder mehr Freizeit" verläuft.

Überrascht könnte man vielleicht davon sein, dass sich für Rifkins Einschätzung, die Frage, mehr Arbeitslose oder mehr Freizeit, würde – nach langwierigen Auseinandersetzungen und Kämpfen – stets zugunsten mehr freier Zeit für die Arbeitnehmer:innen entschieden, ein Gegenbeispiel aus der jüngsten österreichischen Arbeitsgesetzgebung findet. Im September 2018 wurde mit den Stimmen der die Regierung bildenden ÖVP und FPÖ im Nationalrat ein neues Arbeitszeitgesetz verabschiedet, das den 12-Stunden-Tag und die 60-Stunden-Woche einführte (mit einem Passus zur Freiwilligkeitsgarantie). Die vorangegangenen massiven Proteste der Gewerkschaften, in Verhandlungen und auf der Straße, konnten dieses Gesetz nicht verhindern, auch nicht die Gegenstimmen von SPÖ und Grünen. Laut einer Erhebung der MedUni Wien braucht man nach zwei aufeinanderfolgenden 12-Stunden-Tagen drei Tage Freizeit, um sich vollständig zu erholen (Medizinische Universität Wien, 2017). Trotz dieser Evidenz dafür, dass überlange Arbeitszeiten die Fehleranfälligkeit fördern und die gesundheitliche Belastung der Arbeitnehmer:innen deutlich steigen lässt, setzte die Arbeitgeber:innenlobby ihr Anliegen eines umfassenderen Arbeitskraftzugriffs durch. Bereits ein Jahr nach der Gesetzesänderung standen in 30 Prozent der Unternehmen 12-Stunden-Tage in den Dienstplänen (vgl. Kräftner 2019). Auf die österreichischen Verhältnisse trifft Jeremy Rifkins Einschätzung, dass technologischer Fortschritt letztendlich zu mehr Freizeit führen würde, also nicht zu. Erschreckend ist dabei der Umstand, dass zu einer Zeit, in der die Wünsche der Arbeitnehmer:innen nach Arbeitszeitverkürzung, einer ausgeweiteten Mitbestimmung über die Lage der Arbeitszeiten und Home-Office immer deutlicher geworden waren – und das lange vor den einschneidenden Erfahrungen der Veränderungen der Arbeitswelt durch die Covid-19-Pandemie –, eine solche Machtdemonstration durchgezogen wurde. Eines der Hauptargumente der Arbeitgeber:innenseite für die Einführung des 12-Stunden-Arbeitstages war die bedrohte Wettbewerbsfähigkeit von Unternehmen mit Standort in Österreich. Ein Argument, das schon damals wie aus der Mottenkiste des neoliberalen Wirtschaftsparadigmas gehoben anmutete. Nur vier Jahre später, durch Gesundheits-, Klima-, Energie- und Teuerungskrise gebeutelt, sind die Standort- und Wettbewerbsfragen für Unternehmen ohnehin ganz neu gestellt.

Das führt uns noch einmal zu Rifkin zurück. Die Ausbeutung natürlicher Ressourcen spielte in seiner Arbeit noch keine Rolle. Heute stellt sich mit jeder technologischen Entwicklung zwar wie zu Zeiten Rifkins immer noch die Frage, wie die Produktivitätsgewinne verteilt werden sollen – es müssen aber mehr als zwei Möglichkeiten bedacht werden. Es geht nicht mehr nur um die Frage der Freisetzung von Arbeitskräften versus Einsatz des Instruments der Arbeitszeitverkürzung – für die Rifkin zahlreiche, auch heute noch interessante Beispiele und Argumente bringt. Es geht längst um die Frage, ob Produktivitätsgewinne überhaupt noch das Ziel sein können und, wenn ja, von welchen Produktionen. Das Beispiel der Grenobler Fabrik von Hewlett-Packard, das nach der Einführung der Vier-Tage-Woche – attraktiverweise zu denselben Gehältern – die Produktion verdreifachen konnte (ebd., S. 169), liest sich angesichts der Klima- und Ressourcenkrise als Schreckensszenario. Und ja, auch heute noch wird Arbeitszeitverkürzung von den verschiedensten Akteur:innen in der Arbeitsorganisation zuvorderst als Mittel der Effizienzsteigerung positioniert, in geringerem Maß als ein vielleicht gangbarer Pfad zu einer Postwachstumsökonomie und Gesellschaft.

Arbeit als Ideologie

Allen Veränderungen von Arbeit zum Trotz, entgegen allen Wissens, das Arbeit dafür nie ausreichend war, soll sie bleiben, was ihr die ganze Geschichte des Kapitalismus hindurch absichtsvoll zugeschrieben wird: sinnstiftend, integrierend, erfüllend, wahrhaft zum Menschen machend. Beharrlich wird diese Sichtweise dargeboten, ja geradezu verordnet, streng bewacht. Immer dort, wo – durchaus unterschiedliche – Kräfte sich auffällig bemühen, gesellschaftliche Verhältnisse nur auf eine Weise lesen zu lassen, sind Wachsamkeit, Neugierde und Unbotmäßigkeit angebracht. Oft soll unsichtbar bleiben, wem die Beschränkung der Sichtweisen dient und wem sie schadet. Es geht um Interpretationshoheit, um Hegemonie im Sinne der Errichtung einer Form geistiger Gefangenschaft (Prainsack/Wagenaar 2021; Wagenaar/Prainsack 2021). Erfolgreich, wie es aussieht, denn ein Hinausdenken aus der herrschenden Lage scheint kaum möglich und wird kaum gesucht, die Verhältnisse scheinen Sinn zu ergeben und sind uns ganz selbstverständlich.

Anstelle des Auswegs aus der Hegemonie, anstelle des Hinausdenkens suchen Menschen Sinn selbst in den neuen, flexiblen und häufig prekären Arbeitsformen – verzweifelt, wie der Soziologe Richard Sennett weiß:

> „Sie beharren darauf, dass Arbeit Identität stiftet. Nur das ermöglicht ihnen Widerstand; nur so gewinnen sie kritische Maßstäbe gegenüber einer Arbeitswirklichkeit, die sie als Individuen gar nicht mehr zur Kenntnis nimmt und diesem altmodischen Anspruch Hohn spricht." (Sennett 2000, S. 33)

Diese Art von Widerständigkeit gegen das, was ist, sei rück-
wärtsgewandt und würde Neuorientierung fast verunmöglichen. „Das Neue zu verdrängen, das auch die eigene Zukunft sein wird" (ebd.), und in alten Vorstellungen zu verharren, bis einen die Realität einholt, hält Sennet für „eines der großen Traumata des modernen Kapitalismus" (ebd.). Dieser habe eine riesige Aufschub-, Verdrängungs- und Verweigerungsstruktur hervorgebracht, die behauptet: „Alles bleibt, wie es ist" (ebd.). Die Selbstregulierungstechniken greifen; dass Arbeit Sinn stiften muss, ist tief im individuellen und kollektiven Bewusstsein verankert. Die „Selbstunternehmer"-Ideologie (ebd., S. 34) der modernen politischen Ökonomie, Individuen seien in der Lage, ihr Leben allein zu bewältigen und ihre Handlungsfähigkeit aus sich heraus zu gewinnen und zu erneuern, gehört dazu. All das, was Arbeit zugeschrieben wird – die Sinnstiftung, die Integration, die Erfüllung, der Statusgewinn … – ist zwar kaum ohne Arbeit erreichbar, aber ebenso wenig nur durch sie. Darum gilt es, so Kampits, die Orientierung an der Ideologie, der Mensch lebe, um zu arbeiten, zu verabschieden (Kampits 2008, S. 22).

Durch die Vehemenz und Gläubigkeit, mit der eine erwerbsarbeitszentrierte Sichtweise vertreten wird, ist der Blick auf andere Funktionsweisen und Erfahrungen von Arbeit verstellt. Jede Art von Arbeit, die nicht auf Erwerb ausgerichtet war, wurde im Zuge der Durchsetzung der kapitalistisch-marktwirtschaftlichen Wirtschaftsweise – das gilt für den Übergang von einer vorindustriellen agrarischen Gesellschaft zu einer industriekapitalistischen Gesellschaft in Europa, ebenso aber für die Effekte der Kolonisierung indigener Gesellschaften – aus der ökonomischen Sphäre ausgeschlossen und entwertet. Obwohl diese Arten von Arbeit weiter existierten und zentrale Voraussetzung für das Funktionieren der kapitalistischen Wirtschaftsweise waren, wurden sie nicht mehr wahrgenommen und unter die herrschende Produktions- und Wirtschaftsweise subsumiert (Komlosy 2018, S. 21). Zur Seite geschoben werden auch die frühen, die durchgehenden, erst recht die aktuellen Erfahrungen mit dem ausgrenzenden, ausbeuterischen, Menschsein bedrohenden oder sogar vernichtenden Potenzial von Arbeit. Es braucht aber das ganze Bild. Den konsequenten Blick auf die Schattenseiten von Arbeit braucht es als Gegengewicht, als Teil des Bemühens um eine neue Erzählung, die eine andere Organisation von Arbeit entwirft. An dieser Erzählung waren und sind viele beteiligt, nicht zuletzt jene, die der Idee des Bedingungslosen Grundeinkommens anhängen.

Der Arbeitsmarkt sollte ein Markt wie jeder andere auch sein, so die Wunschvorstellung der „Herren der Arbeitsgesellschaft“ (Ralf Dahrendorf). Konsens moderner Arbeitsmarkttheorie ist es aber, dass der Arbeitsmarkt kein vollkommener Markt sein kann (Walther 2008, S. 118 ff.). Die Regularien und Institutionen des Arbeitsmarkts (Mindestlohn, Kündigungsschutz, Arbeitslosenversicherung, Gewerkschaften usf.) sind allesamt in langen Prozessen erkämpfte Instrumente, die ihren Ausgangspunkt in eklatanten und vielfältigen Formen des

Marktversagens hatten. Kritik von Gewerkschaftsbewegung, linksliberalen politischen Kräften etc. ist weitgehend auf das seit den 1980er Jahren immer wirksamer werdende neoliberale Paradigma fokussiert. Ein grundsätzliches Problem mit dem zentralen Stellenwert marktförmiger Arbeit haben sie nicht. Es geht ihnen um eine Verbesserung des Kräftegleichgewichts zwischen Arbeitnehmer:innen und Arbeitgeber:innen. Sie setzen sich dafür ein, im Rahmen bestehender Institutionen Errungenschaften abzusichern oder zu erweitern.

Kaum angegriffen, in vielen Fällen sogar geteilt, wird von ihnen die Bedeutung von Arbeit als entscheidendes gesellschaftliches Strukturelement und damit auch als entscheidender Faktor für das Gelingen individuellen Lebens (kritischer dazu siehe Marterbauer/Schürz 2022). Ihr Arbeitsbegriff ist nicht vollständig auf Erwerbsarbeit reduziert, aber auch nicht besonders umfassend. Das Skandalon des herrschenden Erwerbsarbeitszwangs wird nicht nur nicht angeprangert, sondern gar nicht als solches empfunden: Existenzsicherung ist nur durch Erwerbsarbeit möglich, so ist es und so soll es bleiben; die Arbeit hoch! Der Sozialstaat soll – mindestens für die Bevölkerung im erwerbsfähigen Alter – als verlängerter Arm dieser Ordnung fungieren.

Vertreter:innen der Idee des Bedingungslosen Grundeinkommens sind mehrheitlich ebenso Vertreter:innen einer regulierenden Arbeitsmarktpolitik wie etwa die Gewerkschaften oder linksliberale politische Kräfte. Grundeinkommensbefürworter:innen sind an Themen wie Arbeitszeitverkürzung, Verbesserung der Arbeitslosenversicherung, Regulierung neuer prekärer Arbeitsformen, Entwicklung von sozialer Teilhabe interessiert und für all das gute Bündnispartner:innen. Den Unterschied zu den vorher skizzierten Akteur:innen markiert die Vorstellung, dass die durch das Grundeinkommen erzielbare Entkopplung von Arbeit und Einkommen (auf Existenz- und Teilhabesicherungsniveau) eine dem jetzigen System fehlende Regulierung ist. Nicht mehr, aber auch nicht weniger. Ein Grundeinkommen führt dazu, den Stellenwert von – den Interessen der kapitalistisch-marktwirtschaftlichen Produktionsweise dienender – Arbeit zurückzudrängen, mit den anderen Formen von gesellschaftlich notwendiger und sozial erwünschter Arbeit in Balance zu bringen und politisches Handeln für viele real möglich zu machen. Das in der Grundeinkommensbewegung häufig bemühte Bild vom Tätigsein in Freiheit gibt die Richtung an: Arbeit aus Herrschaftsordnungen und -ansprüchen zu befreien. Die Frage nach der Arbeit, so Michael Hirsch, ist die Frage nach der Freiheit in konkreter Gestalt (Hirsch 2016, S. 7) und eng mit der Stabilität und Zukunftsfähigkeit von Demokratie und dem Überleben unseres Planeten verknüpft.

Menschen sind, so die Philosophin Hannah Arendt, zu drei Grundtätigkeiten fähig: Arbeiten, Herstellen und Handeln. Unter Arbeit fasst sie jene Tätigkeiten, die dem Fortbestand der menschlichen Gattung dienen, die mit Wiederholung und Mühsal verbunden sind. Dem gegenüber beschreibt Arendt mit dem Begriff des Herstellens das kreative und handwerkliche Schaffen beständiger Dinge. Handeln wiederum braucht andere Qualitäten. Im Sinne von Hannah Arendt geht es dabei darum, Zeit, Räume und materielle Rahmenbedingungen zu schaffen, die politisches Handeln und seine Einübung möglich machen.

> „Beim Handeln geht es nämlich um die Sorge um die Welt, die Anteilnahme am Anderen und die Teilhabe an einer Generationenfolge – auch und gerade aus der Hoffnung heraus, dass es sich eben gerade nicht um ‚die letzte Gelegenheit‘ handelt, sondern um stets von neuem korrigierbare Handlungen." (Gasser-Schuchter 2013, S. 13)

Die der heutigen Arbeitsgesellschaft inhärente Bevorzugung einer Arbeits- und Herstellungslogik braucht den ungebrochenen Glauben an Wachstum, braucht den Glauben an Arbeit und wieder Arbeit als Lösung der sich zeigenden Probleme. Die Lösung scheint im immer mehr vom Gleichen zu liegen; Wettbewerb, Beschleunigung, Kommodifizierung, Produktivitätssteigerung durch Digitalisierung, Erschließung neuer Profitvarianten durch *intangible assets* sind immer noch die Begriffe der Stunde – wenn sich auch die Bedenken und Einsprüche gegen die Fortschreibung kapitalistischer Systemlogiken, seien die Formen auch neu, mehren.

Schon lange nicht mehr ist (Erwerbs-)Arbeit die gesellschaftliche Integrationskraft, als die sie immer noch verkauft wird. Es ist doch erstaunlich und ist der schon erwähnten beschriebenen ideologischen Konzeption geschuldet, dass an Arbeit trotz all unseres Wissens über ihre Geschichte und unserer Erfahrungen mit früheren und gegenwärtigen Ambivalenzen immer noch so festgehalten wird oder so scheinbar alternativlos geglaubt werden muss. Für die Einzelne und für die Gesellschaft ist Arbeit mit zentralen Eigenschaften verbunden: Existenzsicherung, Statussicherung, Identitätsstiftung; über Arbeit ist der Zugang zu bürgerlichen, sozialen und politischen Rechten garantiert (Marshall 1992). Das ist so und gleichzeitig auch nicht. Die gesellschaftliche Integrationskraft von Arbeit war im sozial-korporatistischen Paradigma der Nachkriegsjahrzehnte hoch. Für den weitgehenden Ausschluss von Frauen – vom Zugang zu Erwerbsarbeit und den damit verbundenen Rechten – und Gastarbeiter:innen – von den mit Erwerbsarbeit verbundenen gesellschaftlichen Rechten – gab es jedoch kaum Problembewusstsein. Die Erzählung von der Vollbeschäftigung dient heute noch als romantische Folie für die Formulierung von Vorstellungen, wie es denn wieder sein sollte. Die zugeschriebenen Eigenschaften Existenzsicherung, Identitätsstiftung, Statuserhalt waren auch in der Ära der 1950er bis 1980er Jahre nur mit Anstrengung und um den Preis der Einpassung in ein ganz klares Werte- und Pflichtregime zu erreichen, für viele trotz Arbeitswillens und Leistungsbereitschaft nur in Episoden. Mit der Ausbreitung des neoliberalen Paradigmas ab den 1980er Jahren sind Existenzsicherung, Identitätsstiftung und Statuserhalt knappe *Güter*. Diese sind für die hochqualifizierten Wissensarbeiter:innen zugänglich, bei Weitem nicht mehr für alle Arbeitnehmer:innen in der herkömmlichen industriellen Produktion. Ständig vor die Nase gehalten werden sie den Dienstleister:innen im Niedriglohnsektor, für die sie aber nicht mehr erreichbar sind.

Die ohnehin sehr unterschiedlichen Prognosen zu den Auswirkungen der Digitalisierungsprozesse auf Arbeit pflegen regelmäßig breitflächige Besorgtheiten auszulösen, als ob die darin beschriebenen Effekte der weiteren Flexibilisierung von Arbeit, der Vernichtung von Qualifikationen, der weiteren Schwächung von Arbeitnehmer:innenrechten, der sich steigernden Unsicherheit der Einkommen nicht längst schon die wachsende Realität der letzten Jahrzehnte gewesen wären.

Feministische Perspektiven

Die Rolle, die Arbeit als Herrschaftsinstrument spielt, zeigt sich auch in der Geschichte der Organisation von Arbeit aus der Perspektive der Frauen. Besonders relevant ist hier die Umbruchphase von der vorindustriellen zur industriellen Wirtschaftsweise in Europa. Die Herausbildung und Vervollkommnung der kapitalistisch-marktwirtschaftlichen Produktionsweise zeitigte ähnliche Folgen, wie die schrittweise Durchsetzung des Neoliberalismus gute 200 Jahre später. So wie die neoliberale Produktionsweise zu einer alle Gesellschaftsbereiche durchdringenden und verformenden Doktrin wurde, so wirkte auch die kapitalistische Produktions- und Wirtschaftsweise des 18./19. Jahrhunderts als prägend für alle Gesellschaftsstrukturen.

Die neuen gesellschaftlichen Machtverhältnisse bildeten sich entlang eines Mix an alten Ordnungselementen und neuer Stabilisierungskräfte aus. Während etwa die in der vorangegangenen agrarisch-ständischen Ordnung funktionierende patriarchale Verfügungsgewalt über weibliches Arbeitsvermögen bestehen blieb, wurde in der kapitalistisch-marktwirtschaftlichen Ordnung eine Grundhaltung neu durchgesetzt, die Arbeit als zentralen Lebenssinn verstand. Nach langwierigen Prozessen der Veränderung von Arbeit, die regional und national unterschiedlich verliefen und mit wechselnden globalen Austauschbeziehungen in Verbindung standen, galt ab dem 19. Jahrhundert nur mehr Erwerbsarbeit außerhalb des Hauses als Arbeit. Hausarbeit zur Sicherung des Überlebens der Familienmitglieder und damit auch zur Reproduktion der Arbeitskraft, der jetzt eben ausschließlich außerhäuslich erwerbstätigen Männer, wurde weder als Arbeit betrachtet noch als Beitrag zur Wertschöpfung in Betrieben. Diese verkürzte Sicht von Arbeit wurde in Europa rasch mittels Rechtsvorschriften abgesichert. Mit dem 20. Jahrhundert hatte sich die Gleichsetzung von Arbeit mit Erwerbsarbeit über weite Teile der Welt verbreitet. Die Vielzahl an lebenserhaltenden und Einkommen generierenden Aktivitäten, die es weiterhin gab und die in vielen Weltregionen bis heute die dominierenden Formen der Arbeit darstellen, wurden von dieser schmalen Definition und Sicht von Arbeit in ihrem wertschöpfenden

Charakter ignoriert (Komlosy 2018, S. 3)[5]. Die kapitalistisch-marktwirtschaftliche Wirtschaftsweise funktioniert bis heute nach der damals etablierten Verbindung und gleichzeitig Hierarchisierung zwischen Markt- und Versorgungsökonomie/Care-Ökonomie beziehungsweise marktfähiger bezahlter und nicht marktfähiger unbezahlter Arbeit.

Die Konsequenzen dieser Arrangements für die auf diese Weise mit ihrem Arbeitsvermögen und ihren Arbeitsleistungen unsichtbar gemachte Gruppe der Frauen sind immer noch zu sehen: Sie sind im Durchschnitt deutlich schlechter gestellt als Männer, betreffend ihre Integration in den Arbeitsmarkt und in die sozialen Sicherungssysteme, betreffend ihre Zuständigkeit für schlecht und unbezahlte Sorgearbeit und betreffend ihre Chancen auf selbstbestimmte Lebensführung an sich. Frauen und ihr Arbeitsvermögen waren zwar am sich bildenden Arbeitsmarkt der *Freien und Gleichen* der frühindustriellen Phase und danach nicht mitgemeint, aber dennoch im hohen Ausmaß verwertet. So wurden sie zur *Schmutz- und Schundkonkurrenz* für schwerste Arbeit zum schlechtesten Lohn eingesetzt, wie es zum Beispiel für die Ziegelarbeiterinnen im Wien des ausgehenden 19. Jahrhunderts dokumentiert ist (Jusek 1994, S. 193 ff.). Es scheint fast so, als ob auch heute jene Arbeitsbereiche, in denen mehrheitlich Frauen tätig sind und die aus Effizienz- und Gewinnüberlegungen vorwiegend teilzeitlich angeboten werden, in dieser Geschichte ihr Vorbild haben. Egal ob Pflege in Institutionen oder mobil: Schwere Arbeit, schlechtes Einkommen, kaum Aufstiegschancen, keine Vollzeitarbeitsplätze –

5 Siehe auch die Ausführungen in Honneth, Axel (2023) zu der erstaunlich engen Fassung von Arbeit, wie sie in die moderne Gesellschaftstheorie – etwa mit John Locke – Eingang gefunden hat (ebd., S. 111–148).

diese Kennzeichen treffen auf typische Frauenarbeitsbereiche zu. Schon immer galt für weibliche Erwerbstätige, wie es während der Covid-19-Pandemie für die gesamte Gruppe der erwerbstätigen *Systemerhalter:innen* gezeigt wurde, sich „risikoavers" verhalten zu müssen in dem Sinne, dass sie das Risiko, arbeitslos zu werden, minimieren: Ihre Zuständigkeit für die Sorge um andere, ihre Rolle als *breadwinner of last resort* verurteilen sie dazu, schlechteste Löhne und ausbeuterische Arbeitsbedingungen in Kauf nehmen zu müssen. Umso beachtlicher, dass Frauen dennoch in zahlreichen Brotrevolten, Streiks und Demonstrationen eine initiative oder unterstützende Rolle eingenommen haben und einnehmen (siehe dazu ausführlicher Kapitel 3).

Arbeit als Vertragsverhältnis

Die Bedeutung der Debatten über die Idee eines BGE liegt auch darin, dass mit dieser Idee ein zentrales, nach wie vor wirkmächtiges Element der Konstruktion von Herrschaft in der industriellen Wirtschaftsordnung angesprochen wird: die Fiktion der sich entwickelnden Industriegesellschaft und ihrer Arbeitsorganisation als vertraglich geregelte Verhältnisse zwischen Freien und Gleichen, trotz einer Gesellschaftsordnung der großen Klassenunterschiede. Dies gelang, indem jenen, die sich „als selbständige Einheit am wirtschaftlichen Kampf" (Marshall 1992) beteiligten, so etwas wie ein beschränkter Bürgerstatus – der des Erwerbsbürgers – zuerkannt wurde. Zudem wurde der Status des Haushalts- oder Familienvorstands auf eine größere Gruppe von Männern als unter feudalen Verhältnissen ausgeweitet und rechtlich abgesichert. Kennzeichnend für den Aufstieg der kapitalistisch-marktwirtschaftlichen Wirtschaftsweise wurde das Vertragsverhältnis zu der verbreitetsten Form, Arbeit zu kaufen und zu verkaufen. Mit der Errichtung eines solchen Vertragsverhältnisses wurde Arbeitskraft zur Ware. Die sozial ungleichen Verhältnisse zwischen Kapitaleigner:innen und Arbeitskraftanbieter:innen veränderten sich zu einem (fiktiven) Zustand, in dem ungleiche Partner:innen in eine Verbindung formaler Gleichheit eintraten (Komlosy 2018, S. 63). Die Arbeitshistorikerin Komlosy zeigte, zu welchen – machtpolitisch beabsichtigten – Verwirrungen dies führte. Während die realen Bedingungen die Mehrheit der Bevölkerung der sich entwickelnden Industrieländer – ausgeschlossen von der Verfügung über Produktionsmittel und entwurzelt aus bisherigen Ordnungen der Arbeit – dazu zwangen, in vertraglich aufgesetzte Arbeitsverhältnisse einzusteigen, musste dieser Schritt als freiwillig gelten und der Zwangscharakter verschleiert werden (ebd.). In den ersten Jahrzehnten des 19. Jahrhunderts waren diese Arbeitsverträge frei von jeglichen Beschränkungen. Weder die Zahl der Arbeitsstunden noch die Sicherheit der Arbeiter:innen, ihre sanitäre Versorgung etc. waren durch gesetzlich bindende generelle Normen geregelt. Der Arbeitsvertrag zwischen Unternehmer und Arbeiter:in – fiktional auf Augenhöhe geschlossen – bedeutete die Einwilligung der einen Seite in ihre physische und psychische Erschöpfung bis hin zur Vernichtung, bedeutete die Einwilligung in den Raub eines eigenen Lebens.

Alles lang vorbei, blöd gelaufene Pionierphase einer Wirtschaftsform, die letztlich für alle mehr Wohlstand brachte – also Schwamm drüber? Die Melange aus dem rasch zunehmenden Interesse der Unternehmer:innen an einer qualifizierten, über längere Zeiträume stabilen und befriedeten Arbeiter:innenschaft und den mutigen und außerordentlich erfolgreichen Kämpfen der Arbeiter:innenschaft selbst, um die Idee ihnen zustehender Rechte durchzusetzen, führte schließlich zu Sozialgesetzgebung, Arbeitsrecht und so weiter. Erstaunlich erfolgreich aufrechterhalten werden konnte über diese lange Zeit die Fiktion der Freiwilligkeit des Einstiegs in Arbeitsverträge.

Es waren die konkreten Bedingungen und die stark ungleichen Machtverhältnisse, die Arbeiter:innen dazu brachten, Arbeitsverträge einzugehen. Die eingesetzten Formen der Disziplinierung machen deutlich, dass trotz dieser Ausweglosigkeit aus der neuen Ordnung vielfältige Formen der Widerständigkeit versucht wurden. Es ist dieser durchgesetzte und dann internalisierte „Anschein von Freiwilligkeit, der bis heute Erwerbstätige daran hindert, ihre eigene Entfremdung von ihrer Arbeitskraft und die Transformation des Gebrauchswertes, den sie schaffen, in Tauschwert für ihre ArbeitgeberInnen, als ungerecht wahrzunehmen" (Komlosy 2018, S. 65 f.)[6].

Dies ist umso erstaunlicher, als mit der immer längeren Existenz der kapitalistisch-marktwirtschaftlichen Wirtschaftsweise, die wir überblicken, nicht nur ihre Krisen, sondern auch der von ihrer Entstehung an zu verschleiern versuchte Herrschaftscharakter von Arbeit überdeutlich zu sehen ist – heute eben in der Spielart einer ökonomisch und kulturell neoliberalen Wirtschaftsweise. Alle Gesellschaftsebenen und Lebensbereiche sind dem Wettbewerbsprinzip unterworfen; welche Leistung längerfristig Existenz- und Statussicherung garantiert, entscheiden Märkte, die strikt nach dem Prinzip des Profits für einige wenige (Gruppen) funktionieren. Wie Mike Laufenberg in Anlehnung an die Analysen von Robert Castel deutlich macht,

6 Im Original: „This appearance of voluntariness is also the obstacle preventing so many workers from perceiving their own alienation from their labour power, and the transformation of the use values they create into exchange values for their employer, as unjust."

mündete das neoliberale Paradigma in einem gesellschaftlichen Zustand breiter Unsicherheit, „wie sie die frühindustrielle Phase des Kapitalismus prägte“ (Laufenberg 2020, 105). Das Herbeiführen und Aufrechterhalten unsicherer – prekärer – Verhältnisse, am Arbeitsmarkt ebenso wie im deregulierten Sozialstaat, ist Teil einer neuartigen Herrschaftsform (ebd.).

Innerhalb dieses Paradigmas werden zahlreiche *Labels* benutzt, um die jeweilige Spielart des Kapitalismus bestmöglich zu fassen. Aber fast egal ob das Label Finanzkapitalismus oder *kognitiv-immaterieller*[7] Kapitalismus heißt, für die Mehrheit der Bevölkerung im erwerbsfähigen Alter hat sich seit dem Frühkapitalismus nicht viel geändert. Jedenfalls in Bezug darauf, dass sie ihre Arbeitskraft zur Ware machen müssen und möglichst perfekt den Anschein zu erwecken haben, dass sie glauben, dies freiwillig zu tun. Sie sind unfrei darin, zu bestimmen, wann und in welchem Ausmaß sie nichtmarktförmigen Tätigkeiten nachgehen wollen. Und sie sind ausgeschlossen von der Verfügung über Produktionsmittel – wie das nachfolgende Beispiel illustriert.

Was zählt, ist nicht die Leistung

Eine eindrucksvolle Illustration des Machtgefälles zwischen Unternehmen und Beschäftigten ist die jüngste Geschichte der LKW-Produktion am MAN-Standort Steyr im österreichischen

7 Reckwitz verwendet diese Merkmale zur Beschreibung des spätmodernen Kapitalismus, in dem die Gütermärkte eine andere Struktur haben als in der Industrieökonomie. Der monetäre Gewinn kognitiv-kultureller Güter hängt von ihrem immateriellen Kapital, den Eigenschaften von Wissensarbeit, ihrer Skalierbarkeit und dem „imaginären“ kulturellen Wert ab, den die Konsument:innen in ihnen sehen (Reckwitz 2020, S. 140 ff.).

Bundesland Oberösterreich. Das Management von MAN hatte im Herbst 2020 die Standort- und Beschäftigtengarantie aufgekündigt. Das profitable Werk sollte mit Ende 2023 geschlossen, die Produktion wegen der günstigeren Lohnkosten nach Polen verlagert werden. MAN, zum VW-Konzern gehörend, lenkte auch nach massiven Protesten der Beschäftigten vor Ort, der sie unterstützenden Gewerkschaften, der Regional-, Landes- und Bundespolitik nicht ein. Schließlich übernahm im Sommer 2021 der frühere Chef von Magna International und damals Teilhaber einer russischen Nutzfahrzeugproduktion aus dem Konzern von Oleg Deripaska, Siegfried Wolf, das Werk in Steyr. Zwei Drittel der Arbeitsplätze, so die Zusage, sollten erhalten bleiben, auf 15 Prozent der Netto-Löhne und -Gehälter musste verzichtet werden, eine Übertrittsprämie in Höhe von 10.000 Euro wurde zugesagt. Die Belegschaft hatte bemerkenswerterweise in einer Befragung diese Übernahme noch mit Zweidrittelmehrheit abgelehnt. Ein zweites Mal wurde sie nicht befragt, da waren nur mehr die Zustimmung des MAN-Aufsichtsrates und wohl Förderzusagen auf österreichischer Seite von Bedeutung. Die Belegschaft in Steyr gilt als hochqualifiziert, die Identifikation mit dem Unternehmen und seinen Produkten ist hoch, die Unternehmensziele werden regelmäßig erreicht. Das alles zählt nicht, wenn übergeordnete Interessen einen Standort abschießen. Beschäftigte kurz vor der Pensionierung hätten genauso in *die Arbeitslosigkeit* gemusst wie Beschäftigte mit kleinen Kindern und Hausbauschulden. Sie hatten ihre Leistung erbracht, auf ihrer Seite gab es keine Schuld – am Schachbrett der Entscheidungen über die Zukunft des Unternehmens konnten sie aber keinen relevanten Zug machen.

Eine weitere Illustration ist der Fall Karstadt/Kaufhof in Deutschland. Die Belegschaft der Betriebe erbrachte ihre Arbeitsleistung, verlor aber durch die Interessenpolitik des Eigentümers zu Tausenden ihre Jobs. Ab 2014 kaufte und fusionierte die auf Immobilien-Deals spezialisierte Signa die Traditionshandelsketten Karstadt und Kaufhof (später Galeria Karstadt Kaufhof). Bereits 2020 kam es zum ersten Konkursverfahren, das allerdings durch die Inanspruchnahme von Staatshilfen gestoppt werden konnte. 2022 wurde ein weiteres Konkursverfahren eröffnet, das zahlreiche Standortschließungen – auch rentabler Häuser – vorsah. Von 2018 bis 2023 war die Signa-Holding im Besitz der Kika/Leiner-Möbelkette in Österreich. Trotz staatlichen Rettungsgelds kam es zum Insolvenzverfahren, nur wenige Standorte blieben erhalten. Seitens der Insolvenzverwaltungen stand der Vorwurf im Raum, der Eigentümer Signa habe keine ausreichenden Sanierungsmaßnahmen gesetzt.

Fälle wie diese machen deutlich, dass die enge Koppelung von Existenzsicherung und Arbeit nicht nur wirtschaftliche und politische, sondern auch ethische Probleme erzeugt. In der geltenden Ordnung müssen Menschen eine Möglichkeit finden, am Arbeitsmarkt ihre Arbeitskraft verkaufen zu können, um ihre Existenz zu sichern. Sie brauchen also Arbeitsplätze. Dass es solche gibt und wie diese ausgestaltet sind, können sie aber kaum beeinflussen. Menschen können auch mit größter Anstrengung nicht über das Mittel verfügen, das ihnen allein ihre Existenz sichert – ein ethisches Dilemma. Ein Grundeinkommen löst dieses Dilemma ein Stück weit auf, indem es auf existenzsicherndem Niveau eine Alternative zu dieser Form von Erwerbsarbeit schafft. Die Sicherheit des Grundeinkommens kann sowohl die Verhandlungsmacht hinsichtlich der Arbeitsbedingungen verbessern als auch neue Arbeitsplätze schaffen. Dies vor allem in kollektiv – etwa genossenschaftlich – organisierten Formen und dort, wo viele Probleme auf ihre Lösung warten. Man denke an den Bedarf an Integrationsarbeit, Arbeit zur Erhaltung der Biodiversität, Jugendarbeit, Kulturzugang, Ernährungssicherheit, Korruptionsbekämpfung etc. Derzeit werden sie nicht ausreichend oder gar nicht bearbeitet, weil daran kein oder wenig Geld zu verdienen ist (Kellermann 2015, S. 16). Welchen Unterschied ein umgesetztes BGE für die beschriebenen Beispiele gemacht hätte, ob die Arbeitnehmer:innen sich anhaltender und erfolgreicher gegen die Unternehmenspolitik von MAN oder gegen die Übernahme durch Siegfried Wolf hätten wehren können, ob für die Angestellten von Galeria Karstadt Kaufhof das Potenzial für eine Demokratisierung des Unternehmens und Weiteführung in Belegschaftshand gereicht hätte, sind dabei interessante Überlegungen, die Spekulation bleiben müssen.

Ein weiteres aktuelles Beispiel für die mit dem Herrschaftscharakter von Arbeit einhergehende systemimmanente Ungleichheit sind die Unternehmensförderungen in der Zeit der Covid-19-Pandemie. Wie ein Bericht des Österreichischen Rechnungshofs im August 2022 zur Gebarung der Finanzierungsagentur des Bundes GmbH (COFAG) zeigte, kam es während der ersten beiden Pandemiejahre 2020 und 2021 zu teilweisen Überförderungen von Unternehmen und zum zumindest kritisch zu sehenden Einsatz von Steuermitteln für teure Verträge leitender Personen und externer Berater:innen der COFAG und von ihr zugezogenen Rechtsanwaltskanzleien. Der von der österreichischen türkis-grünen Regierung unter Kanzler Kurz (ÖVP) und Vizekanzler Kogler (Die Grünen), umgesetzt zuvorderst von Finanzminister Blümel (ÖVP), mittlerweile berühmt gewordene Vorsatz, Unternehmen werden in dieser außerordentlichen Gesundheitskrise unterstützt, „koste es, was es wolle", ist zu einer Realität geworden, die einen sehr schalen Beigeschmack hat und politischer und rechtlicher Aufarbeitung bedarf.

Viel länger schon als die Öffentlichkeit die Ergebnisse des Rechnungshofberichts zur COFAG diskutiert, wurde eine Debatte zur sogenannten *Reform* des Arbeitslosengeldes eröffnet und mangels einer Einigung zwischen den Koalitionsparteien ÖVP und Die Grünen im Spätherbst 2022 abgesagt. Die mittlerweile belegte teilweise Überförderung von Unternehmen (bei Abfassung dieses Textes wird bereits die nächste Überförderung durch Energiekostenausgleichszahlungen diskutiert) einerseits und das Belassen des Status quo beim Arbeitslosenversicherungsgesetz andererseits zeigen eine weitere Facette der gesellschaftlichen Machtverhältnisse und des Einsatzes von Arbeit als Herrschaftsinstrument. Die Interessen von Arbeitgeber:innen und Arbeitnehmer:innen sind im politischen Prozess nicht gleichwertig vertreten und haben keine vergleichbare Durchsetzungsmacht. Der Bestand von Unternehmen wird durch Steuergeld gesichert. Der Einsatz von Steuergeld zur Stabilisierung der Selbsterhaltungsfähigkeit von Menschen – etwa durch eine Erhöhung des Arbeitslosengeldes auf 70 Prozent des vorangegangenen Erwerbseinkommens, wie das etwa in Österreich die Armutskonferenz fordert – findet dagegen keine ausreichend starke Lobby.

Ende 2022 wurde in Deutschland das „Bürgergeld-Gesetz“[8] mit den Stimmen von CDU/CSU, Bündnis 90/Die Grünen, FDP und SPD beschlossen. Dem ging eine Debatte voraus, in der die CDU/CSU erfolgreich ihre Vorstellung von der Beibe-

8 Vollständige Bezeichnung: Zwölftes Gesetz zur Änderung des Zweiten Sozialgesetzbuchs und anderer Gesetze – Einführung eines Bürgergeldes (Bürgergeld-Gesetz).

haltung einer repressiven Grundsicherung für Arbeitsuchende durchsetzte und weitergehende Reformen, wie sie der Vorschlag der Regierungskoalition aus SPD/FDP und Bündnis 90/Die Grünen vorgesehen hatte, verhinderte. Die Gesetzesvorlage der Regierung hatte bereits den Bundestag passiert, wurde aber nach der Ankündigung der CDU/CSU-geführten Bundesländer, im Bundesrat keine Zustimmung zu erteilen, durch Nachverhandlungen im für solche Situationen vorgesehenen Vermittlungsausschuss von Bundestag und Bundesrat noch einmal substanziell verändert. In dieser Fassung passierte das Gesetz dann beide Kammern. Mit dem Bürgergeld sollten, so der Leiter des Deutschen Instituts für Wirtschaftsforschung Marcel Fratzscher in seiner Bewertung, die schon für die Einführung der Hartz-IV-Gesetze bestimmenden Zielsetzungen, „mehr Menschen in Arbeit zu bringen" und Sozialleistungsmissbrauch vorzubeugen, weiterhin gelten. Gelingen sollte aber vor allem ein Übergang von Hartz IV in eine Situation, in der „die Stigmatisierung der Empfängerinnen und Empfänger reduziert wird und ein ausreichendes Existenzminimum und ein menschenwürdiges Dasein gewährleistet werden soll" (Fratzscher u. a. 2022). Ein Ziel, das nicht nur die Diakonie Deutschland als unerreicht ansieht, wenn sie in ihrer Beurteilung davon spricht, dass das Bürgergeld-Gesetz keinen „konsequenten Bruch der Hartz-IV-Systematik bedeutet." (Diakonie Deutschland 2022).

Ohne hier eine umfassende Bewertung des Bürgergeld-Gesetzes leisten zu wollen, scheint es im Ergebnis gut mit dem schon gesetzten Beispiel der abgesagten Reform des österreichischen Arbeitslosengeldes vergleichbar zu sein. Die Strategie von CDU/CSU bestand darin, mit einem starken Akzent auf dem Abstand zwischen Grundsicherung und Erwerbseinkommen gegen das Bürgergeld zu polemisieren. Eine Erhöhung des Regelsatzes auf Euro 502 monatlich für Alleinstehende (ein Plus von Euro 53 gegenüber dem Hartz-IV-Regelsatz) konnten die konservativen Parteien aufgrund der Aufforderung des Bundesverfassungsgerichtes zur Inflationsanpassung der Regelsätze nicht verhindern. Sehr wohl konnte aber an anderen Schrauben gedreht werden, um den repressiven Charakter von Hartz-IV in das Bürgergeld-Gesetz mitzunehmen. So sah der ursprüngliche Gesetzesentwurf eine sechsmonatige sogenannte „Vertrauenszeit“ vor. Innerhalb dieses halben Jahres sollten Sanktionen nur nach wiederholten Verstößen gegen Meldepflichten und nur bis zu zehn Prozent des jeweils geltenden Regelsatzes verhängt werden können. Außerdem sollten für eine sogenannte „Karenzzeit“ von zwei Jahren höhere Vermögensfreibeträge und gegenüber Hartz-IV veränderte Freibeträge bei Erwerbseinkommen gelten. Beide Vorschläge wurden im Rahmen der Nachverhandlungen zu Fall gebracht. Die „Vertrauenszeit“ wurde komplett abgeschafft, somit können ab Beginn des Bürgergeldbezuges Regelleistungen in Stufen bis zu dreißig Prozent gekürzt werden. Die „Karenzzeit“ wurde auf ein Jahr reduziert und die Vermögensfreibeträge stark herabgesetzt. Damit wurde deutlich, dass es keine politische Mehrheit für eine „Vertrauenszeit“, keine „Karenzzeit“ gegenüber „den verletzlichsten Menschen in unserer Gesellschaft“ gibt, wie Fratzscher die Zielgruppe des Bürgergeld-Gesetzes nennt.

Vollzeiterwerbsarbeit als vornehmste Pflicht

In vielen Branchen fehlen Arbeitskräfte, in vielen Berufsfeldern ist mit Ausstiegen angesichts dauerhaft schlechter Arbeitsbedingungen resignierter und ausgebrannter Arbeitnehmer:innen zu rechnen. Pensionierungen der geburtenstarken Jahrgänge in den Berufsgruppen der Ärzt:innen, Polizist:innen, Lehrer:innen,

Bus- und U-Bahn-Fahrer:innen etc. stehen veränderte Arbeitszeitwünsche jener gegenüber, die jetzt auf den Arbeitsmarkt kommen oder nach einigen Jahren der Erwerbstätigkeit Veränderungen in ihrer Zeitaufteilung vornehmen wollen. Sehr langsam nur sehen Firmeninhaber:innen beziehungsweise Unternehmensvorstände und Investor:innen, dass sie es sind, die sich mit ihrer Firmenidee, ihrem Arbeits- und Einkommensangebot um Mitarbeiter:innen bemühen müssen. Viel verbreiteter ist die Vorstellung, eine Arbeitskraft habe abrufbar parat zu sein, wenn sie von einem Unternehmen gebraucht wird. Ist das so? Person A entscheidet sich, als Hüttenwirt:in irgendwo in den österreichischen Alpen unternehmerisch tätig sein zu wollen und braucht dafür Mitarbeiter:innen. Wieso sollte Person B durch entsprechende Bestimmungen im Arbeitslosenversicherungsgesetz (betreffend Berufsschutz, Mobilität, Sperren …) gezwungen werden können, diesen Arbeitsplatz anzunehmen? Auch wenn dieses Beispiel extrem scheint, illustriert es die impliziten Annahmen in großen Teilen des öffentlichen Diskurses zu diesem Thema. In Interviews in diversen Medien wird, von den Journalist:innen meist unwidersprochen, von unternehmerischer Seite überzeugt die Position vertreten, *man* müsse ihnen die gesuchten Arbeitskräfte sozusagen zuführen – auch wenn dies entsprechender Verschärfungen des Arbeitslosenversicherungsgesetzes bedürfe.

Eine weitere Illustration der Hegemonie dieses Denkens zeigte eine Debatte darüber, wie *sozial verantwortlich* Teilzeitarbeit sei. Ausgelöst wurde sie in Österreich vom Wirtschafts- und Arbeitsminister Martin Kocher (VP) im Februar 2023, der das Vorhaben äußerte, Teilzeitjobs unattraktiver machen zu wollen. In Österreich werde bei Sozial- und Familienleistungen wenig unterschieden, ob jemand 20 oder 38 Stunden erwerbstätig ist. Arbeiten Menschen freiwillig weniger, gebe es weniger Grund, Sozialleistungen zu zahlen. Die Kritik an Kochers Aussagen kreiste um die Frage, was freiwillige und was unfreiwillige Teilzeit sei. Es gab eine Reihe von Wortmeldungen zu den realen ökonomischen Nachteilen – unwiederbringlichem Einkommensnachteil über die Lebensarbeitszeit, Altersarmut – der hohen Teilzeitquote von Frauen. Minister Kocher sprach in der Folge von einem Missverständnis und meinte wörtlich, Frauen – Mütter – seien „tabu" und nie als Zielgruppe finanzieller Kürzungen gemeint gewesen. Wer war aber dann gemeint? Wenn Frauen – Mütter – nicht gemeint waren, dann wohl die Arbeitnehmer:innen, die es wagen, ohne auf Betreuungspflichten – sei es für Kinder oder für ältere Menschen – verweisen zu können, dem Arbeitsmarkt nicht Vollzeit zur Verfügung zu stehen. Hier wurde ein Angriff auf eine Gruppe Erwerbstätiger geritten, die in einem weniger moralisierenden Diskurs genauso gut als positives Beispiel vor den Vorhang gebeten werden könnte. Von Teilnehmer:innen an der Debatte wurde großteils akzeptiert, dass Teilzeitarbeitende als gemeinwohlschädigend dargestellt wurden. Der Vergleich mit der in diesem Kapitel bereits beschriebenen, völlig zur Unzeit erfolgten Durchsetzung des 12-Stunden-Arbeitstages drängt sich auf. Seit den durch die Covid-19-Pandemie bewirkten Umbrüchen wie Kurzarbeit, Home-Office, Branchenwechsel – und natürlich aufgrund des Arbeitskräftemangels – stellen sich Unternehmen auf flexiblere Arbeitszeiten nach den Wünschen der Arbeitnehmer:innen ein. Einige probieren Vier-Tage-Wochen (teilweise mit Arbeitszeitverkürzung und Lohnausgleich) aus und stellen fest, dass sie mit ihren Interessen gar nicht zu kurz kommen (vgl. Lewis et al. 2023). Andernorts – bei jenen Wirtschafts- und Politikvertreter:innen, die den neoliberalen arbeitsmarktpolitischen *spin* nicht lassen wollen – scheinen diese Entwicklungen weniger gut anzukommen. Statt Arbeitslosigkeit gibt es Arbeitskräftemangel? Da muss schon ein Machtwort gesprochen werden. Teilzeit – da könnte ja jede:r kommen. Problematisierung der weit verbreiteten Praxis von Unternehmen, mit Teilzeitanstellungen die gesamte Unternehmungsgebarung ökonomisch zu *optimieren* und Steuern zu vermeiden? Fehlanzeige. Da ist es doch leichter, aus teilzeitarbeitenden Menschen ein Sozialstaatsproblem zu machen.

Bleiben wir noch einen Moment lang in Österreich. Bezeichnend für die herrschenden Machtverhältnisse ist auch, dass bei der 2022 im Österreichischen Nationalrat beschlossenen, gesetzlich verankerten Valorisierung von Sozialleistungen zwei wichtige und große Leistungen ausgenommen blieben: das Arbeitslosengeld und die Sozialhilfe – trotz des Wissens, dass die Armutsgefährdung von Bezieher:innen dieser Leistungen besonders hoch ist. Der Bevölkerung im erwerbsfähigen Alter soll signalisiert werden, dass ihr nichts *geschenkt* wird. Wie schon mit Blick auf das deutsche Bürgergeld-Gesetz gezeigt, ist die österreichische Politik dabei nicht allein. In Italien verschärfte das neofaschistische Regierungsbündnis von Fratelli d'Italia, Forza d'Italia und Lega das erst seit 2019 von einer der Vorgängerregierungen landesweit eingeführte und ohnehin sehr schwache Sozialhilfesystem *Reddito di cittadinanza*. Mit Sommer 2023 wird dieses „Bürgergeld“ nur mehr an Haushalte ausgezahlt, in denen minderjährige Kinder, Menschen mit Behinderung oder Personen über 60 Jahre leben. Hauptargument für diese Kürzungen, die hunderttausende Haushalte betreffen, ist der fehlende Arbeitsanreiz.

Es handelt sich hierbei um Politik, die paradoxerweise auch auf die Zustimmung jener stößt, für die sie die größte Drohung darstellt: die Jobverlust befürchten müssen, die schon Episoden der Erwerbslosigkeit hatten, die in prekären Beschäftigungsverhältnissen sind. Ein emanzipiertes Selbstbewusstsein ist unter der *workforce* selbst tatsächlich nicht allzu verbreitet. Der dominante Vergesellschaftungsmodus der Industriegesellschaft bis in die 1970er Jahre des 20. Jahrhunderts wirkt anhaltend nach: Es galt, dem Ideal der Selbstdisziplin und Pflichterfüllung möglichst nahe zu kommen; das Leben war in allen Bereichen auf soziale Anpassung ausgerichtet. Man wollte mit *Leistungsverweiger:innen* nichts gemein haben. Diese Subjekt-

konstitution war ideal für die Unternehmensform der Großbetriebe und deren klagloses Funktionieren. Mitbestimmung auf betrieblicher Ebene war nur im Sinne der Eigenverantwortung zur Erreichung der individuellen Arbeitsziele gedacht, Unternehmensziele oder die Arbeitskultur generell waren davon klar ausgenommen. Auf überbetrieblicher Ebene stellte und stellt, um dieses Beispiel zu nehmen, die österreichische Sozialpartnerschaft ein – teilweise stark ritualisiertes – Kräftemessen um den Grad der Mitbestimmung und der Wirksamkeit der Gewerkschaften dar. Zu sehen ist: Mit dem Charakter von Arbeit als Herrschaftsinstrument sind Vorstellungen weitreichender Mitbestimmung und demokratischer Ausrichtung von Betrieben nicht gut zu verbinden.

Demokratie – wo lernen?

Welchen Beitrag leistet die aktuelle Organisation von Erwerbsarbeit für die Qualität und Stärkung der Demokratie? Das schon vom Beginn der 2000er Jahre stammende düstere Bonmot von Ingrid Kurz-Scherf drängt sich auf: Die Demokratisierung von Arbeit sei erreicht – zwar nicht, was die Qualität von Arbeitsplätzen oder die Organisation von Arbeit betrifft, sondern dass „alle arbeiten und alles Arbeit ist" (Kurz-Scherf 2004).

In der Reflexion von Arbeit als Herrschaftsinstrument darf der Blick auf den Zusammenhang von Arbeit oder auch der Organisation von Arbeit und dem politischen System der Demokratie nicht fehlen. In vielen europäischen und außereuropäischen Ländern sind die Vertrauenswerte der Regierung und ranghoher Politiker:innen dramatisch gering. Zentrale Institutionen unseres Gemeinwesens beziehungsweise unserer politischen Verfasstheit verlieren an Zustimmung. Der zum umstrittenen Schlagwort gewordene Begriff der *Postdemokratie*, ursprünglich von Colin Crouch (2008) in seinem gleichnamigen Buch als aufrüttelnder Befund gedacht, wird längst alltagssprachlich ambivalent benutzt. Einerseits von rechten und rechtsextremen Akteur:innen zur Abwertung der aktuellen politischen Verhältnisse, um damit zu sagen, dass wir aufgrund der Herrschaft *der Eliten* ohnehin keine demokratischen Verhältnisse mehr hätten und der Vorwurf, rechte Kräfte könnten die Demokratie zerstören, daher ins Leere gehe. Andererseits von Kritiker:innen rechtspopulistischer Entwicklungen, um auf die Gefahr zu verweisen, die von politischem Handeln droht, das lediglich *Als-ob-Politik* ist und trotz der Behauptung, den Willen *des Volkes* an erste Stelle zu setzen, nicht das Wohl aller, sondern den größtmöglichen Vorteil weniger zum Ziel hat.

Auf die – vielfältigen – Gründe für den *Attraktivitätsverlust* demokratischer Verhältnisse wird in zahlreichen Analysen geschaut (Lessenich 2019; Mouffe 2018; Ketterer/Becker 2019). Der Frage nach den Möglichkeiten, wo Demokratie gelernt, eingeübt und erfahren wird, wo politische Selbstwirksamkeit erlebt werden kann, wird hingegen kaum nachgegangen. Axel Honneth konstatiert nichts weniger als einen blinden Fleck der

Demokratietheorie, den er in der Missachtung der sozialen Arbeitsteilung für das Erfahren und Erlernen wesentlicher sozialmoralischer Haltungen und Einstellungen, die für das politische Gemeinwesen zentral sind, sieht. Im Rahmen dieser auf dem Boden des modernen Kapitalismus entstandenen sozialen Arbeitsteilung entscheiden die höchst unterschiedlich ausgestatteten Positionen darüber, wer welche Einflussmöglichkeiten auf den Prozess der demokratischen Willensbildung besitzt. Der „lauthals beschworene Souverän" ist stets auch arbeitendes Subjekt im Rahmen dieser sozialen Arbeitsteilung:

> „Tagtäglich und über viele Stunden hinweg gehen nämlich die meisten … einer bezahlten oder unbezahlten Arbeit nach, was es ihnen aufgrund der damit verbundenen Unterordnung, Unterbezahlung oder Überforderung nahezu unmöglich macht, sich in die Rollen einer autonomen Teilnehmerin an der demokratischen Willensbildung auch nur hineinzuversetzen." (Honneth 2023, S. 9).

Menschsein, Subjektsein, Bürger:insein vollzieht sich in bestimmten gesellschaftlichen Rahmenbedingungen oder wird davon konstituiert. Das Individuum, so Andreas Reckwitz, ist „keine autonome Einheit, sondern ein gesellschaftliches Produkt". Es verinnerlicht jene Kompetenzen, Wunschstrukturen und Mentalitäten, welche die jeweilige Gesellschaftsform voraussetzt (Reckwitz 2020, S. 206 ff.). Diese Kompetenzen, Wunschstrukturen und Mentalitäten waren in der ersten Hälfte des 20. Jahrhunderts von der industriellen Ökonomie bestimmt und sind es ab den 1970er Jahren mit immer stärkerer Dynamik vom „extremen Kapitalismus" der Spätmoderne, für den die umfassende Ökonomisierung des Sozialen ebenso kennzeichnend ist (ebd., S. 193 ff.) wie die enorme Polarisierung innerhalb der Gruppe der Dienstleister:innen und die völlig asymmetrische

Reichtumsproduktion zugunsten der Marktgewinner:innen. Wenn sich Ungleichheit, sowohl der Einkommen als auch der Vermögen, wieder verstärkt, wie das Jakob Kapeller für die neoliberale Wende ab den 1980er Jahren belegt, Klassengegensätze zunehmen und diese sich in großen Machtasymmetrien – auch nicht-materielle Aspekte wie Bildung, Gesundheit, verfügbarer Zeit und politische Grundfreiheiten betreffend – widerspiegeln, kann man von einer Re-Feudalisierung der Verhältnisse sprechen. Wachsen die Löhne langsamer als die Kapitalerträge, kommt es zu einer Entwertung der Arbeit, der soziale Status hängt nicht mehr an der eigenen Leistung; Ungleichheiten schreiben sich fort, politische Gleichheit wird infrage gestellt (Kapeller 2020). Das heißt nichts anderes, als dass die strukturellen Bedingungen für Demokratie wieder dünner geworden sind (siehe auch Charim 2015).

Das verschafft der Frage, wo denn Demokratie gelernt und gelebt werden kann, immer größere Bedeutung. An dem Ort, an dem Menschen große Teile ihres Lebens verbringen und nach den geltenden Gesellschaftsregeln auch unbedingt verbringen sollen, am Arbeitsplatz, ist das Erlernen demokratischer Haltungen und Kompetenzen ebenso wenig gesichert wie die Chance, Erfahrungen mit Beteiligung und Selbstwirksamkeit zu machen. Die ohnehin nie für alle geltende, vertragstheoretisch idealisierte Form der sozialversicherungsrechtlich abgesicherten, mit gutem Einkommen versehenen, mit Mitbestimmungsrechten ausgezeichneten Erwerbsarbeitsverhältnisse erodiert. Demokratie zu erfahren, zu lernen, einzuüben, war auch in den Hochzeiten regulierter Erwerbsarbeit ein Minderheitenphänomen und nur in Grenzen erwünscht und vorstellbar. Gänzlich zur Illusion wird die Vorstellung von demokratischen Verhältnissen in der Erwerbsarbeitswelt der Click-Worker:innen der Plattformökonomie, der prekären Wissensarbeiter:innen, der in hohen Abhängigkeiten tätigen Dienstleister:innen, den Mitarbeiter:innen der unter Sparzwang stehenden öffentlichen oder von der Rendite privater Investor:innen getriebenen Einrichtungen der Gesundheit und Pflege. Diese Illusion der Mitbestimmung setzt sich in der Organisation des Zugangs zu Sozialleistungen fort, Stichwort Disziplinierung von Erwerbslosen. Wolfgang Schmidt, Mitglied der Arbeitslosen-Selbstorganisation AMSEL/Graz (Arbeitslose Menschen suchen effektive Lösungen) und gewählter Vertreter der Plattform Sichtbar werden der Österreichischen Armutskonferenz sieht in AMS-Kursen, bei denen es um das Wieder- oder Neulernen von „Arbeitstugenden“ geht, das „Hierarchie-Aushalten-Üben“ (Schmidt 2020, S. 143).

Kontinuität autoritärer Vorstellungen

Kurzum: Demokratie und Erwerbsarbeit bilden ein fragiles Verhältnis. Selbst in den Blütezeiten starker Gewerkschaften sollte es nicht zu viel davon sein – ja, vielfach stieß man sich auch seitens der Arbeitnehmervertreter:innen gar nicht so sehr daran, dass zur Sicherung von Arbeitsabläufen, wie sie das jeweilige Management gerade verfolgte, Ein- und Anpassung gehörten. Der Historiker Johann Chapoutot zeigt die enorme Kontinuität autoritärer Managementvorstellungen, welche Bedeutung sie zur Zeit des Nationalsozialismus hatten oder welche Perfektionierung sie dort erfahren haben und wie sie in sogenannten Kaderschmieden wie der Akademie für Führungskräfte in Bad Harzburg bis in die 1980er Jahre an die deutschen Businesseliten weitergetragen wurden (Chapoutot 2021). Diese Akademie bildete hunderttausende Führungskräfte deutscher Leitunternehmen wie BMW, Aldi, Thyssen-Krupp. Ihr Gründer war Reinhard Höhn, bis zum Ende der Nazi-Herrschaft noch „SS-Oberführer Prof. Dr. Reinhard Höhn", der weitere ehemals hohe SS-Funktionäre zu Lehrtätigkeiten an die Akademie holte. Chapoutot schreibt:

> „Der umtriebige und unermüdliche Lehrer, hektische Vielschreiber und unablässige Netzwerker Höhn bewahrte sich aus der NS-Zeit die Idee, dass es im Lebenskampf wie im Wirtschaftskrieg darauf ankomme, leistungsfähig zu sein und Leistung zu ermutigen. Er war ein unverbesserlicher Sozialdarwinist, der als solcher in der Welt des Wirtschaftswunders der 1950er- bis 1970er-Jahre ganz und gar zu Hause war. Hohes Wachstum, Produktivität, Wettbewerb – das waren Begriffe, die die Nationalsozialisten in ihrem unersättlichen Streben nach Produktionsausstoß und Herrschaft bis zum Siedepunkt ausreizten. ‚Wirtschaftlich', ‚leistungsbereit', ‚leistungsfähig' zu sein, ‚sich durchzusetzen' in einer vom Wettbewerb geprägten Welt, um im ‚Lebenskampf' zu ‚siegen' – dieses für das nationalsozialistische Denken typische Vokabular war auch dasjenige Höhns nach 1945 und ist viel zu oft auch heute noch das unsere." (Chapoutot 2021, S. 141)

Als die Kritik sowohl an Höhns Vergangenheit als auch an seiner zunehmend zu rigid empfundenen Management-Methode immer lauter wurde, musste die Akademie Ende der 1980er Jahre schließen. Anlässlich seines Todes im Jahr 2000 wurde er in der ganzen Breite der deutschen Presse als großer Vordenker des modernen Managements gepriesen (ebd., S. 140). Inwiefern die in manchen Unternehmen seit den 2010er Jahren zur Anwendung kommenden Organisationsformen, die mit weniger Hierarchie auskommen und Mitbestimmung in zentralen Unternehmensbereichen wie Personal, Finanzen, Arbeitszeit, Unternehmensausrichtung vorsehen, mehr sind als kluge

Optimierungsstrategien, um das spätmoderne Selbst zu *selbstorganisierter* Hochleistung zu motivieren, wird sich wohl erst in einigen Jahren zeigen; von einem umfassenden Wandel der Arbeitswelt kann nicht die Rede sein.

Wie Wolfgang Weber und Christine Unterrainer in ihren langjährigen Forschungen zeigen konnten, stehen demokratische Organisationsstrukturen, individuell wahrgenommene Mitbestimmung und ein wertschätzendes Betriebsklima positiv mit demokratischen Kompetenzen der Beschäftigten – nämlich prosozialen, moralischen und gemeinwesenbezogenen Handlungsbereitschaften – in Verbindung (Weber/Unterrainer/Schmid 2009). Mitsprache, Anerkennung und Erfahrungen von Wirksamkeit am Arbeitsplatz scheinen die Mitarbeiter:innen tatsächlich demokratiefähiger zu machen, hält Unterrainer fest.

> „Indem demokratische Unternehmen bei ihren MitarbeiterInnen Verständnis für gesellschaftliche Fragen und bürgerschaftliches Engagement entwickeln, können sie das gesellschaftliche Wohlergehen nachhaltig fördern und antidemokratischen Tendenzen entgegenwirken." (Unterrainer 2020, S. 138)

In alternativen Wirtschaftskonzepten wie der Solidarischen Ökonomie oder der Gemeinwohlökonomie sieht Christine Unterrainer bislang zu wenig beachtetes Potenzial, demokratische Unternehmensstrukturen und die strukturell verankerte sowie strategische und taktische Unternehmensentscheidungen umfassende Mitbestimmung der Beschäftigten zu verbreiten.

Dass die Wirkung partizipativer Arbeitsbedingungen nicht einfach *nice to have* ist, argumentiert Axel Honneth eindringlich. Er sieht in der Gestaltung der Arbeitsbedingungen durch den demokratischen Staat nichts weniger als einen Hebel (neben der Schulpolitik), um auf die Herausbildung für das politische Gemeinwesen zuträglicher – kooperativer – oder zuwiderlaufender – egozentrischer – Verhaltensmuster einzuwirken. Die gesellschaftliche Arbeitswelt erkennt er damit als institutionelle Sphäre, in der der demokratische Rechtsstaat „auf seine eigenen Bestandsvoraussetzungen einwirken kann" (Honneth 2023, 10).

Ein BGE – und hier zeigt sich ganz besonders die Bedeutung einer existenzsichernden bedingungslosen Leistung, die eben auch Menschen im erwerbsfähigen Alter erhalten – könnte der bislang fehlende Hebel sein, um die Verankerung organisationaler Demokratie in Unternehmen zu beschleunigen. Der geltende Umstand, dass die meisten Menschen zu *unselbstständiger* Erwerbsarbeit gezwungen sind, um ihre Existenz zu sichern, führt zu Anpassung und Gehorsamshaltungen. Ein Grundeinkommen bedeutet die Möglichkeit, zumindest für einige Zeit nicht jeden Arbeitsplatz annehmen zu müssen und erhöht gleichzeitig die Verhandlungsmacht im Rahmen bestehender Arbeitsverhältnisse. Innerhalb von Unternehmen und Organisationen könnte das BGE, eben verstanden als *Demokratiepauschale*, Demokratie und Partizipation stärken. Die herrschende Situation, dass Menschen zur Sicherung ihrer Existenz auf die Erlangung eines Arbeitsplatzes angewiesen sind, den sie aber wiederum weder schaffen noch seine Schaffung wesentlich beeinflussen können, ist ein ethisches – wie schon genannt –, aber eben auch ein demokratiepolitisches Defizit. Abhängigkeit, im Sinne von falschem Gehorsam, wird produziert und führt zu einer psychischen Grundstruktur, die für emanzipierte politische Subjekte nicht gewünscht werden kann. Das politische System der Demokratie braucht die ständige Sorge der Bürger:innen um sein Bestehen, sein ernsthaftes Gelingen und sein *Besserwerden*! Umgekehrt müssen die Bürger:innen sicher sein können, dass für sie gesorgt wird oder aber Rahmenbedingungen geschaffen werden, die es ihnen ermöglichen, gut für sich und für andere sorgen zu können. Die Arbeitsgesellschaft in ihrer derzeitigen Form bietet diese Rahmenbedingungen nicht oder nicht ausreichend. Zu groß ist die Versuchung, Arbeit stets und immer wieder neu als Herrschaftsinstrument einzusetzen.

Fragen stellen, infrage stellen

Wie in den zahlreichen Märchen und Sagen, die davon handeln, dass eine Frage gestellt oder eine Aufgabe erbracht werden muss, damit Leben erwacht und weitergehen kann, so geht es auch im Diskurs um Arbeit, ihre Zukunft und Transformation darum, lebensdienliche Fragen zu stellen und die Aufgabe der gesellschaftlichen Reflexion zu leisten. „Was würdest Du arbeiten, wenn für Dein Auskommen gesorgt ist?“, ist so eine wegweisende Frage. Eine Grundeinkommensaktivistin setzt sie – als Ausruf formuliert – in ihrer Mailsignatur ein: „Habe Arbeit, brauche Einkommen!“ Wie würdest Du arbeiten, wenn für Dein Auskommen gesorgt ist, ist die gleichwertig zu stellende Frage. Nicht, dass es Arbeit gibt und diese getan werden muss, ist das Problem, sondern die Ordnung der Arbeit, wie sie sich herausgebildet hat und ihre Eignung als Herrschaftsinstrument. Schnell ist gegenüber Vorstellungen anderer Ordnungen der Arbeit der Utopie-Vorwurf bei der Hand. Utopien sind bei den Vertreter:innen der herrschenden Ordnung nicht beliebt. Sie werden nicht als Potenzial, als schöpferische Kraft gesehen, vielmehr als falsch eingesetzte Energie, während doch ohnehin alles gut ist, so wie es ist, und auch so bleiben soll. Es ist aber nicht alles gut und es soll auch nicht so bleiben, wie es ist. Friedrich Achleitner, Architekt und Schriftsteller, hat in Würdigung des Werkes seines Kollegen Günther Domenig geschrieben: „Was an diesen Arbeiten vielleicht noch mehr beeindruckt, ist die umgekehrte Blickrichtung, die von der Utopie in die Realität führt, das Vermögen, Träume in einem Feld der Verwirklichung zu verankern" (Isopp 2022). Wir verstehen unsere Überlegungen zu einem BGE als ein solches Vermögen, Vorstellungen von dem, wie es anders sein könnte, in einem Feld der Verwirklichung zu verankern. Dem, was ist, gilt es, Macht zu entziehen, die Selbstverständlichkeit zu nehmen und die alleinige Erklärungskraft abzusprechen.

3 Bedingungslosigkeit als historische Konstante unbezahlter und bezahlter Frauenarbeit

In Debatten über das Grundeinkommen (wir gehen in Kapitel 4 noch ausführlicher darauf ein) wird häufig darauf verwiesen, dass der Gedanke der Bedingungslosigkeit ein für unsere modernen Gesellschaften fremder Gedanke sei. Beispiele sozialer Ordnungen, die nach diesem Prinzip funktionierten, gebe es nicht. Sogenannte *Grundeinkommensexperimente* seien in unterschiedlicher Hinsicht zu wenig aussagekräftig, um eine andere Perspektive eröffnen zu können.

Sektor der Bedingungslosigkeit

Tatsächlich aber existiert auch in unseren modernen Gesellschaften – wie schon in den Gesellschaften im Übergang zur Industriegesellschaft – ein riesiger, wenngleich nicht besonders mächtiger „Sektor der Bedingungslosigkeit". Er umfasst die schlecht oder unbezahlte Sorgearbeit in Privathaushalten, in öffentlichen Institutionen, in Organisationen des Non-Profit-Sektors und in For-Profit-Unternehmen.[9] Bedingungslo-

9 Der Begriff „Sektor" wird in diesem Text zumeist im Sinne des 5-Sektoren-Modells der Gesamtwirtschaft von Luise Gubitzer verwendet: Haushaltssektor, For-Profit-Sektor, Dritter- oder Non-Profit-Sektor, Öffent-

sigkeit ist diesem Sektor in zweierlei Hinsicht eingeschrieben. Einmal, weil von den (meist weiblichen) Care-Tätigen erwartet wird, ihre eigenen materiellen, körperlichen, zeitlichen, sozialen Bedürfnisse zugunsten der Erfüllung der Bedürfnisse der Care-Empfänger:innen zurückzustellen. Und ein weiteres Mal, indem nicht vorgesehen ist, dass mittels individueller und kollektiver Forderungen frauenpolitischer, gleichstellungspolitischer, arbeitsrechtlicher Art eine Verbesserung der Situation der Care-Tätigen herbeigeführt wird (Appel 2016).

Auf die historischen Gründe für das Beharrungsvermögen dieser geschlechterhierarchischen Arbeitsteilung zu Lasten der Frauen werden wir in diesem Buch immer wieder zurückkommen, auch auf die gegenwärtigen Formen ihrer Reaktivierung in alter oder neuerer Gestalt werden wir mehrfach Bezug nehmen. Letztlich zielt die These vom „Sektor der Bedingungslosigkeit" auf die zentrale Frage ab, welche – durch materielle, soziale, kulturelle Rahmenbedingungen gegebene – Freiheit Frauen haben, die Vergesellschaftung als un(ter)bezahlte Care-Tätige zurückzuweisen. Es sind

> „… die Spielräume für viele Frauen, sich Freiheit und Sicherheit in ihrem Leben nach eigenen Vorstellungen zurecht zu legen und in Freiheit Sorgearbeit zu übernehmen, nach wie vor viel zu gering. Dieses Dilemma lösen Frauen nach wie vor so, dass sie sich an das Arrangement der privatisierten Bedingungslosigkeit mehr oder weniger umfassend anpassen, biologisierende und moralisierende

licher Sektor – Staat, Illegaler-Krimineller Sektor (Gubitzer 2017). Der „Sektor der Bedingungslosigkeit" liegt quer zu diesen Sektoren, was ihn kennzeichnet, ist die Rationalität der Bedingungslosigkeit, wie sie im Text weiter ausgeführt ist.

> Identitätsangebote zur Gänze oder in Versatzstücken integrieren." (Appel 2016, S. 51)

Mit der Frage nach der Freiheit von Frauen, Fürsorge und Sorge nicht länger deshalb zu erbringen oder erbringen zu müssen, weil die ihnen aus der historischen Geschlechterhierarchie zugewiesene Rolle des „minderen Geschlechts" (Beer 1990) oder als „unterprivilegierte Menschen" (Habermann 2014) immer noch wie Platzanweiser wirken, taucht eine weitere Frage auf. Nämlich die Frage nach dem Willen und den Fähigkeiten einer Gesellschaft, die Notwendigkeit und die Qualität von Für-

sorge und Sorge zu einer gesamtgesellschaftlichen Aufgabe zu machen und sie sich auch etwas kosten zu lassen – wie man dies mit anderen als wichtig erachteten Funktionen ganz selbstverständlich tut. Im Versuch, auf beide Fragen zu antworten, kommt das BGE ins Spiel. Wie die Theologin und Grundeinkommensaktivistin Ina Praetorius ausführt, könnte das BGE Geld zu einem Instrument werden lassen, das auf dem Niveau der Existenzsicherung die geburtliche Abhängigkeit aller Menschen sichtbar macht und:

> „... angemessen – bedingungslos – auf sie antwortet. Diese Funktionsverschiebung würde den Abschied von einer ‚Ökonomie' bedeuten, die entgegen ihrem ausdrücklich deklarierten Selbstverständnis nicht um die Befriedigung menschlicher Bedürfnisse zentriert ist, sondern nur zählt, was Geld einbringt. [...] Während die heute noch gängige Funktionsweise des Geldes den Prozess der Selbstbereicherung weniger homines oeconomici unterstützt, also bestimmte Menschen und ihre Leistungen systematisch privilegiert, andere hingegen bis hin zum Hungertod aus dem Genuss des gemeinsamen Reichtums ausschließt, würde ein regelmäßig bedingungslos vom Gemeinwesen

ausbezahlter Betrag anerkennen, dass alle Menschen zuerst geboren werden, leben und viel geschenkt bekommen (müssen), bevor sie weitergeben, was sie bekommen haben." (Praetorius 2016a, S. 39 f.)

„Was brauche ich schon": Bedingungslosigkeit in der Care-Arbeit

In der geschlechterhierarchischen Arbeitsteilung wurde und wird Frauen eine *natürliche* Neigung und Begabung für das Sorgen unterstellt. Eine solche Rollenkonstruktion braucht den Mythos von Rollenträgerinnen, die sich in bedingungsloser Zuwendung den Bedürfnissen anderer Menschen widmen. Ein solcherart konstruiertes Rollenbild der Care-Tätigen erschwert es, dass selbstbewusste Forderungen zur Verbesserung der individuellen Arbeitssituation oder ganzer Berufsgruppen gestellt werden. Stellt man solche Forderungen, fällt man sprichwörtlich *aus der Rolle* – und wird dementsprechend sanktioniert. Die Gesellschaft muss sich darauf verlassen, planen und rechnen können, so scheint es, dass bedingungslos gesorgt wird.

Lange Zeit schien die Rechnung aufzugehen. Die zunehmenden Proteste Care-Tätiger in den letzten Jahren deuten aber auf eine neue Phase der konfliktförmigeren Auseinandersetzung mit den eigenen Arbeitsbedingungen und den konkurrierenden Interessen anderer gesellschaftlicher Akteur:innen hin. So ist das Einkommensniveau im Bereich der bezahlten Care-Tätigkeiten etwa unangemessen niedrig. Ein Grund, der dafür ins Treffen geführt wird, ist, dass die Produktivität der Care-Arbeit – nach dem herkömmlichen Verständnis – gering ist. Zudem hält sich trotz der physischen, intellektuellen und psychischen Fähigkeiten, die Care-Tätigkeit erfordert, hartnäckig die Idee, dass es dafür keine hohen Qualifikationen brauche (vgl. Hämmerle/Madner 2018). Die Realität sieht anders aus: Es gibt ausreichend Evidenz darüber, was bedingungsloses Tätigkeitsein im Care-Bereich heißt – man muss es nur wissen wollen. Studien, Reportagen, Selbstzeugnisse, Erfahrungsberichte in Print- und digitalen Medien fördern zutage, was in früheren Jahrzehnten unsichtbar geblieben ist und überhört werden konnte.

Werfen wir einen etwas genaueren Blick auf den Bereich der Elementarpädagogik und auf die 24-Stunden-Betreuung. Damit sollen die Anforderungen in zwei sehr gegensätzlichen Sorgebereichen aufgezeigt werden. Sie sind gegensätzlich, weil die Sorgeempfänger:innen einmal Kleinkinder und einmal betagte oder auch kranke Menschen sind. Das erfordert unterschiedliche Kompetenzen und Fähigkeiten der Sorgenden und auch unterschiedliche Formen des bedingungslosen Tätigseins. Die Auswahl dieser beiden Bereiche hat außerdem mit einer in diesem Kapitel noch näher vorgestellten Entwicklung zu tun. Im Konzept vom *sozialinvestiven Wohlfahrtsstaat* sind Sozialkosten nach dem *return of investments* zu beurteilen – Investitionen in Kleinkinder, um in der Diktion dieses Konzepts zu bleiben, sind demnach lohnender als Investitionen in Menschen, die nicht mehr im Erwerbsprozess stehen.

Mit den Worten der Leiterin einer Kindertagesstätte im österreichischen Bundesland Kärnten:

> „Wir müssen immer mehr bewältigen, ohne dass die Rahmenbedingungen – der Betreuungsschlüssel, die Gruppengröße oder die Bezahlung – verändert werden. Gleichzeitig müssen wir aber zu 100 Prozent belastbar sein. Unter dreijährige Kinder benötigen sehr viel Nähe und verstehen noch nicht, was es bedeutet, kurz zu warten. ‚Wenn

ich dich brauche, dann sofort!‘ und dabei kommen mindestens fünf Kinder auf eine Person zugleich.“ (Weiss 2021)

Eine Betriebsrätin, die davor zehn Jahre lang Assistentin in einem Kindergarten in Oberösterreich war, fügt hinzu:

> „Wenn KollegInnen krank werden, muss man immer kompensieren, es gibt kaum SpringerInnen. Dann steht man nicht selten alleine in der Gruppe. Ich habe mir dann immer den Platz in Gruppen gesucht, von dem aus ich alles überblicken kann. Gleichzeitig ist man nervös und hofft, dass jetzt kein Kind Hilfe beim Toilettengang braucht. Man kann ja dann die anderen Kinder nicht alleine lassen. Das ist eine absolute Stresssituation.“ (ebd.)

Die Wiener Wochenzeitung *Der Falter* berichtete im ersten Coronajahr über eine slowenische Krankenschwester, die als 24-Stunden-Betreuerin in der Steiermark tätig ist:

> „Frei haben, bedeutet für Firbas nämlich auch: früh schlafen gehen. Das braucht sie, um sich von den Wochen bei ‚der Oma‘ zu erholen, die auf der anderen Seite der Grenze wohnt. Wenn Firbas bei ihr Dienst hat, bleiben nachts Schlafzimmertüren offen. ‚Da schlafe ich mit einem Auge und einem Ohr.‘ Das hat sie sich in 27 Jahren als Krankenschwester im Nachtdienst antrainiert … Zdenka Firbas hadert nicht. Ihren früheren Job in einer großen Einrichtung schaffte sie wegen ihrer Rückenprobleme nicht mehr. ‚Jetzt betreue ich einen Menschen so, wie es sich gehört. Und was brauche ich schon.‘ Aber: ‚Sicherheit hast du keine, krank werden darfst du nicht.“ (Pölsler 2020)

Der *Falter*-Bericht zitiert Christine Braunersreuther, die eine Ausstellung über 24-Stunden-Betreuerinnen entwickelte. Oft bekämen die Angehörigen gar nicht mit oder wollten nicht wahrhaben, dass die alte Mutter keine Minute mehr allein gelassen werden kann.

> „Dann kommt es vor, dass die Betreuerin gefragt wird: Warum ist es hier nicht sauber? Die Angehörigen sehen nicht, dass die Mutter den ganzen Tag geweint und sich an der Betreuerin festgehalten hat, weil sie in ihrer Kinder-Kriegserinnerung festgesteckt ist." (ebd.)

In der Sorgearbeit oder auch der fürsorglichen Praxis, so die Politologinnen Diana Auth und Clarissa Rudolph, müsse Empathie möglich sein und das Sich-einlassen-Können auf Unvorhergesehenes, auf spontane Bedürfnisse von Kindern, Kranken oder Pflegebedürftigen. Das, so die Autorinnen, sei ein Kern von Sorgetätigkeiten und auch das berufliche Ethos Sorgearbeitender (Auth/Rudolph 2017, S. 14). Empathie zu leben und sich auf Unvorhergesehenes einzulassen, ist in der Realität der Care-Arbeiter:innen heute jedoch kaum möglich – weder in den privaten und öffentlichen Einrichtungen der Elementarpädagogik und der Pflege noch in den Privathaushalten, in denen in unterschiedlichen Konstellationen gebildet, betreut und gepflegt wird. Dass trotz schlechter Arbeitsbedingungen, unangemessen niedriger Bezahlung, weiterhin fehlender Anerkennung und des Raubs letzter Zeitressourcen die *Versorgung mit Sorge* nicht schon längst zusammengebrochen ist, ist der Kompetenz und Ambition der Sorge-Arbeiter:innen geschuldet – und vielleicht auch der in der Tradition geschlechterhierarchischer Arbeitsteilung erlernten Leidensfähigkeit dieser schlecht bezahlt und unbezahlt tätigen Menschen. Die Analysen liegen seit Längerem vor; größere Aufmerksamkeit verschafften ihnen zuletzt die Erfahrungen mit der Vulnerabilität unserer sozialen Infrastruktur und der Überlastung der Privathaushalte während der Covid-19-Pandemie, die sich in erheblichen Rekrutierungsproblemen und in in immer kürzeren Abständen ausgerufenen Notständen – der Pflege, der Elementarbildung, der medizinischen Versorgung etc. – fortsetzen.

Während in den ersten Monaten der Covid-19-Pandemie viele andere Menschen ins Homeoffice oder in die Kurzarbeit wechselten, kümmerten sich Pfleger:innen und Betreuer:innen trotz hoher Infektionsrisiken weiter um ältere, kranke oder gebrechliche Menschen. Elementarpädagog:innen bestritten den Alltag in den Kinderbildungseinrichtungen, sobald sie wieder öffnen durften. Gerechnet hat sich das für diese Berufsgruppen nicht. Die Gemeinsamkeit dieser neuen „working class"
„beginnt aber vielleicht bei der … Erfahrung: dass ihnen in den letzten Monaten weit mehr abverlangt wurde als anderen" (Holst/Schönherr 2021, S. 36). Ein wesentlicher Faktor für das Wachsen der Ungleichheiten entlang von Klassenunterschieden während der Pandemie waren in der Tat die Ungleichheiten hinsichtlich der Ansteckungsrisiken und dem Zugang zum Homeoffice, wie viele Studien weltweit gezeigt haben (z. B. Holst/Schönherr 2021, ; Austrian Corona Panel 2021; Austrian Corona Panel 2022; Universität Osnabrück 2020a, 2020b/2021).

Sektor-Konkurrenz

Der *Sektor der Bedingungslosigkeit* sichert der kapitalistisch-marktwirtschaftlichen Ordnung das Funktionieren nach den Prinzipien des Gewinns, der Leistung und der Konkurrenz. Egal in welcher Phase der letzten Jahrzehnte, Vertreter:innen der *produktiven* Wirtschaftsbereiche – um diese Diktion und Zuordnung einer sehr traditionellen ökonomischen Betrachtungsweise zu verwenden – mit starker Marktposition wussten mit selbstbewusstem Lobbyismus ihre Interessen als *Leistungsträger:innen* der Volkswirtschaft darzustellen und Druck auszuüben. Vertreter:innen der (in diesem Verständnis) *unproduktiven* Wirtschaftsbereiche mit einer geringen Marktposition fehlt das vergleichbare kulturelle Kapital, ebenso selbstbewusst auftreten zu können, es fehlt am Know-how, Macht aufzubauen, und an Erfahrungen, Forderungen auch durchzubringen. Als jüngstes Beispiel für dieses Machtungleichgewicht kann der Erfolg der Wirtschaftslobbys bei der Gestaltung der Wirtschaftshilfen während der Covid-19-Pandemie dienen (siehe Kapitel 2). Dieser hat sich unter anderem in Überförderungen niedergeschlagen, die – wären diese direkt den Bürger:innen zugutegekommen – sofort die *soziale Hängematte* oder den *Vollkasko-Staat* ins Zentrum öffentlicher Diskussion katapultiert hätten. Bei den Care-Arbeiter:innen gab es jedoch – trotz der immer wieder betonten *Systemrelevanz* – je nach Branche mehr oder weniger große Misserfolge in der Erreichung von Verbesserungen, etwa Ausgleichzahlungen für Mehrarbeit, zu verzeichnen. Diese Nicht- oder Unterförderungen wurden selbst in kritischen und progressiven Medien wenig thematisiert.

Wenn die Transformation der dominanten Wirtschaftsweise und – als ihr inhärenter Teil – der geschlechterhierarchischen Arbeitsteilung und ihrer sozialen Folgen gelingen soll, muss diese *Sektoren-Konkurrenz* in den Blick genommen werden. Mit den exportorientiert produzierenden Branchen – der Autoindustrie, dem Maschinenbau etc. – assoziiert man immer noch gut bezahlte, stabile, sozialversicherungsrechtlich abgesicherte Jobs sowie ein erhebliches Maß an gewerkschaftlicher Kampfkraft. Trotz des zu erwartenden Bedeutungsverlustes der deutschen Autoindustrie im Zuge der sozial-ökologischen Transformation steht sie nach wie vor für die „kapitalistischen Marktimperative – Akkumulationszwang, Ausbeutung von Lohnarbeit und ökonomischer Wachstumsdrang" (Dörre 2021,

S. 84). Die Einkommens- und Arbeitsbedingungen im exportorientiert produzierenden Sektor spiegeln diesen Zusammenhang mit dem gesellschaftlich vorherrschenden Verständnis von Produktivität, Wachstum und Leistung wider. Sie prägen das Selbstverständnis der Konzernchef:innen ebenso wie jenes der in den Unternehmen Beschäftigten – die mehrheitlich männlich sind. Die Sorge um den Wirtschaftsstandort dient immer wieder als Rechtfertigung für steuergeldfinanzierte Unterstützungsleistungen für Großunternehmen wie etwa niedrige Körperschaftssteuern, umfassende Forschungsförderung, investitionsfreundliche Politik, Ausbildungsgarantien, Jobförderungen.

Ausgaben für Pflege, Bildung, Pensionen, Grundsicherung, Wohnen, denen in einer traditionellen ökonomischen Betrachtungsweise keine oder nur geringe *volkswirtschaftliche returns* gegenüberstehen, scheinen einer größeren Rechtfertigung zu bedürfen als jene für den Wertschöpfung symbolisierenden exportorientierten-produzierenden Sektor. Diese *Sektoren-Konkurrenz* ist allerdings für alle schlecht: Sie belastet den öffentlichen Sektor und hindert ihn in seiner Hauptaufgabe der Versorgung und (Um-)Verteilung. Die Privilegierung *produktiver* Wirtschaftsbereiche mit starker Marktposition führt in Verbindung mit entsprechenden Politik- und Gesellschaftsvorstellungen politischer Akteur:innen zu einer Einschränkung des öffentlichen Angebotes im Bildungs-, Gesundheits- und Pflegebereich. Diese Dynamik setzt einen sich selbst perpetuierenden Mechanismus in Gang: Die wahrgenommene Effizienz und Wertschöpfung des öffentlichen Sektors sinken, weil immer mehr weggespart wird. Und genau diese sinkende Leistung des öffentlichen Sektors wird dann als Argument für weitere Sparmaßnahmen – und häufig auch für Privatisierungen – hergenommen. So wird die fehlende Wettbewerbsfähigkeit des öffentlichen Sektors zu einer sich selbst erfüllenden Prophezeiung.

Mit diesen Interessengegensätzen auf der Makroebene korrespondieren Interessengegensätze auf der Mikroebene und führen auf dieser Ebene auch zu Blockaden der dringend notwendigen Veränderungen. Einerseits lässt sich wohl sagen, dass kaum jemand etwas gegen eine bessere Bezahlung von Elementarpädagog:innen, den Ausbau von Elementarbildungseinrichtungen und ausreichendem Personal zur sicheren und qualitätsvollen Begleitung der Kinder haben wird. Andererseits stehen Arbeitnehmer:innen der exportorientierten-produzierenden Branchen doch in Konkurrenz mit den Arbeitnehmer:innen des Bildungs- und Pflegebereichs um den Einsatz von Steuergeld. Einerseits lässt sich wohl sagen, dass kaum jemand etwas gegen eine bessere Bezahlung von 24-Stunden-Betreuerinnen und ihrer rechtlichen Absicherung haben wird. Andererseits sehen sich die ihrerseits in ein enges Zeit- und Einkommenskorsett gepressten erwerbstätigen Angehörigen einer zu pflegenden Person oft nicht in der Lage, diese Verbesserungen politisch zu unterstützen. Das in ihrer Region vielleicht gar nicht vorhandene qualitativ gute Angebot an institutioneller (stationärer oder mobiler) Pflege fördert ihre Bereitschaft, das – ebenfalls verschiedensten strukturellen Zwängen geschuldete – faktische *Angebot* der einzelnen Betreuerin, sich ausbeuten zu lassen, anzunehmen. Die Anforderung an die Elementarpädagogin und an die 24-Stunden-Betreuerin, bedingungslos weiterzumachen – ohne besseres Einkommen, ohne bessere Arbeitsbedingungen, ohne verbesserte rechtliche Bedingungen, ohne Anerkennung ihrer Probleme und Forderungen –, wird prolongiert. Sowohl auf der strukturellen als auch auf der individuellen Ebene.

Auch wenn Sorgeleistungen von Politiker:innen und anderen Entscheidungsträger:innen immer wieder explizit als wichtig, ja unverzichtbar für das Funktionieren einer Gesellschaft anerkannt werden, so bleibt ihre Finanzierung umkämpft. Die Vorstellungen, was eine gut ausgebaute soziale Infrastruktur kosten darf und wie eine materielle Grundsicherung ausgestaltet sein soll, gehen bei unterschiedlichen politischen und ökonomischen Akteur:innen weit auseinander. Eine Ursache dafür ist, wie wir im nächsten Abschnitt argumentieren, die Übertragung ökonomischer Investitionslogik auf Sozialstaatlichkeit.

Investitionslogik als Lösung?

Die Krise sozialer Infrastruktur und die Dauerüberlastung der Erbringer:innen von Sorge-Tätigkeiten haben – mindestens seit 2008 und den Folgejahren – mit dem eingeschlagenen Politikpfad im Zuge der Finanz- und Staatsschuldenkrise zu tun. Der auf Ebene der Europäischen Union vereinbarte scharfe Austeritätskurs hatte massive Folgen für Beschäftigung, Einkommen und Sozialsysteme. Ab den 2010er Jahren wurde als transformierte Form bisheriger Sozialstaatlichkeit seitens der Europäischen Union beziehungsweise von Nationalstaaten, auch von Österreich, eine *sozialinvestive* Strategie verfolgt oder zumindest ihre Umsetzung überlegt: Soziale Rechte und sozialer Schutz sollten nicht mehr nur Aufgabe sozialstaatlichen Handelns sein, sondern als Investitionen in die Bürger:innen gesehen werden, die sich rechnen.

Auf den ersten Blick mag diese Perspektive verführerisch sein. Was man nicht zählen kann, zählt nichts, oder? Ein tiefergehender Blick zeigt jedoch ein anderes Bild. Solange das gesellschaftliche Verständnis von Produktivität ein orthodox ökonomisches ist, kann sich das Konzept der Investition von orthodox ökonomischen Referenzpunkten nicht lösen. Das Resultat ist, dass die Produktivität des Care-Bereiches an Kriterien gemessen wird, die die Natur und den Sinn von Care verkennen. Welchen ökonomischen Wert schafft etwa ein Gespräch mit einem betagten Patienten, der bald sterben wird? So absurd es auch ist, aber dieses Gespräch kann – orthodox ökonomisch betrachtet – selbst mit Produkten nicht mithalten, die Menschen schaden oder die Umwelt zerstören. Solange wir es nicht schaffen, Arbeit anders zu bewerten, verschärft die Investitionslogik nur die Konkurrenz zwischen einzelnen Care-Bereichen – etwa den hier näher betrachteten Bereichen der Pflege und der Elementarpädagogik – ohne einen (Interessen-)Ausgleich in der beschriebenen *Sektoren-Konkurrenz* herzustellen:

> „Mit der Vokabel ‚sozialinvestiv' werden also staatliche Ausgaben für Bildung, Gesundheit etc., von denen zukünftige (Wachstum-)Gewinne erwartet werden, weil sie das ‚Humankapital' erweitern, stärken, vergrößern und fit für den marktwirtschaftlichen Wettbewerb machen, von solchen unterschieden, die das – tatsächlich oder scheinbar – nicht vermögen." (Stiegler/Schönwälder-Kuntze 2017, S. 23)

Wie auch Auth und Rudolph in Kritik dieses Ansatzes betonen, ist aus der Perspektive einer sozialinvestiven Sozialpolitik Care keine gesamthaft und damit auch keine gesellschaftlich relevante Dimension des menschlichen Lebens mehr, sondern beinhaltet nur die Unterbringung und Versorgung von Personen, die noch nicht, gerade nicht oder nicht mehr erwerbstätig sein können (Auth/Rudolph 2017, S. 12). Produktives *social investment* bringt wirtschaftliche Wachstumsgewinne durch erweitertes, gestärktes Humankapital. Vermeintlich unproduktives *social spending* dient jedoch lediglich der Deckung der Bedürfnisse der Bürger:innen. Naheliegend geraten staatliche

Ausgaben für dauernde Bedürftigkeit unter erhöhten Legitimationszwang. Die *Investition* von Steuergeld in den elementarpädagogischen Bereich, vom Ausbau von Kinderbetreuungseinrichtungen über die Ausbildung und Aufstockung von Personal bis hin zu familienpolitischen Leistungen, die unterschiedlichste private Betreuungsformen von Kindern unterstützen, kann innerhalb einer solchen Investitionslogik geboten sein; die *Investition* von Steuergeld in den Bereich der Pflege betagter, kranker, in der Eigenversorgung eingeschränkter Erwachsener weniger. Damit erscheinen für das Wohl der Menschen und der Gesellschaft wesentliche Forderungen wie der Ausbau von Pflegeeinrichtungen, Ausbildung und Aufstockung von Personal bis hin zu sozialpolitischen Leistungen, die private oder nichtinstitutionelle marktliche Betreuungsformen von Pflegebedürftigen unterstützen, als überschießend: Das kann nur gemacht werden, so heißt es, wenn dafür Geld bleibt, nachdem wichtigere Investitionen durchgeführt wurden. *Return on investment* hat in diesem Denken immer mit Wirkungen sozialer Maßnahmen auf den Arbeitsmarkt zu tun.

Nicht alle, die sich am Diskurs über Sozialstaatlichkeit und diverse Paradigmenwechsel beteiligen, beurteilen den Sozialinvestitionsansatz jedoch so kritisch. Zwar sehen auch jene, die dem Sozialinvestitionsansatz eine ergänzende Funktion zum klassischen Sozialstaat zugestehen, dass er auf langfristiges Wirtschaftswachstum, das vor allem durch Humankapital bestimmt wird, abstellt. Es wird auch gesehen, dass im ökonomischen Mainstream Sozialinvestitionen dann interessant sind, wenn sie sich *rechnen*. Dennoch wird auch von jenen, die soziale Investitionen nicht als Substitut für sozialen Schutz sehen, die Chance auf eine Abkehr vom Austeritätsregime und für

„menschenzentrierte Investitionen" mit „Mehrfachdividende" (Buxbaum/Gruber 2016; Buxbaum 2014) gesehen.

Wie sich am Beispiel einer österreichischen Sozialpartner:innen-Initiative zeigt, hat der sozial-investive Zugang nach wie vor Konjunktur. Vertreter:innen der Arbeiterkammer, des Gewerkschaftsbundes, der Industriellenvereinigung, der Landwirtschaftskammer und der Wirtschaftskammer forderten gemeinsam eine jährliche Milliarde Euro für den Bereich der Kinderbetreuung und Kinderbildung. Die Vizepräsidentin der Industriellenvereinigung appelliert, die positive Kosten-

Nutzen-Bilanz von Investitionen in die Bildung und Betreuung von Kindern im Blick zu haben: „Natürlich kostet es, es ist aber auch eine Investition. Ein Euro investiert, bringt acht Euro Mehrwert." Zudem, so die Vizepräsidentin, müsse das schon bei den unter Dreijährigen vorhandene Grundinteresse an Naturwissenschaften erhalten und gefördert werden, als gleich doppelte Investition: in die zukünftigen Gehälter der Kinder und in den Wirtschaftsstandort Österreich. Eine weitere gute Investition sei – jetzt, da es einen Arbeitskräftemangel gibt – längere Kindergartenöffnungszeiten, um mehr Frauen länger in die Erwerbsarbeit zu bringen. Die Kosten-Nutzen-Bilanz der Kinderbetreuung ist also auch davon abhängig, ob der Arbeitsmarkt „die Mütter" gerade braucht (Piskur 2023).

Die Argumentation dieses Bündnisses überrascht nicht. Eine Argumentation, die sich auf Zweckrationalität gründet und – um einer besseren Anschlussfähigkeit an herrschende Legitimationsmuster zu entsprechen – sich orthodox ökonomischer Wachstums-Begrifflichkeiten bedient, wird der großen Dringlichkeit nicht gerecht, einer anderen Begründung von Sozialstaatlichkeit und einer anderen Sichtweise von Wertschöpfung nachzukommen, wie die Philosoph:innen Stiegler und Schönwälder-Kuntze argumentieren:

> „Nicht als selbstzweckhafter Wachstumsgenerator, sondern als Ermöglichung eines würdevollen Lebens für alle Mitglieder. Gewinne für jene mit zu erwirtschaften, die es selbst nicht ausreichend können, gibt dem Wohlfahrtsstaat eine andere Bedeutung, als die, nur diejenigen mit Unterstützung zu bedenken, die potentielle Gewinnerzeuger sind. Die Rede vom ‚sozialinvestiven Wohlfahrtsstaat' verdeckt also die Entscheidung, worum es im Miteinander gehen soll, worin es bestehen könnte." (Stiegler/Schönwälder-Kuntze 2017, S. 23)

Ein Beispiel für eine Argumentation, der es eher gelingt als der Initiative der Sozialpartner:innen, diese „andere Bedeutung" von Sozialstaatlichkeit zu adressieren, ist der Offene Brief des Netzwerks *Fair sorgen! Wirtschaften für das Leben* (vormals *Mehr für Care*). Auch wenn der Brief eine Reihe von Punkten enthält, die sich mit den Anliegen der Sozialpartner:innen deckt, gehen Forderungen wie Gewährleistung höchster Qualität der Bildungsarbeit während der gesamten Öffnungszeiten, quantitativer und qualitativer Ausbau des Angebotes nach wissenschaftlichen Standards und langfristig das Ziel eines Rechts auf Elementarbildung (Fair sorgen 2022) darüber hinaus und haben einen weiteren Begründungszusammenhang. An anderer Stelle wurde von diesem Netzwerk auch das Recht auf qualitätsvolle außerfamiliäre Bildungsimpulse als Forderung positioniert.

Auch Klaus Dörre liefert mit seinen Überlegungen zu einem „nachhaltigen Infrastruktursozialismus" (Dörre 2021), wie er es nennt, einen Beitrag zu der dringlichen Entscheidung, worum es im Miteinander gehen soll. Für ihn geht es jedenfalls um mehr als um staatliche Gelder für Straßen, Kliniken, Kitas und schnelles Internet. Es gehe auf Basis der siebzehn *Sustainable Development Goals* als normativer Grundlage einer politischen Wende darum, mit der Ökonomie der billigen Güter ebenso zu brechen wie mit der Abwertung reproduktiver Tätigkeiten: Eine Daseinsvorsorge, die einer Expansions- und Profitlogik gehorcht, bleibt lückenhaft, denn sie findet nur dort statt, wo Gewinne winken. Wird die soziale Infrastruktur, die das Alltagsleben stützt, porös, schürt das die Unzufriedenheit (ebd., S. 85).

Es scheint, als ob das Diktat der Bedingungslosigkeit von den bisherigen Garant:innen der Sorge und Fürsorge nicht mehr allseits hingenommen wird – die Unzufriedenheit ist geschürt.

Auf die Barrikaden

Ausmaß und Hartnäckigkeit der Proteste in verschiedenen Care-Bereichen zeigen, dass die Ära der Bescheidenheit beendet sein könnte. Es gibt die These, dass im 21. Jahrhundert die Bedeutung von sozialen Dienstleistungen, von Erziehung, Pflege und Betreuung als „Streikbranchen" deutlich ansteigen wird (Hosse u. a. 2017, S. 61). Bislang spielte die Forderung nach einem BGE in den Protesten und Positionierungen unterschiedlicher Berufsgruppen nur eine sehr untergeordnete Rolle. Der Hauptgrund dafür liegt wohl in dem Umstand, dass ein großer Teil der Auseinandersetzungen im Bereich sozialer Dienstleistungen um Verbesserung der Löhne geführt wird. Ein weiterer Grund liegt darin, dass die Gewerkschaften ihre Rolle in dem gerade großen Transformationen unterworfenen Bereich sozialer Dienstleistungen erst finden und neue Streikstrategien entwickeln mussten. Ein BGE zählt – von wenigen Ausnahmen abgesehen[10] – nicht zu den gewerkschaftlichen Forderungen. Ein weiterer Grund für die marginale Rolle, die das BGE in solchen Debatten bisher gespielt hat, liegt darin, dass seitens eines großen Teils der Grundeinkommensakteur:innen selbst das BGE zu lange und zu einseitig zwar als Weg angeboten wurde, der von fremdbestimmter Arbeit befreit. Aber zur Verteilung notwendiger – (schlecht) bezahlter und unbezahlter – Sorgearbeit wurde kaum Stellung genommen.

Legendär ist die – von Grundeinkommensaktivist:innen schon mal als die berühmteste Frage der Welt bezeichnete – Formulierung: „Was würdest du arbeiten, wenn für dein Einkommen gesorgt wäre?" Im gleichnamigen Buch des Unternehmers Daniel Häni und des Philosophen Philip Kovce finden sich 95 Thesen zur Befreiung der Arbeit – keine davon bezieht sich auf Sorgearbeit (Häni/Kovce 2017). Das Buch erschien zu einer Zeit, in der die Care-Debatte bereits in vollem Gange war; fehlende Kenntnis der Argumente war wohl nicht die Ursache dieser Lücke. Im Juni 2016 fand in der Schweiz die erste Volksabstimmung über die Einführung eines BGE statt. 23 Prozent der Schweizer:innen stimmten dafür. Die Kampagne zur Volksabstimmung setzte auf spektakuläre Bilder. So wurde einen Monat vor der Abstimmung das „größte Plakat der Welt" auf dem Genfer Plaine du Plainplanais entrollt: „What would you do if your income were taken care of?"; in Zürich wurde eine Parade tanzender Roboter organisiert, um das „Ende der Arbeit" zu feiern. Eine am Kampagnenstart von der Initiative Grundeinkommen beauftragte repräsentative Umfrage wurde

10 Für das BGE engagierte Gewerkschaftler:innen gibt es in Deutschland bei ver.di, GEW und IG Bau; in Österreich in der GPA, in der Schweiz bei SYNA.

unter dem Titel „Die Schweiz arbeitet weiter" präsentiert. Die Ergebnisse zeigten, dass die Schweizer:innen ihre mit einem BGE neu gewonnene Freiheit dafür nutzen wollten, um sich weiterzubilden, sich selbständig zu machen und „mehr Zeit mit der Familie zu verbringen"; nur zwei Prozent der Befragten würden aufhören zu arbeiten (vgl. Grundeinkommen 2016). Wie Kritikerinnen der Öffentlichkeits- und Medienarbeit der BGE-Initiative schlussfolgern, gelang es nicht, mit dieser Stoßrichtung der Kampagne Frauen zu vermitteln, dass es auch um die gerechte Verteilung der Sorgearbeit gehe. Viele Schweizer Feministinnen schlossen sich der BGE-kritischen Position des WIDE-Debattierclubs an (WIDE 2015) und teilten den dort formulierten Vorwurf, die BGE-Debatte würde weitgehend jenseits der feministischen Care-Ökonomie geführt. Wenige Monate vor der Abstimmung entstanden aus den Schweizer Frauenbewegungen heraus noch einige befürwortende Initiativen, aber der Schaden war längst angerichtet (Praetorius 2016a; Praetorius 2016b). Es führe kein Weg daran vorbei, so Ina Praetorius, dass sich die Debatte um das BGE von einer patriarchalen in eine postpatriarchale Debatte transformiert. Denn ohne diesen Paradigmenwechsel

> „… würde das bedingungslose Grundeinkommen für die Einen zu einer Subvention, die es ihnen erlaubt, sich weiterhin eine illusionäre ‚Freiheit' auf Kosten derer zu leisten, die scheinbar für das Notwendige zuständig bleiben. Für die Anderen würde es zu einem unwürdigen Hausfrauenlohn, der berüchtigten ‚Herdprämie'." (Praetorius 2016a, S. 43)

Bei den Protesten der Beschäftigten in der österreichischen Sozialwirtschaft im Jahr 2019, die bis zum Ausbruch der Corona-Pandemie andauerten, wurden Schilder wie „Streiken geht auch im Sozialbereich", „Soziale Arbeit ist mehr wert" und Ähnliches mitgeführt. Im Rahmen der Kollektivvertragsverhandlungen für den privaten Gesundheits-, Pflege- und Sozialbereich, 70 Prozent der 125.000 Beschäftigten sind Frauen, war die Reduktion der Arbeitszeit auf 35 Stunden pro Woche die Hauptforderung. Dieses Ziel wurde zwar nicht erreicht, lediglich eine Reduktion von 38 auf 37 Stunden ab 2022. Doch das Streiktabu im Sozialbereich war gebrochen. Schlagzeilen machten etwa die Streiks am Berliner Universitätsklinikum Charité. Abgesehen von der rein quantitativen Relevanz, die der Charité als einer der bedeutendsten Kliniken Europas zukommt, lag die Besonderheit dieser Streiks in ihrer basisdemokratischen Organisation. Und in einer Strategieänderung: Es gab einen Wechsel von „Delegationsstreiks" (einige Beschäftigte streikten stellvertretend für andere, die weiterarbeiteten) zu Absprachen über die Schließung von Betten und Stationen. Dadurch konnten wesentlich mehr Beschäftigte streiken als bislang. Die Gewerkschaft ver.di nahm im gesamten Prozess eine beratende Funktion ein. Ähnlich wie die in den nächsten Absätzen beschriebenen Auseinandersetzungen im Kinderbetreuungsbereich lag der Ausgangspunkt für sich verschärfende Arbeitskämpfe in politischen Maßnahmen, die in den frühen 2000er Jahren gesetzt worden waren. Als besonders unheilvoll wird dabei von vielen die Krankenhausfinanzierung über Fallpauschalen gesehen. Neoliberale Marktinstrumente in Krankenhäusern zum Einsatz zu bringen, bedeutete, einen Wettbewerb darüber einzuleiten, wer die meisten Patient:innen in der kürzesten Zeit zu den niedrigsten Kosten abrechnen konnte (Habekost/Lützkendorf 2023, 147 f.). 2011 gelang den Beschäftigten der Charité zunächst eine deutliche Entgelterhöhung. Dann begann das zähe Ringen um mehr Personal, unter dem Motto: „Mehr von uns ist besser für alle." Die Kommunikations- und Entscheidungsstrukturen innerhalb der fast 15.000 Beschäftigten wurden entsprechend dem Bekenntnis zu einer basisdemokratischen Vorgangsweise intensiv aufgebaut. 2013 konnte das Unterstützer:innen-Bündnis „Berlinerinnen und Berliner für mehr Krankenhauspersonal" gegründet werden, das in der Öffentlichkeitsarbeit in der Folge eine ganz wesentliche Rolle spielte. Im Sommer 2015 kam es zu einem unbefristeten, letztlich nach zehn Tagen erfolgreichen „Erzwingungsstreik". Durchgesetzt werden konnten das gesamte Klinikum umfassende Mindestbesetzungsregeln und damit der erste Tarifvertrag zu Personalregelungen in Deutschland (Hedemann/Worm/Artus 2017). Während der Corona-Zeit entstand auf dem Boden dieser Vorerfahrungen die „Berliner Krankenhausbewegung". Die Beschäftigten von Charité, Vivantes und Vivantes-Töchtern schlossen sich zusammen, um eine weitere Verbesserung der Arbeitsbedingungen zu erreichen. Im basisdemokratischen Verfahren verständigte man sich auf die Forderung einer *Nurse-to-Patient-Ratio* (Pflegekraft zu Patientenschlüssel oder Fachkraft zu medizinischem Gerät) sowie auf einen Sanktionsmechanismus bei Nichteinhaltung (Habekost u. a. 2023, S. 153). Nach 30 Tagen Streik bei der Charité, 33 Tagen bei Vivantes und 43 Tagen bei den Vivantes-Töchtern kam es zu einer Einigung mit den Klinikleitungen (ebd., S. 155).

So symbolisch bedeutsam wie die Demonstrationen und Streiks von Beschäftigten im privaten und öffentlichen Gesundheits- und Sozialbereich ist die erfolgreiche Gründung einer „Interessengemeinschaft der 24h-Stunden Betreuer_innen – IG24" in Österreich, seit Herbst 2020 als Verein organisiert. Etwa 60.000 *Live-in Carers*, mehrheitlich Frauen aus mittel- und osteuropäischen Ländern, betreuen pflegebedürftige, oft auch sehr kranke Menschen. Den skandalösen Stundenlohn von zwei bis drei Euro, fehlende Regulierung der Arbeitsbedingungen und den Zwang zur Scheinselbständigkeit bezeichnen die Aktivist:innen als „rassistische Ausgrenzung von sozialen Sicherungssystemen“ (Ďurišová u. a. 2023, S. 170). Im Rahmen des Hausbetreuungsgesetzes wäre eine Anstellung der Betreuer:innen direkt bei den Familien zwar möglich, aufgrund der bei dieser Variante höheren Kosten wird davon praktisch aber nicht Gebrauch gemacht. In Österreich sind tausend (!) Vermittlungsagenturen tätig, nur vier davon sind gemeinnützig – die IG24 ortet eine „Goldgräberstimmung“ bei diesen Agenturen, die sowohl den Betreuer:innen als auch den zu betreuenden Personen hohe Gebühren verrechnen. Die Betreuer:innen sind zum Teil in ihren Herkunftsländern in Communitys organisiert. Besonders gut ist das den rumänischen Frauen gelungen. Darauf konnte für die Gründung der IG24 aufgebaut werden. Die Betreuer:innen wollen ihre Anliegen aktiv selbst einbringen und nicht länger hinnehmen, dass nur über sie gesprochen wird. In ihrer Öffentlichkeitsarbeit prangern sie den eklatanten Interessenkonflikt an, dass sie als Ein-Personen-Unternehmer:innen zur Mitgliedschaft in der Wirtschaftskammer verpflichtet sind, die führenden Positionen in der entsprechenden Fachgruppe aber von Vertreter:innen der Vermittlungsagenturen besetzt sind. Die Scheinselbstständigkeit wird ebenso problematisiert wie die schlechte Bezahlung und die drohende Altersarmut (IG24 2022). Langfristiges Ziel der IG24 ist es, die Idee einer Genossenschaft, von den Betreuer:innen selbst gegründet, über die sie sich selbst anstellen könnten, mehrheitsfähig zu machen (ebd., S. 170 f.).

Auch die Elementarpädagog:innen gingen und gehen auf die Straße. Die Corona-Pandemie mit ihren Hygieneauflagen, Regelverschärfungen und den gesundheitlichen Gefährdungen der Beschäftigten, welche die ohnehin schon bestehende

Personalknappheit durch Krankenstände und Betreuungsbedarfe noch weiter zuspitzte, wirkte wie ein Zündfunken. Die Angestellten im Bereich der Elementarpädagogik organisieren sich und die Proteste gegen ihre Arbeitsbedingungen nehmen zu. Sie wollen nicht mehr die *netten Tanten* sein, die jede Zumutung stemmen und keine Bedingungen stellen. In Deutschland kam es bereits Ende 2009 und 2015 zu (Tarif-) Konflikten im Bereich der Kindertagesstätten – in engem Zusammenhang mit vorangegangenen und angekündigten politischen Maßnahmen in Bezug auf den Ausbau des Angebots und der Transformation von Kindertagesstätten zu Bildungsinstitutionen (Kerber-Clasen 2017, S. 35 f.). Während frühkindliche Bildung und bessere Vereinbarkeit von Erwerbstätigkeit und familiärer Betreuungsarbeit breit geteilte politische Ziele sind, verfolgten diese Maßnahmen ein weiteres Ziel: Es ging darum, das Arbeitsvermögen von Müttern zu verwerten und langfristig das Arbeitsvermögen von Kindern zu entwickeln (ebd.). Eine Agenda, die passgenau zum Umbau des Sozialstaates der letzten Jahrzehnte und der damit verbundenen Verstärkung aktivierender und investiver Sozialpolitik passt (ebd.). In der Schweiz entstand im Anschluss an den Frauenstreik im Sommer 2019 eine dauerhafte Aktionsgruppe, die die Interessen von unbezahlten und bezahlten Kinderbetreuer:innen zusammenbringt. Startpunkt war eine Kinderwagen-Demo in Bern, zu der eine Arbeitsgruppe der Frauenstreikkoordination Bern aufgerufen hatte und an der sich 5.000 Frauen und Kinder beteiligten. Diese zivilgesellschaftliche Initiative – mittlerweile als „Eidgenössische Kommission dini Mueter" (deine Mutter) (EKdM) etabliert – setzt die angeprangerten Themen weit. Die Schweiz belegt in einem UNICEF-Ranking zu Kinderbetreuungsangeboten in den OECD- und EU-Staaten den viertletzten Platz, der „Mutterschaftsurlaub“ beträgt nur vierzehn Wochen. Kinderbetreuende Mütter verzichten auf Einkommen und soziale Absicherung im Alter, Kinderbetreuerinnen in Kitas, Spielgruppen, Tagesschulen sind ganz schlecht bezahlt. Auch in der Schweiz wird der Personalschlüssel ständig verschlechtert, die Zeitnot immer mehr verschärft. Die Politisierung gelang in den Augen der Aktivistinnen der EKdM über die Arbeit mit Kindern, die – „Hausfrauen, Teilzeiterwerbende, Großmütter, Akademikerinnen, unterbezahlte Kita-Betreuerinnen, Tagesschulmitarbeiterinnen und Kindergärtnerinnen … im Stillen, unter- oder unbezahlt leisten und die viel zu selten die politische Aufmerksamkeit bekommt, die ihr zusteht“ (Aktivistinnen der EKdM 2022, 159). Ein weiteres Mobilisierungsmoment sehen die Aktivistinnen in der Ansprache von „Frauen als Mütter und Betreuerinnen als Frauen“ (ebd.), womit sie aufzeigen wollen, dass das Instrument diskursiver Verschiebung – von „Eltern“, „Kinderbetreuer:innen“ oder „Pflegepersonen“ zu sprechen, in der Hoffnung, damit Geschlechterstereotype aufzulösen – ihrer Meinung nach nicht oder jedenfalls nicht ausreichend funktioniert. Im Gegenteil: Bündnisse, das Teilen von Erfahrungen und das in die Öffentlichkeit Bringen erschwert.

Neben ähnlichen politischen Maßnahmen wie in Deutschland nach der Corona-Krise steigerten in Österreich die politischen Skandale, aufgedeckt durch diverse Chats politischer Mandatsträger, Regierungsmitglieder und Führungskräfte der Verwaltung, den Unmut der Beschäftigten im Elementarpädagogik-Bereich. Der Ärger über Machtspiele, wie die Verhinderung der „Kindergarten-Milliarde“ (vgl. Blaha 2022) einerseits, die Verschwendung von Steuergeldern in Verbindung mit Korruption andererseits, zeigt Wirkung: „Spart das Geld bei Inseraten, steckt es in den Kindergarten", hieß es etwa auf Plakaten. Nach den Protesttagen im Herbst 2021 kam es im Frühjahr 2022 zu bundesweiten Demonstrationen, bei denen die Forderung nach einem Bundesrahmengesetz erhoben wurde. Den zuständigen Ländern sollten so Qualitätsmindeststandards hinsichtlich Gruppengrößen, Personal, Ausbildungsstandards etc. vorgeschrieben werden.

Arbeitskämpfe im Care-Bereich, verursacht durch die Auswirkungen der Austeritätspolitik (siehe Kapitel 6 und 7), sozialinvestiver Politik (dieses Kapitel) und spezifische Rationalisierungsmaßnahmen, haben in den letzten Jahren zugenommen. Sie sind, entsprechend dem Geschlechterbias in diesen Feldern des Arbeitsmarktes, weitgehend von Frauen getragen. Ihre Spezifika und Potenziale für eine Transformation der geschlechterhierarchischen Arbeitsteilung sind unzureichend untersucht. Dabei können diese Auseinandersetzungen, in denen klassische Formate des Arbeitskampfes im Produktionsbereich weiterentwickelt oder ganz neue Strategien erarbeitet werden müssen, für den gesamten Dienstleistungsbereich, insbesondere für die Segmente prekärer Arbeit, wegweisend sein. In den „Auseinandersetzungen um Arbeit in sozialen Dienstleistungen" geht es immer um eine Verbesserung der Arbeitsbedingungen (punktuell damit verbunden: die Forderung nach einer Erhöhung der Qualität der erbrachten Dienstleistungen), eine Aufwertung feminisierter Berufsfelder und Geschlechtergleichstellung (Artus u. a. 2017, 7 f.).

Die *traditionelle* Bescheidenheit der Elementarpädagoginnen, der Pflegerinnen, des Gesundheitspersonals, der Sozialpädagog:innen, der Lehrer:innen ist mittlerweile offenkundig enden wollend. Die Politisierung im Sinne eines zunehmenden Wissens über die strukturellen Gründe für die individuell benachteiligte und die Qualität der Dienstleistungen insgesamt aushöhlende Situation nimmt zu. Der Organisationsgrad, sei es im Rahmen gewerkschaftlicher Strukturen oder in Form von selbstorganisierten Initiativen und Bündnissen ebenso. Für den hier vertretenen Gedanken der Politisierung finden wir die Sichtweise von Judith Butler wichtig: Wer um die Zuerkennung von Rechten kämpft, kämpft zugleich darum, im Politischen „jemand" zu sein (Butler 2010, S. 11). Damit es zu sozialer Mobilisierung kommt, braucht es bestimmte Voraussetzungen. Sie setzt „einen spezifischen moralischen Referenzrahmen voraus, wonach sich Menschen unangemessen, ‚unwürdig', ‚ungerecht' behandelt fühlen – und zugleich die Überzeugung, dass sich an dieser Situation etwas ändern lässt" (Artus u. a. 2015, S. 19). Das Selbstbewusstsein ist da: Ohne die von diesen Berufsgruppen erbrachten Leistungen und ohne die unbezahlte oder schlecht bezahlte Sorgearbeit in den Haushalten keine Chance für Säuglinge und Kleinkinder, zu überleben, keine Chance für Kinder und Jugendliche, in ein selbstbestimmtes, zukunftsfrohes Leben hineinzuwachsen, keine Chance für vorübergehend erkrankte oder verunfallte Menschen auf qualitätsvolle Pflege und gute Genesung, keine Chance für Menschen mit Behinderungen auf liebevolle Integration, keine Chance für chronisch Kranke und betagte Menschen auf ihren Bedürfnissen angemessene Unterstützung. Wenn das nicht volkswirtschaftlich enorm wichtige Leistungen sind, was dann? Die Ausrichtung politischen Handelns an den bislang Geltung beanspruchenden neoklassischen Ökonomiemodellen ist – wie nicht nur die Care-Krise, sondern auch die Klima-Krise deutlich machen – in einer Sackgasse gelandet. Die zahlreichen und substanziellen Beiträge der Feministischen Ökonomie zeigen Wege zu einer Ökonomie und zu einer Organisation des Sozialen, die „lebensdienlich ist und Lebensnotwendiges organisiert", und die den Übergang von einem „Waren-Wohlstand zum Care-Wohlstand“ eröffnen (Verein Joan Robinson/WIDE 2022).

Fazit

Unsere Gesellschaftsordnung propagiert die individuelle Verfolgung des größtmöglichen privaten Wohlstands als sichersten Weg zum Glück. Ausschließlich für mich selbst und jene, für die ich unmittelbar verantwortlich bin, zu sorgen, wäre nach dieser Sicht vollkommen rational. Während bestimmte Bevölkerungsgruppen ihre Sorgeverantwortung in diesem (neolibe-

ralen) Sinn vorbildlich erfüllen, können andere das nicht. Zum Teil deswegen, weil sie aufgrund klassistischer, sexistischer, rassistischer, ethnischer Diskriminierung zu denen gehören, die zur Erbringung von Sorge-Dienstleistungen herangezogen werden und daher weniger Ressourcen haben, für sich und ihre Angehörigen zu sorgen. Die Vordenkerin der „Caring Democracy“, Joan Tronto, fasst das für die USA folgendermaßen zusammen: Je wohlhabender du bist, desto besser wird für dich gesorgt und umso unwahrscheinlicher ist es, dass du angestellt wirst, um die Sorgearbeit für andere zu machen (Tronto 2013, S. 100).[11] Und, ist hinzuzufügen, desto bedingungsloser musst du dich den Bedingungen dieses *Sorgemarktes* unterwerfen. Zu diesen kann dann gehören, es sich nicht anmerken zu lassen, dass man wegen des damit verbundenen Einkommens die Kinder wohlhabender Familien betreut und nicht aus reiner, bedingungsloser Liebe, wie die Arbeitgebenden es sich vormachen oder auch glauben, sich erkaufen zu können.

11 Im Original: „The wealthier you are in the United States, the better you are cared for and the less likely that you are to be employed doing care work for others.“

Solche im 21. Jahrhundert weit verbreiteten Repertoires setzen Machtverhältnisse und Wertschöpfungspraktiken vorangegangener Jahrhunderte fort, die damals wie heute in erster Linie auf der Ausbeutung migrantischer und anderweitig marginalisierter Arbeiter:innen basieren, im Care-Bereich primär auf der Ausbeutung weiblicher Arbeitskraft. „Liebe als Arbeit, Arbeit aus Liebe" – wer kennt dieses analytisch-provokante Motto der gleichzeitigen Abwertung und Einvernahme weiblichen Arbeitsvermögens nicht? In einer vermeintlich in die Natur der Frauen eingeschriebene Haltung bedingungsloser Zuwendung, so dieser interessegeleitete, moralisierende Diskurs, erbringen sie Sorgeleistungen aus Liebe. Liebe ist unbezahlbar – und unbezahlt. Diese Konstruktionen von Geschlechtscharakter und Arbeitsvermögen wirken beharrlich. In Österreich betrug der Frauenanteil beim *niederen Hauspersonal* bis in die 1930er Jahre fast hundert Prozent. 1920/21 wurde dank des Engagements der ersten weiblichen Abgeordneten im Parlament, darunter drei Gewerkschaftlerinnen, das Hausgehilfengesetz verabschiedet und der Ausweitung der Arbeiterkrankenversicherung auf das Hauspersonal zugestimmt. Von der Arbeitslosenversicherung und einer festen Begrenzung der Arbeitszeit blieben diese Arbeitskräfte aufgrund des „besonderen Charakters" der Hauswirtschaft ausgeschlossen. Man war ja quasi Familie (Appel 2020b, S. 26; Richter 2017). Umso ermutigender das in Spanien im Herbst 2022 verabschiedete Gesetz zur Beendigung der Diskriminierung von Hausangestellten: Reinigungs- und Altenbetreuungskräfte in Privathaushalten sind damit arbeitsrechtlich allen anderen Beschäftigten gleichgestellt. Der alte Mythos der „anderen" Arbeitsbeziehung greift nicht mehr. Die Verbesserung für hunderttausende Angestellte, mehrheitlich Frauen und über vierzig Prozent davon

Einwanderer:innen, wurde von der spanischen Arbeitsministerin Yolanda Díaz dezidiert als „feministische Reform" bezeichnet (Der Tagesspiegel 2022).

Die Optimierung der Sorgeorientierung und -leistung nur für den eigenen Haushalt, wie die ideologische Ausprägung des marktgeprägten Individualismus es verlangt, führt zu einer ganzen Reihe an Schieflagen des Sorgens und zu einer ständigen Beschädigung demokratischer Gleichheit, insbesondere der Gleichheit der Geschlechter. In einer von Ungleichheit geprägten Gesellschaft vertieft ein rein auf den eigenen Haushalt

und die eigenen Angehörigen bezogenes Sorgen die ohnehin schon weitreichenden Ungleichheiten. Solange Sorge-Verantwortlichkeiten nicht vom Anspruch echter Gleichheit gedacht werden, wird es keine Fortschritte hin zu einer demokratischeren Gesellschaft geben (Tronto 2013, S. 96 f.).

Die Verantwortung des Sorgens als Angelegenheit echter Gleichheit zu denken – das könnte das Ende des privatisierten, feminisierten Sektors der Bedingungslosigkeit sein. Zermürbend lange werden die individuellen und gesellschaftlichen Schäden und Polarisierungen entlang des Sorgeversagens unserer Gesellschaften schon aufgezeigt. Wenig geschieht, vieles wird vereinnahmt, anderes denunziert und im Keim erstickt. Das marktwirtschaftlich-kapitalistische Regime scheint immer noch am längeren Ast zu sitzen und den zahlreichen Ästen und Ästchen feministischer und weiterer alternativer Ökonomien und Gesellschaftsvorstellungen das Wachsen schwer zu machen. Wie schon infolge der Finanz- und Staatsschuldenkrise, so hat die Covid-19-Pandemie die Folgen des Aushungerns sozialer Infrastruktur und menschlicher Sorgefähigkeiten unübersehbar gemacht. Die Sozialwissenschaftlerin Gabriele Winker, Mitbegründerin der, wie sie selbst es nennt, „kleinen sozialen Bewegung"

Care-Revolution, sieht in dieser Unübersehbarkeit einen „Eingriffspunkt" für politisches Handeln. Die Krise der sozialen Reproduktion, so Winker, ist im Alltag vieler Menschen präsent und prägt ihre Arbeits- und Lebenserfahrungen. Eine deutliche Arbeitszeitverkürzung für Vollzeitbeschäftigte und der Ausbau öffentlicher Care-Dienstleistungen wären, zusammen mit einem bedingungslosen und existenzsichernden Grundeinkommen, erste Schritte, um Menschen Existenzangst zu nehmen, Zeit für Sorgearbeit und zivilgesellschaftlich-politische Arbeit zu geben und das „Ganze der Arbeit" zwischen den Geschlechtern umzuverteilen. Wenn es gelingt, so Winker, die Auswirkungen dieser Krise zu politisieren, lässt sich Gegenwehr organisieren (Winker 2020, S. 29). Genau darum, nämlich um die Notwendigkeit und die Chancen, Bedingungslosigkeit zu politisieren und sie damit zu einer Aufgabe und Qualität des Öffentlichen zu machen, wird es im nächsten Kapitel gehen.

4
Bedingungslosigkeit politisieren

Warum bedingungslos?

Das für die Ausgestaltung des Grundeinkommens zentrale Kriterium der Bedingungslosigkeit hat weitreichende Bedeutung: Es fordert dazu auf, unsere sozialen Beziehungen, unsere politische Kultur und den Einfluss der Ökonomie auf das Soziale und das Politische kritisch zu überprüfen. Es hat Konsequenzen für unser Menschenbild und unser Gesellschaftsbild. Es bringt uns dazu, über Arbeit und Tätigsein nachzudenken, in welcher Form der Organisation von Arbeit wir drinstecken, welche ökonomischen und sozialen Folgen die entlang von Geschlechtergruppen zugewiesene Arbeitsteilung hat und ob das alles so sein soll, wie es ist.

Beginnen wir mit Begriffsdefinition (siehe dazu auch Kapitel 5). Bedingungslosigkeit bedeutet zunächst, dass das Grundeinkommen, also der Bezug einer Geldleistung, an keine Bedingungen geknüpft ist. Es darf also nicht davon abhängig sein, ob man eine bestimmte Altersgrenze unterschreitet oder überschritten hat oder *arbeitswillig* ist oder auch unter einer bestimmten Einkommensgrenze liegt oder bedürftig ist. Damit erregt das Kriterium der Bedingungslosigkeit in öffentlichen Debatten viel Anstoß. Unser an Glaubenssätzen wie „Leistung muss sich lohnen“, „Ohne Fleiß, kein Preis“, „Keine Rechte ohne Pflichten“, „Kontrolle ist besser“ geschultes Denken und

Moralempfinden hat Mühe mit Bedingungslosigkeit. Manche Kritiker:innen wenden ein, dass das Grundeinkommen selbstverständlich auf bestimmten Voraussetzungen, die sie *Bedingungen* nennen, beruhen müsse und daher nie wirklich bedingungslos sein könne. So brauche es für eine monetäre Leistung wie das Grundeinkommen ein Geldsystem. Es brauche eine funktionierende Finanzverwaltung zur Einhebung der für die Finanzierung des Grundeinkommens notwendigen Steuern; der Lebensmittelpunkt muss im Land liegen, das das Grundeinkommen auszahlt, und Ähnliches mehr. Diese Argumentationsweise verkennt allerdings die Bedeutung des Begriffes der Bedingungslosigkeit. Wie jede andere staatliche Geldleistung auch, hat das BGE Voraussetzungen, die aber solche einer formalen oder auch technisch-bürokratischen Natur sind, während die als Kriterium eines Grundeinkommens formulierte Bedingungslosigkeit auf eine politisch-ethische Qualität abstellt.

In diesem Sinn verstanden, bedeutet Bedingungslosigkeit, allen ein Grundeinkommen zum „Betreiben des eigenen Lebens" (Steinert 2005) und zur Beteiligung an der Gestaltung der gesellschaftlichen Verhältnisse zu garantieren. Mit einem BGE werden damit sowohl ein emanzipatorisches als auch ein demokratisches Anliegen verfolgt. Im Vergleich zur Ausgestaltung geltender Sozialleistungen müssen im Fall des BGE keine Ansprüche im System der Sozialversicherung erworben werden, kein Antrag gestellt, keine Bedarfsprüfung vollzogen, die Einkommens- und Vermögensverhältnisse nicht offengelegt werden. Arbeitswilligkeit und Arbeitsfähigkeit sind nicht nachzuweisen. Auch eine Verpflichtung, als Gegenleistung gemeinnützige oder gesellschaftlich notwendige Arbeit in einem bestimmten Maß zu tätigen, gibt es nicht. In anderen Worten: Die Lebensform eines Menschen und sein Verhalten sind nicht von Bedeutung. Man könnte sagen, dass das BGE damit radikal mit allem bricht, was gesellschaftlich üblich ist. Gleichzeitig könnte man aber auch schlussfolgern, dass das BGE damit genau das tut, was es für eine Reform unseres Wohlfahrtsstaats braucht, nämlich Arbeit und Einkommen auf existenzsicherndem Niveau so zu trennen, dass Arbeit aus der kapitalistisch-patriarchalen Vereinnahmung befreit und Selbsterhaltungsfähigkeit garantiert wird. Die BGE-Idee steht für einen bedingungslosen Anspruch auf eine menschenwürdige Existenz und damit für die Emanzipation vom Leitbild einer Arbeits- und Marktgesellschaft, die, solange der ihr zugrundeliegende marktradikale Erwerbsmythos nicht infrage gestellt ist, immer zu Formen greift, die Zwang und Pflicht zur Erwerbsarbeit beinhalten (Thieme 2021, S. 103 ff.).

BGE und Menschenrechte

Wir haben das Kriterium der Bedingungslosigkeit zunächst als Geldleistung definiert, deren Bezug an keine Bedingungen geknüpft ist. Die mit dem Grundeinkommen gemeinte Bedingungslosigkeit geht jedoch über diese Definition sogar noch hinaus. Das Kriterium der Bedingungslosigkeit verbindet sich unmittelbar mit der Vorstellung von der Würde, Gleichheit und Freiheit aller Menschen. Die Forderungen nach Personenbezogenheit, Existenz- und Teilhabesicherung sowie Allgemeinheit sind weitere Kriterien, die sicherstellen, dass die Bedingungslosigkeit *funktioniert*. Die Idee des BGE wurzelt in der Tradition der Menschenrechte und unterstützt ihre Realisierung durch das mit diesem Konzept vertretene Menschen- und Gesellschaftsbild. Insofern ist die Unterstützung der BGE-Idee eine Art *Erinnerungsarbeit:* an das vielfach noch offene Versprechen der Menschenrechte und die in ihrer Tradition formulierten Pakte und Erklärungen. Zugleich ist es auch eine Erinnerungsarbeit an in Jahrhunderten davor entwickelte Ideen von der Würde, Freiheit und Gleichheit der Menschen. Menschenrechte sind kein naiver Moralismus und keine Sozialutopie. Sie bedeuten die symbolische und praktische Anerkennung des Wertes aller Menschen, indem sie den Schutz der Freiheit, Autonomie und anderer Bedingungen für ein würdevolles Leben als durchsetzbare Rechte verankern, die nicht von der Gnade oder dem Gutdünken anderer abhängig sein dürfen. Damit verankern sie auch die Idee einer gerechten Gesellschaft in den Institutionen des Staates (Segbers 2013, S. 13).

Bürgerliche und politische Rechte werden oft als Menschenrechte der ersten Generation oder als Freiheits- oder „Abwehrrechte" bezeichnet. Sie haben ihre Wurzeln in der Aufklärung und spiegeln die Idee individueller Freiheit gegenüber dem Staat und demokratischer Partizipation wider. Die Menschenrechte der sogenannten zweiten Generation umfassen wirtschaftliche, soziale und kulturelle Rechte. Sie entstanden unter dem Einfluss der Arbeiter:innenbewegung im 19. und 20. Jahrhundert. Die dritte Generation der Menschenrechte entstand in den 1980er Jahren und unterscheidet sich von den liberalen Abwehrrechten der ersten Generation. Das Recht auf Entwicklung, das Recht auf Frieden und das Recht auf eine gesunde Umwelt zählen zu diesen Rechten, die auch als „Solidaritätsrechte" bezeichnet werden. Sie postulieren auch Rechte gegenüber den Staaten der westlichen Welt: Insbesondere die Staaten Europas und Nordamerikas sollen auch Solidarität gegenüber Staaten und Menschen in anderen Weltregionen üben (vgl. Netzwerk Menschenrechte o. J.).

2023 jährte sich die Verabschiedung der Allgemeinen Erklärung der Menschenrechte zum 75. Mal. In ihren Artikeln 22 und 25 sind das Recht auf soziale Sicherheit und das Recht auf Wohlfahrt festgeschrieben. Im 1966 verabschiedeten Internationalen Pakt über wirtschaftliche, soziale und kulturelle Rechte sind soziale Rechte weiter ausformuliert: das Recht auf Nahrung, Arbeit, Gesundheit, Wohnen, einen angemessenen Lebensstandard. In der Präambel des Paktes ist die Überzeugung festgehalten, das Ideal vom freien Menschen sei nur durch die Schaffung von Verhältnissen möglich, in denen jeder:jede seine:ihre wirtschaftlichen, sozialen und kulturellen Rechte ebenso wie seine:ihre bürgerlichen und politischen Rechte genießen kann

(RIS 1978/2023). Im Österreichischen Nationalrat war Ende der 1970er Jahre für eine Verankerung des Paktes über wirtschaftliche, soziale und kulturelle Rechte keine Zweidrittelmehrheit zu erzielen – die Chance auf soziale Grundrechte im Verfassungsrang somit vorerst vergeben (Öhlinger 1998, S. 35). Ein nächster Anlauf schlug durch das Scheitern des Verfassungskonvents in der ersten Hälfte der 2000er Jahre fehl. Der Konvent hatte an einem eigenständigen Grundrechtskatalog unter Einbeziehung von sozialen Rechten gearbeitet. Im Regierungsprogramm 2020–2024, bindend für die im Amt befindliche Schwarz-Grüne Bundesregierung, ist die Erarbeitung eines umfassenden Grundrechtskatalogs vorgesehen. Wären die sozialen Grundrechte in der österreichischen Verfassung verankert und damit das Recht auf soziale Absicherung, müssten die Menschen nicht „um Almosen zum Staat kommen“ so Barbara Helige, die Präsidentin der Österreichischen Liga für Menschenrechte (Helige 2023, S. 19; vgl. Die Armutskonferenz 2021).

Auch wenn Freiheitsrechte in teils anderen Texten kodifiziert wurden als soziale Rechte und die Um- und Durchsetzung von Freiheitsrechten in den meisten Teilen der Welt viel weiter fortgeschritten ist als die der sozialen Rechte, so bilden sie auf einer rechtsphilosophischen Ebene eine untrennbare Einheit. Soziale Rechte sind eine notwendige Bedingung der Ausübung politischer Freiheitsrechte (Öhlinger 1998, S. 29 f.). Wir sehen im Anliegen, das BGE als zentrales soziales Recht auszugestalten, einen Beitrag zur Debatte um genau diesen Zusammenhang von bürgerlichen, politischen und sozialen Rechten. In der Idee des BGE ist beides wichtig, das einklagbare individuelle Recht auf soziale Sicherheit ebenso wie das garantierte Recht auf Freiheit und politische Mitbestimmung. Die Geschichte des Ringens um eine Umsetzung der BGE-Idee ist selbst davon geprägt. Materiell privilegierte und politisch einflussreiche Gruppen können diese Ressourcen nutzen, um entsprechend machtvoll für oder gegen die Idee des BGE zu mobilisieren. Weite Bevölkerungsteile würden ein solches Grundeinkommen brauchen, um ihr – theoretisch garantiertes – Recht auf Mitgestaltung für ein Voranbringen der BGE-Idee oder auch für deren Bekämpfung nutzen zu können. Die soziale Ungleichheit hinsichtlich des Einkommens, Vermögens, Einflusses, der Verfügbarkeit über Zeit schränkt die politische Gleichheit ein und ist nicht im Einklang mit dem als Verfassungsgebot verankerten Gleichheitsgrundsatz. Ein BGE sehen wir als wichtiges Instrument für die Stärkung politischer Gleichheit, eine *Demokratiepauschale.*

Ins Zentrum der Debatte: Feministische Perspektive

Die geschlechterhierarchische Arbeitsteilung ist zentraler Faktor der Benachteiligung von Frauen. Der als Auswuchs dieser Arbeitsteilung bestehende *Sektor der Bedingungslosigkeit* verletzt das Recht auf Gleichheit und Freiheit von Frauen. Im vorangehenden Kapitel haben wir aufgezeigt, was für Konsequenzen es hat, wenn Bedingungslosigkeit verkürzt als feminisierte und privatisierte Qualität festgeschrieben und die gesellschaftliche Arbeitsteilung danach organisiert ist. Wir möchten hier noch einmal deutlich machen, dass der vorwiegend an Frauen gerichtete moralische Anspruch des *caring* und die Zuweisung der konkreten Sorgearbeit hauptsächlich an Frauen ihrem Recht auf Gleichheit entgegenstehen. Joan Tronto macht auf das demokratiepolitische Problem aufmerksam, das entsteht, wenn Personen oder Personengruppen als allein oder weitaus besser für die Ausübung bestimmter Tätigkeiten geeignet „markiert" werden. Sorgearbeit selbst ist in der herrschenden kapi-

talistisch-marktwirtschaftlichen Ordnung im Vergleich zu auf ökonomisches Wachstum und Produktivität ausgerichteten Tätigkeiten als weniger wichtig markiert. Die Geschlechtergruppe der Frauen als geeigneter oder verantwortlicher für unbezahlte und schlecht bezahlte Sorgearbeit abzustempeln und damit auf Rollen und Tätigkeiten festzulegen, die gesellschaftlich inferior bewertet sind, heißt, ihren Status als gleiche, freie und im Vollbesitz ihrer bürgerlichen, politischen und sozialen Rechte befindliche Personen zu verletzen. Verschärft werden solche Abwertungsprozesse noch, wenn sie – wie es in der Erbringung von sozialen Dienstleistungen häufig der Fall ist – entlang ethnischer, rassistischer, klassistischer „Markierungen" erfolgen (Tronto 2013, S. 111 ff.).

Der Prozess der Politisierung

Die Verantwortung des Sorgens als Angelegenheit echter Gleichheit zu denken, so haben wir in Kapitel 3 geschrieben, könnte das Ende des privatisierten, feminisierten Sektors der Bedingungslosigkeit sein. Dafür erachten wir es als notwendig, Bedingungslosigkeit zu politisieren. Wir verstehen darunter einen umfassenden Prozess, in dem es gilt, die privatisierten und feminisierten Sorgeleistungen von Frauen und die damit verbundenen Folgen sichtbar zu machen. Dieser Prozess hat gerade erst begonnen. Es geht darum, die Zuweisung von Sorgearbeit an die Gruppe der Frauen so zu beenden, dass die mit der Tätigkeit des Sorgens verbundenen, für die einzelnen Menschen und die Gesellschaft unverzichtbaren Qualitäten nicht verloren gehen. Dazu gehört eine an den Alltagsbedürfnissen und den Erfordernissen der Sorge ausgerichtete und gut finanzierte öffentliche Infrastruktur in Bereichen wie Bildung, Gesundheit, Pflege, Ernährung, Wohnen – und eine materielle Grundsicherung in Form eines BGE. In dessen Kriterium der Bedingungslosigkeit ist sowohl die Kommunikation über das, was alle brauchen, als auch über das, was wir einander bedingungslos garantieren wollen, enthalten. Wie und welche Infrastruktur angeboten wird und ob es ein Grundeinkommen gibt und wie es ausgestaltet ist, ist entscheidend, um den „vicious circle" (Tronto 2013, S. 95 ff.) von Ungleichheiten gezeichneter Sorgeverhältnisse zu beenden und Sorge als demokratische Qualität – als Sorge aller um alle, umgesetzt in einer sorgeorientierten Politik – zu positionieren. Sowohl die Ausgestaltung von öffentlicher Infrastruktur und öffentlichen Institutionen als auch die Ausgestaltung der bedingungslosen monetären Leistung Grundeinkommen sind Angelegenheiten, in denen sich der demokratische Anspruch auf Gleichheit umsetzt – sie gehören daher ins Zentrum demokratischer Politik.

Dem auch in der Kodifizierung der Grundrechte festgeschriebenen Ideal der sozialen und politischen Gleichheit aller Menschen kommen wir mit dem BGE – umgesetzt in einer geschlechtergerechten und sorgeorientierten Gesellschaft – ein Stück näher. Dafür ist es aber auch notwendig, der Bedingungslosigkeit, der Geschlechtergerechtigkeit und der Sorgeorientierung in der BGE-Debatte mehr Gewicht zu geben. Das hier ausgeführte menschen- und grundrechtbasierte Verständnis von Bedingungslosigkeit wird von Grundeinkommensaktivist:innen weitgehend geteilt. Man kann also von einer von den meisten Vertreter:innen der Grundeinkommensidee geteilten Auffassung von Bedingungslosigkeit ausgehen. Weniger eindeutig ist es um die Rezeption feministischer Reflexionen zu Bedingungslosigkeit als historischer und gegenwärtiger Konstante geschlechterhierarchischer Arbeitsteilung bestellt. Dies ist ein Umstand, der das Kriterium der Bedingungslosigkeit quasi verflacht und ihm Teile seiner möglichen gesellschaftsverändernden Bedeutung nimmt. Die Vertreter:innen des BGE tun gut daran, der feministischen Kritik am Mainstream der Grundeinkommensdebatte sowie den feministischen Differenzierungsleistungen, die den Grundgedanken des BGE in Richtung eines Transformationsinstruments für mehr Geschlechtergerechtigkeit weiterentwickeln, viel mehr Raum zu geben (Appel 2020a; Baier/Biesecker/Gottschlich 2016; Minardi 2022).

Bedingungslosigkeit – Sackgasse und Ausweg

Tradierte Vorstellungen von Bedingungslosigkeit sind in unsere Gesellschaftsstrukturen so eingeschrieben, dass geschlechterhierarchische Verhältnisse stabilisiert und immer wieder neu hergestellt werden: Verhältnisse, die Frauenarmut als Realität und Drohung beinhalten, und Verhältnisse, von deren Gestaltung oder Veränderung viele Frauen ausgeschlossen sind. Empirisch lässt sich – wie bereits im Kapitel 3 beschrieben – zeigen, dass die unbezahlte und schlecht bezahlte Sorgearbeit in Privathaushalten, öffentlichen Institutionen und in Unternehmen und Organisationen des Dritten Sektors auf einem bestimmten Verständnis geschlechtsstereotypisierter Bedingungslosig-

keit beruht. Zwar wird heute zunehmend vom Volumen und von der Bedeutung dieser unbezahlten und schlecht bezahlten, für das Funktionieren des gesamten marktwirtschaftlich-kapitalistischen Systems zentralen Arbeit gesprochen. Auch unter den Befürworter:innen des BGE gehört es zum guten Ton, sich hinsichtlich der geschlechterhierarchischen Arbeitsteilung und ihrer Folgen informiert und problembewusst zu zeigen. Damit das Grundeinkommen jedoch seine ganze emanzipatorische Wirkung entfaltet, braucht es mehr utopisches Potenzial als die oft geäußerte Hoffnung, Frauen könnten mit einem Grundeinkommen freier entscheiden, wie sie ihre Vielfachbe-
lastung besser aufteilen. Oder sich etwas selbstbestimmter entscheiden, was sie tun und was sie lassen möchten. Schließlich geht es darum, neue Optionen zu schaffen und nicht einfach nur Wahlmöglichkeiten zwischen Bestehendem zu erleichtern.

Grundeinkommen nicht in aller Eindeutigkeit als ein Konzept zu positionieren, das in die zu Lasten der Frauen gehende geschlechterhierarchische Arbeitsteilung mit all ihren ökonomischen, sozialen und ethischen Folgen interveniert, birgt eine Gefahr. Nämlich die, als stillschweigende Annahme oder sogar als Hoffnung gelesen zu werden, Frauen würden mit einem BGE bedingungslos weiterarbeiten wie bisher – an der Art ihrer Vergesellschaftung würde sich also nichts ändern. Nicht umsonst sehen daher viele sozialdemokratisch, gewerkschaftlich, grün oder linksliberal organisierte Frauen im Grundeinkommen eine *Zurück-an-den-Herd*-Mogelpackung, der gelingen könnte, wogegen sie nachhaltig und beharrlich ankämpfen: einem gravierenden Bedeutungsverlust von Erwerbsarbeit für die Geschlechtergruppe der Frauen und dort gerade für jene, die aufgrund ihrer Ausbildung, Qualifikation, Sorgebelastung, migrantischen Biografie ohnehin nicht zur *workforce* mit den besten Arbeits- und Einkommenschancen zählen. Tradierte Formen, Bedingungslosigkeit als konstituierendes Moment an Frauen verwiesener Care-Arbeit abzusichern, sind ungerecht und angesichts des sich deutlich zeigenden Versagens bestehender Sorge-Arrangements dysfunktional.

Ein sorgender Staat

Autonom zu sein, von nichts und niemandem abhängig zu sein, ist ein anerkanntes, durch Jahrhunderte patriarchaler Philosophiegeschichte geprägtes Ideal. Die neoliberale Hegemonie verschärfte die Gangart. Aus dem Ideal wurde quasi eine Pflicht zu Autonomie und Eigenverantwortung. Wer dieser Pflicht nicht nachkommt, wird zum *Loser*, verachtenswert. Bedürftig und abhängig sein von der Hilfe anderer Menschen beziehungsweise vom Staat, muss so unkomfortabel wie möglich sein. Die Aufgabe des Staates, für die Gruppen mit den geringsten Ressourcen (materiellen, sozialen …) am besten zu sorgen, wird, neoliberal gewendet, zur *Sorge*, diese Gruppen nicht in Abhängigkeit vom Staat – in eine Situation der Daueralimentierung – zu bringen. Im Ergebnis bedeutet eine solche Politik, gerade den dringendsten Bedürfnissen nicht nachzukommen und gegen die Rechte auf Würde, Gleichheit und Freiheit dieser Gruppen zu verstoßen. Die Verdrängung der Bedarfsorientierten Mindestsicherung durch ein neues Sozialhilfegesetz ist ein Beispiel für diese Politiken, die in Österreich zu einer deutlichen Verschlechterung des untersten sozialen Netzes führten (Die Armutskonferenz 2023). Unterprivilegierte Gruppen werden so in ihrer Fähigkeit zur Selbstsorge und in ihrer Möglichkeit gesellschaftlicher Mitbestimmung von Sorgearrangements beschnitten. Privilegierteren Gruppen hingegen wurden über lange Zeit „Freifahrtscheine“ ausgestellt, sich gar nicht an Prozessen über

Ausrichtungen und Strukturen der Sorge beteiligen zu müssen: bestimmten Gruppen von Männern, weil sie freigespielt sein *müssen* für ihre vermeintlich unersetzbare Arbeit im For-Profit-Sektor; Mittelstandsmüttern und -vätern, weil sie so großartige und verantwortliche Eltern für ihre eigenen Kinder sind oder sein müssen und so viel in diese investieren, dass sie sich nicht auch noch um die Sorgemöglichkeiten anderer Familien kümmern können; Vermögende, denen man die Haltung zugesteht, dass der Markt ausreichend alle Sorgebedürfnisse abdeckt, und die mit punktueller Wohltätigkeit bemänteln, was sie an steuerlicher Unterstützung öffentlicher Sorgeeinrichtungen nicht leisten (Tronto 2013, S. 141). Materiell gut abgesicherte und politisch teilhabende (ihr Wahlrecht wahrnehmende, durchsetzungsstarken Lobbys angehörende) Menschen bestimmen aufgrund der derzeitigen gesellschaftlichen Machtverteilung in hohem Ausmaß die sozialstaatlichen Regelungen und Sorgearrangements, von denen sie dann auch deutlich und mehrfach profitieren. Lücken in der leistbaren öffentlich-institutionellen Betreuung alter Menschen werden durch das Arrangement der 24-Stunden-Betreuung gedeckt. Die Betreuer:innen selbst werden möglichst rechtlos gehalten und dennoch können sich die meisten Bevölkerungsgruppen diese Form der Betreuung ihrer Angehörigen nicht leisten. Forderungen, eine umfassende Pflegereform mit einer Steuer auf große Vermögen zu finanzieren, werden rigoros bekämpft. Verteilungspolitik, um die Lebensverhältnisse von unteren Einkommens- und Transferleistungsbezieher:innen nachhaltig zu verbessern, findet keine politische Mehrheit – je risikoaverser und bedingungsloser die Care-Dienstleister:innen sein müssen, umso größer die Chance, von beschämend niedrigen Löhnen und ausbeuterischen Arbeitsbedingungen bei Inanspruchnahme solcher Dienstleistungen profitieren zu können.

Der Soziologe Stephan Lessenich sieht den modernen Prozess der Demokratisierung als umkämpfte, aber fortschreitende Öffnung von Berechtigungsräumen. Die damit verbundenen Konflikte spielen sich in mehreren Arenen ab. Für die vorangehend beschriebenen Verhältnisse, wer sozialstaatliche Regelungen und Sorgearrangements bestimmt und wer davon ausgeschlossen ist, gilt, dass sich diese Auseinandersetzungen in der Arena zwischen Besitzenden und Nicht-Besitzenden, zwischen den Nicht-Besitzenden selbst sowie zwischen Staatsbürger:innen und Nicht-Staatsbürger:innen abspielen. Im Ergebnis verfehlt

bleibt die Substanz jeder demokratischen Ordnung, nämlich

> „das gleiche Recht aller BürgerInnen auf Teilhabe an der kollektiven Gestaltung der sie gleichermaßen betreffenden gesellschaftlichen Lebensverhältnisse" (Lessenich 2019, S. 19 f.).

Es ist verzichtbar, Bedingungslosigkeit in Sorgearrangements mittels zutiefst undemokratischer Mittel sicherstellen zu wollen. Unverzichtbar hingegen ist jener von uns schon benannte Prozess, mit dem es gelingen soll, die Verantwortung des Sorgens ins Zentrum demokratischer Politik zu stellen und als Angelegenheit echter Gleichheit zu betreiben. Der Abschied vom *Homo oeconomicus* – dem Ideal des Menschen als unabhängigem, nutzenmaximierendem Individuum – ist überfällig. Über wechselseitige Bedürftigkeit nachzudenken, macht deutlich, dass Menschen vieles nur gemeinsam können und voneinander abhängig sind – und dass eine solche Bedürftigkeit kein Defizit ist, sondern den normalen Zustand des Menschseins beschreibt. „Es geht […] um ein inklusives Programm, das sagt ‚Wir brauchen einander', das muss die Grundlage für eine neue Politik sein", so die Kulturwissenschaftlerin Karin Harrasser im *MuMok Magazin* (MuMok Magazin 2022).

Auch wenn der Eindruck erweckt wird, der Gedanke gegenseitiger Abhängigkeit finde sich ohnehin bereits im Verständnis menschlicher Arbeit und ihrer Organisation, so ist dies nicht weitreichend genug. Die Vorstellung, dass erst das Zusammenwirken vieler zum Wohlstand führt und nicht die Arbeit Einzelner, anerkennt nichts anderes als die Realität einer arbeitsteiligen Gesellschaft. Moralisch-politisch überhöht, kann diese Realität zu einer arbeitsideologischen Position werden, die jene stigmatisiert, die sich scheinbar ihrem Beitrag zum Gelingen dieser Arbeitsteilung entziehen. Wir plädieren hier hingegen für ein tiefgreifendes Nachdenken über Bedürftigkeit und Abhängigkeit. Es gilt, damit den Boden zu bereiten für das Abrücken von geltenden politischen und ökonomischen Tugenden wie Autonomie, Freiheit und Selbstverwirklichung und die Annäherung an die Idee „geteilter Situationen" (ebd.), in denen wir alle aufeinander angewiesen sind. Wenn es für dieses Menschen- und Gesellschaftsbild trotz aller vorliegenden Beiträge der feministischen Theorie noch an Einsichten und Erfahrungen für seine Notwendigkeit gefehlt haben sollte, dann können die jüngsten Krisen als Beleg dafür dienen.

Nicht bloß Arbeit – *show us the money*!

Frauen waren aufgrund ihrer ambivalenten und dadurch vulnerablen Rolle in der kapitalistischen Organisation von Arbeit immer wieder gezwungen, das Lebensnotwendigste für sich und die ihnen Überantworteten auch außerhalb der geltenden Strukturen von Erwerbseinkommen oder damit zusammenhängender Sozialleistungen zu sichern. Während der Covid-19-Pandemie 2020/21 haben philippinische Frauen *community pantries* organisiert, um vor allem in den Städten die Versorgung mit Nahrungsmitteln zu unterstützen. Tafeln bei den Lebensmitteltauschständen luden ein: „Gib was du kannst, nimm, was du brauchst!“ Diese Formen der Selbsthilfe haben Tradition. In der Stadt Krems in Niederösterreich wurde 1910 ein Frauenkomitee gegründet, das zum Fleischboykott aufrief, um gegen die dramatisch gestiegenen Fleischpreise zu protestieren. Die Frauen gründeten dann selbst eine Konsumgesellschaft und verkauften Fleisch zum Einkaufspreis. Die Fleischpreissenkung der Kremser Fleischhauer blieb nicht aus. Andere Gemeinden folgten dem Beispiel der Konsumgesellschaft (Mendel 2022, S. 18). Trotz ihrer jahrhundertelangen formell politischen Ohnmacht, juristischen Rechtlosigkeit und sozialen Disziplinierung – etwa der Reglementierung der Räume, in denen sie sich ungestraft bewegen durften, die für viele Frauen auf der Welt immer noch gelten oder immer wieder in Kraft gesetzt werden – waren und sind Frauen Akteurinnen in Aufständen, Revolutionen, Reformbewegungen; immer wieder auch die Ersten, die gegen Not und Unmenschlichkeit mobilisieren. Sie exponieren sich in der Öffentlichkeit, wissend, dass sie damit Häme, Übergriffe, soziale Ächtung und auch den Tod erleiden müssen. Anders als bei politisch widerständigen Männern, die trotz des von unterschiedlichen Machthabern nicht gewünschten Verhaltens den herrschenden Männerbildern von Mut, Stärke, Würde, Auflehnung nicht widersprechen, handeln widerständige Frauen gegen herrschende Frauenbilder. Ihr – ohnehin zweifelhafter, weil auf patriarchalen Zuschreibungen fußender – Schutz geht dann verloren und sie können haltlos behandelt werden, wie das historische Beispiel der sogenannten Praterschlacht 1848 (vgl. Unger 2018), auch Augustmassaker genannt, und das aktuelle Beispiel der Verfolgung demonstrierender iranischer Frauen und mit ihnen solidarischer Männer zeigt. Zu viele Frauen müssen sich auch heute noch in eine fundamentale Abhängigkeit von Personen, Lebensformen, staatlichen Auflagen, Angeboten des Finanzsektors begeben, um ihre Existenz und die der von ihnen zu Versorgenden sichern zu können.

In den Krisen der jüngeren Geschichte des Kapitalismus waren es vor allem Frauen, die „daran glauben mussten", wenn an den Börsen der Glaube an Profitsteigerungen einen Einbruch erlitt. Christa Wichterich fasste die Folgen der Eingriffe von Weltbank und Internationalem Währungsfonds in den 1980er und 1990er Jahren in Asien, Lateinamerika und Afrika in das Bild der „Trümmerfrauen der Strukturanpassung" (Wichterich 1998, S. 149 ff.). Frauen mussten ihre Arbeitskraft, ihre eingesetzte Arbeitszeit, ihr Reproduktions- und Sorgevermögen im Maß der Krisenanfälligkeit des kapitalistischen Wirtschaftssystems steigern; viele wurden aus sicheren Jobs im Profitbereich oder im öffentlichen Sektor in den prekären Niedriglohnsektor oder überhaupt in den informellen Sektor abgedrängt und mit zusätzlicher Sorgearbeit – geschuldet den Kostensenkungsprogrammen in Gesundheit, Pflege, Bildung, Wohnen, Kinderbetreuung – belastet. Mascha Madörin nennt die 1980er Jahre die Geburtsstunde der feministischen Makroökonomie, als internationale Frauennetzwerke die Verheerungen der Strukturanpassungsprogramme für die Lebensumstände von Frauen beobachteten – und das in Ländern mit ganz unterschiedlichen Lebensumständen in Afrika, in Lateinamerika und auch in Europa.

> „Es ist die Erfahrung, dass Frauen von dieser Politik als Haushälterinnen, als Pflegerinnen und Erzieherinnen, als Zuständige für Grundbedürfnisse, als Erwerbstätige und als Community workers, als Frauen, die sich in öffentlichen Projekten engagieren, dass es die Frauen anders trifft

> als die Männer. Und das ist der Beginn der feministischen Makroökonomie und der feministischen Wirtschaftspolitik. […] Lange Zeit haben sich Frauen mit Arbeit und Arbeitszeit beschäftigt, Arbeit ist ein ganz wichtiger ökonomischer Begriff, der zentral ist für die feministische Ökonomie. Aber es gibt noch einen anderen Begriff, und der heißt Geld. Und der Slogan heißt: Show us the money! Zeigt uns das Geld! […]. Investitionen von Geld sind Investitionen in die Zukunft, und es ist immer die Frage, in welche Zukunft wir investieren." (Madörin 2001, S. 84 ff.)

116 Frauen und ihr Arbeitsvermögen wurden als sichere Investitionsobjekte für renditesuchende Anleger:innen entdeckt. Es war ausgerechnet die mit ethischer Geldanlage werbende Genossenschaft Oikocredit, die diesen Trend mit einem besonders *treffenden Plakatsujet* illustrierte. Das Bild zweier indigener Frauen in einem kleinen Raum zierte ein Plakat mit der Botschaft: „Investieren Sie in ein Portfolio aus Hoffnung, Fleiß und harter Arbeit" (Oikocredit Plakat-Sujet 2013). Und tatsächlich hatten 3000 kommerzielle Mikrofinanzinstitute Anfang der 1990er Jahre „unterversorgte Gebiete" in Ländern des Südens „penetriert" (Wichterich 2012, S. 34). Wie die aktuelle Kampagne von FIAN Deutschland und kambodschanischen Menschenrechtsorganisationen aufzeigt, können auch Mikrokredite, vergeben von „ethischen Investoren", das weitverbreitete Überschuldungsproblem noch verschärfen. In der Folge kommt es erst recht wieder zu Ernährungsunsicherheit, erzwungenem Landverkauf und Verlust der Lebensgrundlagen (FIAN 2022). Wenn der Profithunger von Investor:innen im Kontext des allgemeinen Finanzialisierungstrends den Gesundheits-, Pflege- und Bildungssektor entdeckt, führt das auf diesen *Märkten* nicht zu höheren Einkommen, besseren und

stabileren Arbeitsbedingungen der vorwiegend weiblichen Beschäftigten, sondern zu einer Verwandlung öffentlicher Ressourcen in Waren (Hermann 2021) und damit zur Verschärfung bestehender (geschlechterhierarchischer) Ungleichheiten.

Bei der schon erwähnten Frauendemonstration im August 1848 zogen die Frauen mit der Forderung „Gleicher Lohn für gleiche Arbeit" in den Wiener Prater. Dieselbe Forderung erhoben die 20.000 Teilnehmerinnen an der Demonstration am ersten Internationalen Frauentag am 19. März 1911 – sieben Jahre vor der Durchsetzung des Wahlrechts (Unger 2018, S. 39). Sie findet sich an zentraler Stelle im ersten Frauenvolksbegehren in Österreich, das 1997 von über 640.000 Personen und damit von etwas mehr als elf Prozent der Wahlberechtigten unterstützt wurde. Beim zweiten landesweiten Frauenstreik in der Schweiz im Juni 2019 skandalisierten die Teilnehmerinnen die anhaltende Einkommensungleichheit: „Lohngleichheit erst 2079 – spinnt's euch?!" Die jährliche Berichterstattung zum *Equal Pay Day*, in Österreich seit 2009 von den *Business & Professional Women* berechnet und koordiniert, ist zur Routine geworden. Der Allgemeine Einkommensbericht 2022 des Rechnungshofs (vgl. Rechnungshof Österreich 2022) dokumentiert sowohl den schleppenden Fortschritt hinsichtlich Lohngleichheit, mehr noch aber jene gravierenden Strukturprobleme, die der Lohnaufwertung in Sektoren entgegenstehen, in denen vorwiegend Frauen *systemerhaltende* und sorgeorientierte Arbeit erbringen.

Feministisch erweiterte Argumentation des BGE

Da sind sie wieder zusammengetragen: die zahlreichen Altlasten an traditionellen Geschlechterbildern und lückenhaftem oder zu gering gewichtetem Wissen über die Mehrfach-Ausbeutung von Frauen; die Belege für die fortgesetzte Wirksamkeit dieser Benachteiligungsgeschichten bis heute. Die Einführung eines als allgemeines soziales Recht gestalteten, existenzsichernden, personenbezogenen und bedingungslosen Grundeinkommens würde diese Melange an traditionellen und bestehenden Benachteiligungen nicht auslöschen, aber sie würde in einer Art intervenieren, die sich von bisherigen Gleichberechtigungs- und Gleichstellungsstrategien unterscheidet, ohne diese überflüssig zu machen oder zu entwerten.

Mit einer feministisch erweiterten Argumentation des BGE, so Gabriele Winker,

> „… lassen sich die Überbetonung der Erwerbsarbeit, die Abwertung der nicht entlohnten Sorgearbeit, der verengte Arbeitsbegriff und auch der einseitig an wirtschaftlichem Erfolg orientierte Leistungsbegriff in Frage stellen. So kann Kritik am kapitalistischen Leistungsprinzip und dem damit verbundenen Konkurrenzhandeln im öffentlichen Diskurs zunehmend an Bedeutung gewinnen. Damit besteht die Chance, in der breiten Öffentlichkeit über eine umfassende Neuorganisation der gesellschaftlich notwendigen Arbeit nachzudenken, die die im Kapitalismus fest verankerte Aufteilung in Lohnarbeit und unentlohnte Sorgearbeit überwindet. Konkrete Auseinandersetzungen um das BGE können dementsprechend Orte sein, an denen menschenfreundliche Visionen einer solidarischen Gesellschaft weiterentwickelt werden.“ (Winker 2021, S. 152 ff.)

Die Einführung eines BGE allein führt nicht dazu, dass herrschende Arbeitsteilung, beharrliche Rollenmuster und der kapitalistischen Wirtschaftsweise dienliche Vergesellschaftungsmodi ausgedient haben. Das hängt mit den gesellschaftlichen Machtverhältnissen zusammen und auch damit, dass die Einführung eines Grundeinkommens keine neuen Menschen macht.

In manchen Fällen ist das ein Glück – man erinnere sich an die von Peter Hartz vertretenen Gesellschaftsideen oder an sein Menschenbild. Beides fand in Teilen in die sogenannten Hartz-IV-Gesetze in Deutschland in den 2000er Jahren Eingang. Der Begriff der Ich-AG wurde von ihm geprägt (Haugg 2003). Gleichzeitig heißt das aber, dass auch in einer Gesellschaft mit einem BGE noch über längere oder sogar lange Zeit Menschen leben würden, die patriarchal, sexistisch, rassistisch, klassistisch, neoliberal etc. sozialisiert sind. Auch die Strukturen, die diese Prägungen geschaffen haben, würde es – zumindest eine Zeit lang – weitergeben. Und dennoch: Ein BGE kann, wie Gabriele Winker das beschreibt, einer der Katalysatoren für Veränderung sein.

Im Zuge der aktuellen Zusammenballung mehrfacher Krisen – wie der Klimakrise, der Covid-19-Pandemie, der Energie- und der Teuerungskrise – ist allgemein spürbar geworden, dass bestimmte Arten von Gütern, Dienstleistungen und bestimmte Qualitäten in unseren Gesellschaften knapp geworden sind oder überhaupt fehlen. Damit sind nicht Probleme mit dem Warenwohlstand gemeint, sondern Probleme mit dem Care-Wohlstand (Verein Joan Robinson/WIDE 2022, S. 32 ff.). Es fehlt an Gütern, Dienstleistungen und Qualitäten, die Menschen zu einer krisen- und stressfreien Bewältigung ihres Alltags brauchen, die sie gesund und gut versorgt sein lassen, die sie Vertrauen in Institutionen und in Politik haben lässt, die sie für Engagement im Gemeinwesen stärken. Es fehlt an einem Kompass, der die Produktion von Gütern an den Grundbedürfnissen von Menschen und den endlichen Ressourcen der Erde, die Erbringung von Dienstleistungen an der Individualität und Würde von Menschen, die Ausgestaltung der öffentlichen Infrastruktur an einer umfassenden Daseinsvorsorge und soziale Absicherung an repressionsfreien sozialstaatlichen Strukturen orientiert.

Diese Orientierungen waren in den letzten Jahrzehnten in Regierungspolitiken und in den Strategien machtrelevanter Lobbys kaum präsent. Vorherrschende Ziele waren die Privatisierung, Liberalisierung und Kommerzialisierung. Die Auswirkungen im Gesundheits- und Pflegewesen, im Bildungsbereich, im Wohnbau- und Verkehrswesen sind nach Weltregion oder Ländern verheerend bis deutlich spürbar. Der Einzug von profitgetriebenen Finanzierungsformen in vor allem die technische Infrastruktur, aber auch zunehmend in die soziale Infrastruktur (Pflegeheime, Kinderbetreuung, Studentenheime, Bildungseinrichtungen …) hat unübersehbare Konsequenzen für die Nutzer:innen, das Personal, die Art der Erbringung der Leistungen, die staatlichen Regulierungsmöglichkeiten, letztlich für die demokratische Gestaltbarkeit.

Krisen angehen und lösen

Das moderne Demokratie-Modell und der darauf aufbauende begrenzte soziale Friede leben

> „… von einem ebenso unerklärten wie unbegrenzten Krieg gegen die Natur. […]. Die moderne Demokratie lebt von der Zerstörung, von der mittlerweile gar nicht einmal mehr schleichenden Vernichtung der stofflichen Grundlagen gesellschaftlichen Lebens […]. Unabhängig davon, ob sich deren Bürger:innen nun als Immer-schon, Soeben-erst, Noch-nicht oder Nie-und-nimmer-Berechtigte sehen: Sie allesamt verstehen sich als mit der gemeinsamen Lizenz zur uneingeschränkten Inanspruchnahme ‚natürlicher' Ressourcen ausgestattet, der ökologischen Lizenz zum Töten." (Lessenich 2019, S. 83 ff.)

Und wie wir anfügen wollen, verstehen sich alle als mit der gemeinsamen Lizenz zur uneingeschränkten Inanspruchnahme der als *natürlich* behaupteten Ressourcen der Geschlechtergruppe der Frauen ausgestattet. Christa Wichterich hat dafür, in Anlehnung an das Konzept des Ressourcenextraktivismus, das Konzept des Sorgeextraktivismus entwickelt. Die Krisen sozialer Reproduktion und Versorgungsmängel unterschiedlicher Art werden im nationalstaatlichen ebenso wie im globalen System auf Kosten geringgeschätzter Dienstleisterinnen zu lösen versucht. Ihre Sorgefähigkeit wird von stereotyp zugeschriebener, dienender Weiblichkeit hergeleitet (Wichterich 2019, S. 545).

Die Krisen bleiben nicht aus und sie berühren, wie alle großen Krisen der kapitalistischen Wirtschaftsweise bislang, Produktionsmodelle, wohlfahrtsstaatliche Sicherungen, soziale Regeln, demokratische Institutionen und nicht zuletzt die gesellschaftliche Infrastruktur und Daseinsvorsorge (Dörre 2021, S. 85). Banu Bargu mahnt, den Krisenbegriff zum Einsatz zu bringen, sollte mit der Aufmerksamkeit für seine historischen Ursprünge und Abwandlungen einhergehen. Das Konzept der Krise enthalte die Dringlichkeit der Situation, die Möglichkeit oder sogar die Notwendigkeit einer immanenten Verwirklichung von Gerechtigkeit in der Geschichte und den Imperativ der Entscheidung, zu kämpfen, um die Krise anzugehen und zu lösen (Bargu 2019, S. 101). Aus den Reihen der Umweltbewegungen, der Bewegung für Solidarische Ökonomien, der Feministischen Ökonomien und der Care-Revolutionären-Initiativen etc. bringen sich Akteur:innen in genau diesem Sinn in den Krisendiskurs ein. Ihre Theoriebildungs-, Aktions- und Praxisbemühungen sind als wesentliche Beiträge zu einer sozial-ökologischen Transformation zu verorten. Es ist nicht zu übersehen, welchen hohen Stellenwert Begriffe wie Alltag, Für-

sorge, Lebensfreundlichkeit, Ernährungssouveränität, Nachhaltigkeit, Sorgenfreiheit, solidarische Praktiken in den neueren Ansätzen der Alltags- und Solidarökonomie einnehmen und wie differenziert auf die alte/neue Rolle von Staatlichkeit eingegangen wird. In ihren wissenschaftlichen Analysen, politischen Debattenbeiträgen und aktionistischen Protestformen kritisieren sie die herrschenden neoliberalen Infrastrukturpolitiken und liefern Ansätze für Veränderungen (siehe etwa Kurswechsel 4/2021 und 2/2022; Sozialwissenschaftliche-Rundschau 3/2022; Winker 2020). Verbindend für diesen neuen Fokus auf
 Infrastrukturen erscheint

> „...der Blick darauf, was darunter (‚infra') liegt, gleichsam als vernetzende Vorleistung und Vorbedingung für das ökonomische, soziale und politische Leben, für alltägliche Routinen und die Herstellung struktureller Kohärenz" (Prausmüller 2021, S. 4).

Der Blick auf das, was darunter liegt! Darunter liegt eine „gesellschaftliche Organisation von vergeschlechtlichter Sorge in Haushalten und auf dem Arbeitsmarkt" (Wichterich 2020, S. 416), die in eine massive und nicht mehr zu übersehende Krise geraten ist – für die nicht mehr ausschließlich die Frauen selbst, sondern große Teile der Gesellschaft einen Preis zu zahlen haben. Krisenzeiten bergen die Gefahr, dass trotz aller spürbaren und belegbaren Dysfunktionalitäten auf tiefverankerte Steuerungsformen zugegriffen wird, um Bestehendes zu erhalten. Um am Weg zu einer sozial-ökologischen Transformation voranzukommen, genügt es nicht, Neues – wie die Idee der Politisierung von Bedingungslosigkeit oder das Konzept der „Caring Democracy" (Tronto 2013) – zu dem hinzuzufügen, was ist; es ist unabdingbar, sich gegen etwas zu entscheiden. So wie es für den Kampf gegen die Klimakrise die aktive Entwertung der Landschaften des fossilen Kapitals braucht (Bärnthaler/Baumgartner 2022, S. 270), so braucht es für eine Politisierung von Bedingungslosigkeit mit dem Ziel einer „Caring Democracy" (Tronto 2013) die aktive Entwertung von Arbeit als Herrschaftsinstrument und als Hort geschlechterhierarchischer Machtverhältnisse. Ein BGE kann ein solches aktives Entwertungsinstrument sein.

5
Fünf Mythen zum BGE

In den vorangehenden Kapiteln haben wir uns mit Erwerbsarbeit als Herrschaftsinstrument, mit Bedingungslosigkeit als

historischer Konstante bezahlter und unbezahlter Frauenarbeit und mit dem Potenzial des BGE, einen Beitrag zu einer sorgeorientierten, demokratiestärkenden Transformation zu leisten, auseinandergesetzt. Die Frage, wie ein BGE gestaltet sein muss, um die emanzipatorische und transformative Wirkung zu entfalten, die wir in den vorangegangenen Kapiteln skizziert haben, ist komplex und bedarf zweifellos kritischer Diskussion. Zu dieser können Reflexionen von Befürworter:innen, fundierte Positionen von Kritiker:innen und das Informations- und Nachfragebedürfnis von *Neulingen* in der Debatte gleichermaßen beitragen. Manche Vorbehalte gegenüber dem BGE haben jedoch den Charakter von *Mythen* angenommen, die sich trotz vielfacher Widerlegung hartnäckig halten. Diesen *Mythen* ist dieses Kapitel gewidmet.

Mythos 1: Ein BGE bedeutet Geld fürs Nichtstun

Eine zentrale Behauptung, die sich trotz aller Hinweise auf das Gegenteil hartnäckig hält, ist, dass das Grundeinkommen „Geld fürs Nichtstun" sei und Menschen faul machen würde. Wenn alle „automatisch" Geld bekämen, wer würde dann noch arbeiten und Steuern bezahlen? Wer würde noch jene Jobs tun, die sonst niemand tun möchte, auf die die Bevölkerung aber angewiesen ist?

Es gibt mehrere Antworten auf diese Frage (siehe Prainsack 2023b). Erstens zeigen bisherige Studien und Experimente zum bedingungslosen BGE keine überzeugenden Beweise dafür, dass es Menschen „faul“ macht. In Fällen, in denen in früheren Experimenten mit bedingungslosen Geldzahlungen die Erwerbsarbeit leicht abnahm, war dies auf Faktoren wie längere Ausbildungszeiten junger Männer zurückzuführen (Gibson/Hearty/Craig 2020, S. 165 ff.). In einer deutschen Studie verneinten die meisten Menschen die Frage, ob ein BGE sie zur Aufgabe ihrer Erwerbsarbeit bringen würde. Gleichzeitig fürchten viele, dass die meisten anderen Menschen weniger oder nicht mehr arbeiten würden (Körber Stiftung 2016; vgl. auch Rötzer 2017). Dieses Phänomen ist in der Sozialpsychologie als „illusorische Überlegenheit“ bekannt, bei dem Menschen ihren eigenen Charakter und ihre Fähigkeiten überdurchschnittlich positiv bewerten (vergl. Scicurious 2013). Auch wenn andere Menschen vielleicht unehrlich sind oder betrügen könnten, sobald ihnen die Gelegenheit geboten wird, glaubt man selbstverständlich nicht, dass man selbst so handeln würde. Auch wenn andere durch Geld ohne Gegenleistung faul werden könnten, ist man selbst von anderem Naturell.

Die Sorge, dass in einer Gesellschaft, in der die Grundbedürfnisse aller Menschen über ein BGE abgesichert sind, niemand mehr arbeiten würde, ist also am ehesten psychologisch zu erklären – auf firme Evidenz gegründet ist sie nicht. Auch wenn einige Individuen möglicherweise ihre derzeitige Arbeitsstelle aufgeben würden – sei es aufgrund von Unzufriedenheit mit dem gegenwärtigen Job, Problemen mit Vorgesetzten oder unvereinbaren Arbeitszeiten und Betreuungspflichten –, bedeutet das nicht, dass sie gänzlich aus der Erwerbsarbeit ausscheiden würden. Es signalisiert lediglich, dass sie sich durch ein Grundeinkommen die Freiheit nehmen könnten, die Zeit für die Suche nach einer mehr erfüllenden Tätigkeit zu nutzen und selbst zu bestimmen, wie viel Zeit sie für bestimmte Arten der Arbeit aufbringen möchten.

Wenn man berücksichtigt, dass Arbeit – einschließlich Erwerbsarbeit – nicht nur finanzielle Entlohnung, sondern auch soziale Interaktionen, Anerkennung und idealerweise Sinnhaftigkeit mit sich bringt, erscheint es absurd, die Vorstellung zu

hegen, dass die Einführung eines BGE die Menschen massenweise dazu bringen würde, aus der Erwerbsarbeit auszuscheiden. Es sei denn, man geht davon aus, dass ungünstige Arbeitsbedingungen und Mangel an empfundener Selbstbestimmung im Beruf – also jene Aspekte, die Menschen dazu bringen, gegen eine Erhöhung des Pensionsalters zu protestieren – durch ein BGE unverändert blieben. Dieses Szenario ist zwar denkbar, jedoch höchst unwahrscheinlich, denn mit einer bedingungslosen Absicherung wären Menschen nicht mehr gezwungen, unter gänzlich unbefriedigenden oder prekären Bedingungen zu arbeiten. Dies bedeutet, dass selbst jene Arbeit, die derzeit aus verschiedenen Gründen unattraktiv erscheint, weiter getan würde, allerdings würden sich die Arbeitsbedingungen verbessern – sei es durch höhere Entlohnung, verkürzte Arbeitszeiten, flexiblere Arbeitsmodelle oder auch eine gestiegene Anerkennung dieser Tätigkeiten.

Mythos 2: Weil auch Millionär:innen das BGE bekommen würden, ist es ungerecht und nicht treffsicher

Ein weiterer häufig gehörter Einwand gegen das BGE ist, dass es nicht treffsicher und damit ungerecht sei. Auf den ersten Blick erscheint es nicht plausibel, dass sowohl eine Millionärin als auch ein Hilfsarbeiter monatlich 1.200 Euro erhalten sollten. Schließlich benötigt die Millionärin das Grundeinkommen nicht. Wäre es nicht sinnvoller, öffentliche Mittel gezielt einzusetzen, anstatt sie großzügig zu verteilen?

Ein kurzer Blick in die Geschichte hilft dabei, zu verdeutlichen, warum es wichtig ist, dass sogar diejenigen, die finanziell nicht darauf angewiesen sind, ein BGE erhalten: In Österreich erhalten schulpflichtige Kinder kostenlose Schulbücher. Es gab immer wieder Diskussionen darüber, ob dies wirklich notwendig sei. Könnten wohlhabende Eltern nicht selbst für die Schulbücher aufkommen, anstatt auf staatliche Unterstützung angewiesen zu sein? Ein maßgebliches Argument dafür, dass alle Schüler:innen weiterhin einen Großteil ihrer Schulbücher kostenlos erhalten, war und ist die Solidarität, die durch die gleichberechtigte Behandlung gefördert wird. Das Kind eines Industriellen wird genauso behandelt wie das arbeitsloser Eltern. Niemand fühlt sich als *Schmarotzer:in* und niemand wird als solche:r gebrandmarkt. Natürlich sind die Kosten einer Schulbuchaktion nicht mit den Kosten eines BGE zu vergleichen. Dennoch haben Experimente mit bedingungslosen Geldzahlungen gezeigt (vgl. Laufer 2019; Tröger/Wullenkord 2020), dass allein die Tatsache, dass das Geld aus einem Topf kommt, auf dem nicht „Arbeitslosigkeit" oder „Sozialhilfe" steht, einen großen Einfluss auf die betroffenen Menschen haben kann. Sie fühlen sich nicht mehr als Empfänger:innen von Almosen, da das BGE allen zusteht. Die Stigmatisierung armutsbetroffener oder -gefährdeter Menschen verschwindet. Heute hingegen berichten viele von demütigenden Erfahrungen, besonders wenn sie mit Behörden in Kontakt treten, um bedarfsgeprüfte Leistungen in Anspruch zu nehmen. Das Hauptproblem unserer heutigen sozialen Sicherungssysteme ist nicht, dass zu viele Menschen soziale Unterstützung erhalten. Die aktuellen sozialstaatlichen Regelungen führen vielmehr dazu, dass zahlreiche Menschen die staatlichen Leistungen, die ihnen zustehen, nicht in Anspruch nehmen. Die Ursachen liegen in unzureichendem Wissen über ihre Rechte, Schwierigkeiten bei den Schnittstellen und nicht zuletzt in dem Schamgefühl, das Menschen daran hindert, ihre Ansprüche geltend zu machen. Scham wird als Mittel zur gesellschaftlichen Macht und Kontrolle eingesetzt, und Menschen, die von Armut und Ausgrenzung betroffen sind, erleben viel häufiger Situationen, in denen sie „ihr Gesicht verlieren" (Bucher 2022, S. 348 f.).

Diese Überlegungen beantworten natürlich noch nicht die Frage, ob es ungerecht sei, auch jenen Personen, die das Geld nicht brauchen, ein BGE zukommen zu lassen. Insbesondere dann, wenn die Ansicht vertreten wird, dass Menschen mit hohen Einkommen und beträchtlichem Vermögen bereits heute zu wenig zur Gemeinwohlfinanzierung beitragen. Das ist allerdings der springende Punkt: Solidarische Modelle eines BGE sehen keineswegs vor, jedem Menschen monatlich Geld zuzuteilen und ansonsten alles unverändert zu lassen. Stattdessen sind vielfältige steuerliche und andere begleitende Maßnahmen geplant, die mit der Einführung eines BGE einhergehen würden. Alle derzeit in Deutschland, Österreich und der Schweiz konkret diskutierten Modelle sehen beispielsweise eine stärkere Besteuerung von Vermögen und manche auch eine höhere Besteuerung hoher Einkommen vor. Die Millionärin, die wie alle anderen Bürger:innen jeden Monat ihr BGE erhält, würde durch andere Maßnahmen wie Einkommens- und Vermögenssteuern in einem viel größeren Umfang zum Gemeinwohl beitragen, als dies aktuell der Fall ist. Tatsächlich würde ihr Beitrag aus diesen Quellen wesentlich höher ausfallen als die Summe, die sie aus dem BGE-Topf empfängt. Und wir dürfen nicht übersehen, dass wir genau das heute bereits praktizieren – nämlich Menschen Leistungen zur Verfügung zu stellen und sie gleichzeitig an anderer Stelle *zurückzahlen* zu lassen. Die Millionärin in unserem Beispiel kann bereits heute das öffentliche Straßennetz, das Bildungssystem, subventionierte öffentliche Verkehrsmittel und die Einrichtungen des Gesundheitssystems nutzen, ebenso wie alle anderen, obwohl sie es, finanziell gesehen, nicht braucht, weil sie das alles privat bezahlen könnte. Gleichzeitig sollte sie aber auch – idealerweise – über einkommens-, vermögensbezogene und andere relevante Steuern weit mehr zum gemeinschaftlichen Vermögen beitragen als sie über das BGE herausbekommt. Die oft kritisierte Methode der „Gießkanne" hat in bestimmten Situationen durchaus ihre Berechtigung. Ungleichheit manifestiert sich nämlich nicht nur in der Kluft zwischen den Reichsten und Ärmsten, sondern in einem Gefälle, das die gesamte Bevölkerung betrifft. Wenn politische Maßnahmen und soziale Sicherungssysteme ausschließlich auf die am stärksten Benachteiligten ausgerichtet sind, stigmatisieren wir diese Gruppe und versäumen gleichzeitig die Möglichkeit, den sozialen Zusammenhalt in der Gesellschaft insgesamt zu stärken. Dabei vergessen wir Gruppen, die nicht zu den Ärmsten gehören, aber es dennoch wirtschaftlich und sozial nicht einfach haben.

Um dieses Gefälle abzumildern, argumentiert beispielsweise der britische Epidemiologe Michael Marmot, dass soziale und wirtschaftliche Unterstützung zwar universell sein, aber im Umfang und in der Intensität dem Grad der Benachteiligung angemessen sein sollten. Dieser Ansatz wird als „proportionaler Universalismus" bezeichnet (Marmot 2010). Universell sind

Maßnahmen dann, wenn sie allen Menschen zugutekommen – ähnlich wie bei der metaphorischen Gießkanne. Das Wort „proportional“ betont dabei, dass zwar alle Menschen bestimmte Dienstleistungen zur Absicherung ihrer Grundbedürfnisse erhalten sollten, wie Bildung, die Nutzung öffentlicher Verkehrsmittel oder des Straßennetzes sowie medizinische Versorgung. Gleichzeitig konzentrieren sich öffentliche Dienstleistungen im Rahmen des proportionalen Universalismus besonders auf jene Bereiche, in denen Menschen besondere Bedürfnisse haben. Ein Beispiel hierfür wäre die verstärkte Unterstützung von Müttern und Eltern mit geringem Einkommen und schwierigen Lebensumständen nach der Geburt eines Kindes. Oder die Bereitstellung kostenloser Mahlzeiten, zusätzliches Lehrpersonal und unterstützendes Personal (wie Sozialarbeiter:innen) in ökonomisch benachteiligten Stadtteilen oder Regionen.

Das BGE würde unsere Gesellschaft dem Ziel eines proportionalen Universalismus einen Schritt näherbringen. Die grundlegende Absicherung, also das Geld, das zur Deckung der Lebenshaltungskosten benötigt wird, wäre bedingungslos für alle gewährleistet. Jeder Mensch würde das erhalten, was zum Leben und zur gesellschaftlichen Teilhabe erforderlich ist – unabhängig von Alter, Erwerbstätigkeit, Haushaltskonstellation und Arbeitsbereitschaft. Personen, deren Einkommen aus Arbeit oder Kapital so hoch ist, dass sie das zusätzliche Einkommen des BGE finanziell nicht benötigen, würden über Einkommenssteuern und Vermögensbesteuerung einen höheren Beitrag leisten als gegenwärtig. Dabei würde der „Proportionalismus“ dieses Ansatzes zum Tragen kommen: Leistungen für Menschen mit besonderen Bedürfnissen – wie Krankheit, Behinderung oder Pflegebedarf – würden weiterhin erhalten bleiben. Das BGE würde Ausgleichszulagen für niedrige Renten, Familienleistungen und

Sozialhilfe ersetzen, da niemand mehr unter das Existenzminimum fallen würde und Kinder ebenfalls ein Grundeinkommen erhalten würden. Die Deckung zusätzlicher Bedürfnisse, die über das BGE hinausgehen, wie Pflegegeld oder spezifische Leistungen für Bedürfnisse über den Umfang des BGE, bliebe erhalten. Wohnbeihilfen, die Zuschüsse aus Mitteln der Wohnbauförderung sind und keine Sozialhilfeleistungen darstellen, würden fortgeführt, um bezahlbaren Wohnraum sicherzustellen – zumindest so lange, bis gesicherte Wohnverhältnisse gewährleistet sind (siehe hierzu ausführlich Kapitel 7).

Nennen wir ein konkretes Beispiel: Entsprechend den EU-SILC-Daten lag die Einkommensarmutsschwelle (60 Prozent des Medianeinkommens) in Österreich im Jahr 2022 bei 1.371 Euro für Einzelpersonen. Ein existenzsicherndes BGE wäre also in dieser Höhe auszubezahlen. Die Aufschlüsselung der Bezieher:innen von Arbeitslosengeld und Notstandshilfe nach Leistungshöhe zeigt für den Jahresdurchschnitt 2021, dass von den insgesamt etwa 264.000 Leistungsbezieher:innen nur etwa 30.000 Personen diese existenzsichernde Höhe erreichen oder darüber liegen (vgl. AMS-Bericht 2021; AMS-Bericht 2022). Die mittlere Alterspension (brutto, 14-mal im Jahr ausgezahlt) betrug 2021 Euro 1.632 (Frauen Euro 1.264, Männer Euro 2.164; vgl. Statistik Austria 2021). Der statistische Vergleich macht deutlich, dass sowohl Arbeitslosengeld und Notstandshilfe als auch Pension für viele Bezieher:innen keine existenzsichernden Leistungen sind – vor allem für Frauen. Ein BGE, das über der Armutsgefährdungsschwelle liegt, hingegen schon.[12] In der

12 Die heute existierenden großen regionalen Unterschiede in den Wohnkosten würden durch in Kapitel 7 vorgeschlagene Maßnahmen stark reduziert.

Tradition des österreichischen Sozialstaates wird der *Teil-Mythos* der Lebensstandard-Sicherung gepflegt. Leistungen für Erwerbslose und Leistungen für Pensionsbezieher:innen sollen sicherstellen, dass es in einer vorübergehenden Phase der Erwerbslosigkeit und dauerhaft im Alter nicht zu einem – starken – Verlust des durch Erwerbseinkommen ermöglichten Lebensstandards kommt.[13] Diese gute, wenngleich nicht ausreichend umgesetzte Tradition macht deutlich, dass es in Sachen des derzeit durch Beiträge von Arbeitnehmer:innen und Arbeitgeber:innen finanzierten Arbeitslosenversicherungssystems und des umlagefinanzierten Pensionsversicherungssystems mehr Schnittstellen zum BGE zu bedenken gibt als die jeweilige Höhe einer Leistung. Vorliegende Beschreibungen zur Ausgestaltung des BGE und seiner Integration in den bestehenden Sozialstaat weisen in diesem Punkt unterschiedliche Positionen auf. Aus unserer Sicht spricht nichts gegen eine Beibehaltung der bestehenden Systeme der Arbeitslosenversicherung und der Pensionsversicherung.

Einen Vorgeschmack auf ein mögliches Geschehen bei der Einführung eines BGE lieferte die erste Auszahlung des Klimabonus Ende 2022. Erstmals zahlte der Staat Österreich

13 Die Wurzel dieses Modells liegt im ständischen Denken: Soziale Sicherungskonzepte sind so konzipiert, dass jeder Mensch und jede Familie in ihrem *Stand* verbleiben kann oder muss. Auch dies erklärt den in manchen Bevölkerungsgruppen so erbitterten Widerstand gegen die Idee eines BGE: Dieses würde alle Menschen gleichbehandeln, unabhängig davon, zu welcher Schicht und zu welchem *Stand* sie gehören. Arme Menschen würden nicht mehr durch das Erfordernis der Beantragung von Hilfsleistungen (oder ähnlichen Mechanismen) ständig daran erinnert, dass sie den vermeintlichen *Leistungsträger:innen* in den *Ständen* zu Dank verpflichtet sind.

an alle Menschen, die in diesem Jahr ihren Hauptwohnsitz für mindestens sechs Monate im Jahr im Land hatten, einen einheitlichen Betrag aus. Ziel dieser neuen – universellen – staatlichen Leistung ist es, einen jährlichen Ausgleich für die durch die Einführung der CO_2-Steuer anfallenden Kosten zu leisten: ein Instrument, an das wir uns gerade gewöhnen sollen, ja müssen, weil es ein wichtiger Baustein einer Transformation ist, die uns wegbringen soll von den fossilen Energieträgern. In den Folgejahren wird dieses Instrument zur Akzeptanz dringlicher klimapolitischer Maßnahmen dann gestaffelt nach der regionalen Verfügbarkeit des öffentlichen Verkehrs ausgestaltet sein – aber nicht nach sozialen Gesichtspunkten. In der Kritik an dieser Maßnahme tauchte wieder das Treffsicherheitsargument auf. Für die FPÖ lag die mangelnde Treffsicherheit in der Auszahlung an Häftlinge und Asylwerber:innen. An der Auszahlung an Asylwerber:innen stießen sich auch Teile der ÖVP, die als Regierungspartei für diese Ausgestaltung des Klimabonus gestimmt hatte. Konservative Thinktanks kritisierten die zu weit reichende Förderung mittlerer Einkommens- und Vermögensgruppen, NEOS und SPÖ die Abwicklungskosten. In der Sache besonders wenig dienlich erschien eine Aktion der Caritas (Caritas Österreich 2022), die in einer eigenen Kampagne mit Testimonials bekannter Österreicher:innen zum Spenden des Klimabonus aufrief. Versuchte Spendenoptimierung im Fahrwasser der Kritik an einer universellen Leistung? Für eine Organisation, die im Netzwerk der Österreichischen Armutskonferenz daran beteiligt ist, Klimakrise und Energiewende nicht nur nach ökologischen, sondern dringlich auch nach sozialen Gesichtspunkten zu gestalten, eine hinterfragbare Vorgangsweise. Verlässliche staatliche Leistung – in dem Fall der Klimabonus – wird zu einer Wohltätigkeitsgeste entwertet.

Mythos 3: Ein BGE ist nicht finanzierbar

Ein dritter Einwand gegen das BGE ist, dass es nicht finanzierbar sei. Dieses Argument ist ideologie- und nicht evidenzbasiert. Finanzierbarkeit ist immer eine Frage des politischen Willens. Der *Staatshaushalt* (ein sehr problematischer Ausdruck, wie wir später sehen werden) ist keine Naturgewalt, die darüber entscheidet, ob für eine Sache, die einem etwas wert ist, genug Geld da ist. Es spricht für sich, dass es bei Ausgaben der Landesverteidigung, oder auch wenn es um Vergünstigungen und Steuervorteile für Großunternehmen geht, meist keine hitzigen öffentlichen Debatten über die Finanzierbarkeit gibt. Wenn es aber darum geht, Geld direkt an die Bürger:innen zu bezahlen, dann sorgt man sich um die Frage, wo das Geld herkommen soll.

Damit soll die staatliche Unterstützung von Unternehmen nicht an sich kritisiert werden. Viele Unternehmen hatten es in den letzten Jahren schwer: pandemiebedingte Schließungen, die Erhöhung der Energiepreise und der Mangel an Fachkräften in vielen Branchen stellten sie vor vielschichtige und manchmal existenzbedrohende Herausforderungen. Eine Reihe von Unternehmen, vor allem im klein- und mittelständischen Bereich, würde von einem BGE profitieren – auch deshalb, weil das Grundeinkommen den Unternehmer:innen persönlich finanziellen Druck nehmen würde (man denke an ein Familienunternehmen in einer Rezessionsphase).

Andere Unternehmen würden von einem BGE nicht oder viel weniger profitieren, weil es eine bestimmte Art von Jobs mit einem BGE nicht mehr gäbe: jene, die Menschen nur deshalb tun, weil sie ein Einkommen brauchen. Die monetäre Bewertung von Arbeit und die Rolle, die sie für die Aufrechterhaltung von Asymmetrien in den Geschlechterverhältnissen spielt, ist ein sehr umfassendes Thema (siehe z. B. Becker et al. 2020; Klammer et al. 2018). Uns geht es hier vielmehr darum, zu zeigen, warum die Furcht, dass *ungeliebte* Arbeit mit einem BGE nicht mehr getan würde, sich nicht notwendigerweise erfüllen würde. Eine Frau, die etwa für ein geringfügiges Entgelt um vier Uhr morgens am Postverteiler für zwei Stunden Briefe sortiert, danach die Kinder und die Familie versorgt und am Abend mit geringfügiger Anstellung Büros reinigt, würde dies wahrscheinlich tatsächlich nicht weiterhin tun. Ein BGE würde die Verhandlungsposition von Arbeitnehmer:innen wie ihr dahingehend verbessern, dass sie eine Stelle, die schlecht bezahlt ist oder sonst problematische Bedingungen bietet, nicht mehr annehmen müssten. *Ungeliebte* Arbeit müsste dann besser bezahlt und mit günstigeren Arbeitsbedingungen versehen werden: In der Gastronomie beispielsweise arbeiten viele Menschen an sich gern – aber die Arbeitsbedingungen und auch die Bezahlung bringen sie dazu, wegzugehen oder einen Branchenwechsel zu überlegen. Dasselbe gilt für Tätigkeiten in der Pflege. In all diesen Tätigkeitsbereichen müssten sich sowohl die Entlohnung als auch die Arbeitsbedingungen so verbessern, dass die Menschen, die die Tätigkeit an sich sehr gerne ausüben, dies auch tun können. Manchmal besteht die Lösung darin, entfremdete outgesourcte Teilzeitarbeit in ein reguläres Angestelltenverhältnis bei der Organisation überzuführen, wo die Arbeit verrichtet wird: Statt über die Leiharbeitsfirma angestellt die Stiegenhäuser zu reinigen, hätte man die Option, im Rahmen einer Fixanstellung ein Haus oder mehrere Häuser zu betreuen. Mit solchen Maßnahmen könnte ein guter Teil jener Jobs, die heute zu Recht als unangenehm und belastend erfahren werden, zu einer Arbeit werden, die viele Menschen gerne tun.

Diejenigen Tätigkeiten, die so gefährlich, schmutzig oder entwürdigend sind, dass sie niemand tun möchte, die müssten entweder sehr gut bezahlt oder auch automatisiert werden. Roboter, die große Toilettenanalagen reinigen, sind ein Gewinn für unsere Gesellschaft. Sichtweisen, was eine unangenehme oder gar entwürdigende Arbeit ist, sind von bestehenden Machtverhältnissen und Interessen geprägt; sie sind keineswegs objektiv und kulturell unterschiedlich. Diese Bewertungen könnten sich in einer Gesellschaft mit BGE ändern, weil die Einzelnen oder bestimmte Gruppen von Menschen eher bestimmen können, in welcher Arbeit sie Sinn sehen, welche sie als notwendig betrachten und unter welchen Bedingungen sie diese Tätigkeiten erbringen möchten. Mit der in den vorangehenden Kapiteln bereits immer wieder angesprochenen Notwendigkeit, das bestehende Erwerbsarbeitsregime und die marktwirtschaftlich-kapitalistischen Verhältnisse zu transformieren, verbinden wir auch die Notwendigkeit, die Hierarchien von Arbeit und damit ihre Bewertung zu transformieren.

Zurück zur Finanzierung: Personen oder Organisationen, die aus strategischen Gründen Stimmung gegen das BGE machen, berechnen den zusätzlichen Finanzierungsbedarf häufig so: Sie multiplizieren die Einwohner:innenzahl mit der Summe, die jährlich an sie ausbezahlt würde. Wenn man davon ausgeht, dass erwachsene Menschen ein Grundeinkommen in der Höhe der Armutsgefährdungsschwelle erhalten und Kinder die Hälfte, dann kann man überschlagsmäßig mit 12.000 Euro im Jahr für Erwachsene und 6.000 Euro für Kinder rechnen. Sogar für ein kleines Land wie Österreich kommt man damit auf Ausgaben von über hundert Milliarden im Jahr. Aber eine solche Rechnung ist natürlich falsch und häufig absichtlich irreführend. Mit der oft medienwirksamen Mobilisierung solch hoher Summen wird Menschen Angst davor gemacht, dass *wir uns das nicht leisten können*, weil sonst wohl die Finanzierung der für die Lebensqualität so wesentlichen sozialen und technischen Infrastruktur nicht mehr möglich wäre. Manchmal spielt man dann auch noch auf die Urangst vieler Menschen an, dass dann wohl die Pensionen nicht mehr bezahlt werden können.

Hinsichtlich der Berechnungen zur Finanzierung eines BGE lassen sich für den deutschen Sprachraum zwei Hauptansätze unterscheiden. Der erste vertritt einen Finanzierungsmix durch erhöhte Progression der Einkommensteuer unter Einbeziehung der Erträge aus Kapital, Vermögen und Spekulation, Ressourcen- und Erbschaftssteuer, Kapitaltransaktions- und Digitalabgaben sowie Einsparungen in der Verwaltung und bei einigen bestehenden Sozialleistungen. Der andere präferiert eine Finanzierung, die auf einer Senkung der Steuern und Abgaben auf Einkommen auf null eintritt, dafür eine Festsetzung der Umsatzsteuer (Mehrwertsteuer) auf 100 Prozent vorsieht, um den Ausfall der anderen Steuern zu kompensieren und ökologische Lenkungseffekte zu erzielen; als zusätzlich nötig werden eine Exportsteuer, eine progressive Vermögenssteuer und eine Finanztransaktionssteuer erachtet (für eine Übersicht für Österreich siehe Alternative, Grüne und Unabhängige GewerkschafterInnen OÖ 2021, S. 31 f.; für Deutschland siehe Blaschke, Ronald 2023).

Bei der ersten Variante mit dem Finanzierungsmix wäre sichergestellt, dass Personen mit niedrigen Einkommen das Grundeinkommen stark spüren, während Personen mit sehr hohem Einkommen oder großem Vermögen über Einkommens- oder (neue) vermögensbezogene Steuern viel mehr beitragen würden, als es heute der Fall ist. Konkret würden in Österreich alle, die mehr als netto 42.000 Euro im Jahr verdienen, mit einem BGE netto weniger in der Geldbörse haben als heute. Alle, die weniger als 42.000 Euro im Jahr verdienen, hätten mit einem Grundeinkommen mehr Geld zum Ausgeben. Damit wären rund 82 Prozent der Bevölkerung mit einem BGE finanziell bessergestellt als heute. Befürworter:innen dieses Zugangs argumentieren, dass insbesondere auch der Rückfluss an Steuern und Abgaben aus dem gesteigerten Konsum niedriger Einkommensbezieher:innen die Kosten eines BGE zu einem großen Teil wieder ausgleicht.

Die zweite Variante mit der Finanzierung über eine Erhöhung der Umsatzsteuer würde tatsächlich bewirken, dass niemand mehr Einkommenssteuer bezahlen würde und auch die Arbeitgeber:innenbeiträge entfallen würden. Dafür wäre aber deutlich mehr Mehrwertsteuer beim Einkauf zu bezahlen – nach manchen Berechnungen doppelt so viel wie heute (vgl. Wakolbinger/Dreer/Schneider 2020; siehe auch Werner & Lauer 2018).

Zugleich muss jede seriöse Kalkulation des Finanzierungsbedarfs eines BGE auch die explizite Anerkennung beinhalten, dass bestimmte Dinge nicht vorhergesagt werden können: etwa die sogenannten systemischen Effekte. Wenn nämlich alle wissen, dass sie das, was sie zum Leben brauchen, auf jeden Fall haben werden, dann ändern sich auch bestimmte Verhaltensweisen und Pläne. Manche werden aus der Stadt wegziehen, in der sie ohnehin nicht gerne leben, aber mussten, weil dort der Job war. Manche werden anders konsumieren, weil sie sich nicht mehr – wie das eine Teilnehmerin einer unserer Studien an der Uni Wien ausgedrückt hat – für das Unglück, das man bei einer ungeliebten Arbeit empfindet, durch Konsum belohnen müssen. Diese Effekte – die sich auch in einer Veränderung der Preise für Konsumgüter und Wohnraum niederschlagen können – können nicht seriös vorhergesagt werden. Dasselbe gilt für die Einsparungen, die sich etwa daraus ergeben, dass gesundheitliche Probleme reduziert würden. Experimente mit bedingungslosen Geldzahlungen in unterschiedlichen Teilen der Welt ergeben häufig, dass Menschen sich körperlich und auch mental gesünder fühlen, wenn ihre Existenz gesichert ist (vgl. Gibson/Hearty/Craig 2020). Wie erwähnt, tritt dieser Effekt manchmal sogar dann ein, wenn Personen genau dieselbe Summe, die sie bisher als Sozialhilfe oder aus der Arbeitslosenversicherung ausbezahlt bekamen, nun aus einem anderen Topf als BGE erhalten (vgl. Costello et al. 2010; Randall et al. 2018; BICN Survey 2019; Hamilton/Mulvale 2019). Die Tatsache, dass man sich nicht mehr als Empfänger:in von Almosen empfindet, dass man etwas bekommt, das alle anderen auch erhalten, bewirkt etwas in den Menschen.

Mythos 4: Das BGE höhlt den Sozialstaat aus

Ebenso wenig muss man befürchten, dass ein BGE den Sozialstaat aushöhlt. Natürlich gibt es Ansätze, die genau dies vorhaben oder vorhatten: Wenn etwa Elon Musk davon spricht, dass die voranschreitende Automatisierung menschlicher Arbeit wohl dazu führen würde, dass man ein BGE einführen müsse (vgl. Clifford 2016), dann ist ein so verstandenes Grundeinkommen wenig mehr als eine oberflächliche, technische Lösung für ein strukturelles Problem. Es würde den amerikanischen Sozialstaat zwar nicht aushöhlen – so viel zum Aushöhlen gibt es dort gar nicht – aber auch nicht stärken. Dasselbe gilt für die Pläne Andrew Yangs, des amerikanischen Juristen, der als Kandidat im Präsidentschaftswahlkampf 2020 mit seiner Forderung nach einer „Freedom Dividend" weit über die Landesgrenzen hinaus berühmt wurde. Yang versprach jede:r Amerikaner:in im Alter von 18 bis 64 Jahren monatlich 1.000 Dollar, ohne

Bedingungen: „No questions asked“. Allerdings würden für die Bezieher:innen einer solchen Dividende andere Transferleistungen wegfallen. Faktisch müsste man also zwischen einer Art BGE und anderen Unterstützungsleistungen wählen – womit es dann also eindeutig kein BGE mehr ist. Menschen mit Behinderungen und Beeinträchtigungen wurden aus diesem Grund vor einer allzu enthusiastischen Unterstützung von Yangs Freedom Dividend gewarnt, da auch sie Geld verlieren könnten (vgl. Luterman 2019).

Im deutschen Sprachraum sind die Dinge etwas anders gelagert. Keine der BGE-Ausgestaltungen, die in den letzten Jahren beispielsweise für Österreich vorgeschlagen wurden, sieht den Rückbau des Sozialstaats vor.[14] Wie erwähnt, würden einige wenige Leistungen wegfallen – nämlich jene, die ein Grundeinkommen auf direkte Weise ersetzen würde, wie die Familienbeihilfe (weil auch Kinder ein BGE beziehen würden), die Ausgleichszulagen für besonders niedrige Pensionen (weil mit einem Grundeinkommen über der Armutsgefährdungsschwelle ja niemand mehr mit weniger auskommen müsste) oder die bedarfsgeprüften Leistungen der Sozialhilfe sowie der Bedarfsorientierten Mindestsicherung. Der größte Teil dessen, was man unter einem Sozialstaat versteht, würde jedoch weiterhin bestehen bleiben, sowohl im Fürsorgebereich (z. B. Wohnbeihilfe), Versorgungsbereich (z. B. Pflegegeld) und Versicherungsleistungsbereich, der Menschen im Fall des Alters, der Arbeitslo-

14 Einschränkend muss hier angemerkt werden, dass sich einige Vorschläge doch indirekt schwächend auf den Sozialstaat auswirken würden. So würde etwa die Abschaffung von Sozialversicherungsbeiträgen bedeuten, dass die Finanzierung der sozialen Infrastruktur entweder aus dem Budget oder vom gewinnorientierten Kapitalmarkt kommen müsste.

sigkeit, Invalidität, Krankheit, Eltern(teil)karenz etc. absichert. Eine Aushöhlung des Sozialstaates bedeutet dies freilich nicht, vielmehr wird er – auch in Kombination mit der Garantie öffentlicher Dienstleistungen und Infrastrukturen, dies ist das Thema des nächsten Kapitels – armutsfester und emanzipatorischer. Zuvor sehen wir uns noch einen wichtigen Einwand gegen das BGE an, der uns besonders am Herzen liegt.

Mythos 5: Das BGE ist eine Herdprämie für Frauen

Die Sorge, dass ein BGE als Prämie für Frauen wirken würde, *am Herd* zu bleiben oder dorthin zurückzukehren, ist sehr verbreitet. Sie steht für die Annahme, dass Frauen – belastet durch ihre Mehrfachvergesellschaftung und durch die Prägungen einer patriarchal-kapitalistischen Ordnung (siehe Kapitel 3) – im BGE einen Ausweg sehen, der weder gesellschaftspolitisch noch arbeitsmarktpolitisch wünschenswert wäre und die emanzipatorische Wirkung des BGE unterminieren würde. Frauen könnten, so die Annahme, sich gegen eigenständige Absicherung durch Erwerbsarbeit entscheiden und ihre vermeintliche Berufung in der Haus-, Kinderbetreuungs-, Partnerreproduktions- und Angehörigenpflege-Arbeit finden. Dieser Einwand – wenn er in echter Sorge gründet und nicht bloß strategisch ins Treffen geführt wird – ist ernst zu nehmen. Wir kritisieren selbst, dass Teile der Grundeinkommensbewegung feministische Perspektiven – seien sie befürwortend, kritisch oder ablehnend – marginalisieren oder gar nicht wahrnehmen. So kann der Eindruck entstehen, dass sowohl das mögliche emanzipatorische Potenzial eines BGE als auch seine mögliche *backlash*-Wirkung nicht gesehen werden. Wir geben zu bedenken, dass es weniger die BGE-Idee – einer individuellen, existenzsichernden, frei von zu erfüllenden Ansprüchen garantierten Leistung – ist, die Kritiker:innen irritiert, sondern eher die Bilder, mit denen für die Idee geworben wird. Der zunächst auch für uns bestechende Slogan des *In-Freiheit-Tätigseins* erweist sich im Umfeld der beharrlichen Ungleichheit zwischen den Geschlechtern als ambivalent. Dass alle Menschen mit einem BGE frei sind zu wählen, wann und wo sie in welchem Zeitumfang welche Tätigkeit ausüben möchten, ist nur dann glaubwürdig, wenn auch die Überwindung geschlechterhierarchischer Arbeitsteilung das Ziel ist – sowie die gerechte Verteilung der Sorgearbeit und die Verbesserung der Bedingungen,

unter denen sie erbracht wird.

Zeit zu haben, um etwa Sorgearbeit leisten zu können, ist zwar eine notwendige, aber noch keine hinreichende Bedingung für eine gerechte Verteilung der Sorgearbeit zwischen den Geschlechtern. Adelheid Biesecker und Kolleg:innen drücken dies so aus:

> „Wir müssen also parallel sowohl auf der materiellen als auch auf der symbolischen Ebene ansetzen und uns auch den Konstruktionen von Weiblichkeit und Männlichkeit zuwenden. Ändert sich nichts an diesen Geschlechterkonstruktionen und an der zugewiesenen Verantwortung für das Sorgen, dann kann ein BGE negative Folgen haben. Von feministischer Seite sind diese Probleme mit Stichworten wie ‚Herdprämie' für Frauen, ‚Gefahr der Retraditionalisierung' und ‚Alimentierung der vergeschlechtlichten Arbeitsteilung' bereits benannt worden." (Baier/Biesecker/Gottschlich 2016, S. 76 f.)

Es ist gut, diese Probleme zu benennen. Für eine differenzierte Debatte zum BGE ist es hilfreich, explizit zu machen, dass „Retraditionalisierung" und „Alimentierung" zu unserer Alltagsrealität gehören und durch die Einführung eines BGE nicht automatisch verschwinden. Das Benennen trägt dazu bei, zu verstehen, warum Frauen sich so häufig für die für ihre eigene Einkommensbiografie ungünstigste Kindergeldvariante oder für zu Altersarmut führenden langen Episoden von Teilzeitarbeit „entscheiden"; für den Berufsausstieg, um chronisch kranke Kinder oder alte Angehörige zu pflegen; für einen Jobwechsel, der Einkommensverlust und Dequalifizierung mit sich bringt, um der besseren Vereinbarkeit von Familie und Erwerbsarbeit willen. Paternalistisch gefärbte Beurteilungen solcher Entscheidungen von Frauen sind ebenso wenig hilfreich wie allzu romantische Hoffnungen auf den Freiheitsgewinn der Frauen durch ein BGE. Der von Frauenbewegungs- und Gewerkschaftsakteur:innen stets präferierte Emanzipationspfad der eigenständigen – möglichst gut bezahlten, stabilen, langfristigen – Erwerbsarbeit hat den Makel, die immer noch patriarchale und erst recht die kapitalistisch-profitorientierte Strukturierung der Erwerbsarbeit zu gering zu gewichten. So macht etwa Ute Fischer darauf aufmerksam, dass die Vorrangstellung der Erwerbsarbeit, wie sie in die Ausgestaltung der Sozialsysteme hineinreicht, eine marktliberale Form der Wohlfahrtssicherung darstellt und den Zielen der Geschlechtergleichstellung und der Aufwertung von Sorgetätigkeiten entgegensteht (Fischer 2018, S. 96). Grundeinkommensakteur:innen wiederum tun gut daran, ihren präferierten Emanzipationspfad des BGE um das glaubwürdige Eintreten für geschlechtergerechte Verteilung notwendiger Arbeit zu ergänzen.

Wir haben schon deutlich gemacht, wie dringlich es weiterer und großer Schritte bedarf, um echte Freiheit und Gleichheit aller Geschlechter zu erreichen. Selbstverständlich sind die Ansichten, was zu Rückschritten führen oder weiteres Vorangehen verzögern oder verhindern könnte, innerhalb der feministischen Debatte und erst recht darüber hinaus vielfältig – und die Sorge groß, dass der eine oder der andere Schritt Erreichtes zunichtemachen könnte und Hoffnungen unerfüllt lässt. Die Analyse bisheriger Politiken und Kämpfe zeigt jedenfalls, dass es zahlreiche Errungenschaften an bürgerlichen, politischen, sozialen und wirtschaftlichen Rechten gebraucht hat, um mehr Freiheit für Frauen zu erreichen und Ungleichheiten zu reduzieren. Es gibt keine ökonomische oder politische Maßnahme, die für sich allein Emanzipation bewirkt (Reitter 2021). Daher kann es aber auch im Umkehrschluss keine Maßnahme geben, die allein für sich – quasi automatisch – Emanzipation verhindert. Das gilt auch für das BGE.

6
Brot und Butter – Öffentliche Infrastrukturen und bedingungslose Absicherung

Wie viele andere Autor:innen und Personen, die sich mit dem Thema BGE beschäftigen, werden auch wir immer wieder gefragt, wie hoch denn *so ein BGE* sein solle. Viele Menschen haben bei dieser Frage die Finanzierbarkeit im Kopf (siehe dazu Kapitel 5); anderen geht es darum, zu sehen, ob Menschen mit einem BGE auch wirklich abgesichert wären in dem Sinne, dass sie ihre Lebenshaltungskosten davon bestreiten können. Dass ein BGE existenzsichernd sein muss, steht für uns außer Frage. Wie hoch es dafür genau sein müsste, hängt davon ab, wie und welche Grundbedürfnisse der Menschen anderweitig befriedigt werden. Grundbedürfnisse sind dabei jene Bedürfnisse, die allen Menschen gemeinsam sind; es geht nicht um subjektive Wünsche und Träume, sondern um das, was man für ein würdevolles Leben braucht.

In Europa wurde und wird ein großer Teil dieser Grundbedürfnisse nicht in Form von Geld, sondern durch die Erbringung öffentlicher Dienstleistungen und Einrichtungen befriedigt. Viele der Leistungen, die in anderen Weltregionen von den Bürger:innen selbst bezahlt werden müssen und damit für viele unerreichbar bleiben oder auch gar nicht zur Verfügung stehen – wie qualitativ hochwertige Krankenversorgung, öffentlicher Nah- und Fernverkehr, und öffentliche Informations- und Kommunikationsinfrastrukturen, wie Bibliotheken, Telefonie, und WLAN –, werden hierzulande von der öffentlichen Hand organisiert und für die Nutzer:in zum Zeitpunkt der Nutzung kostenlos, kostengünstig, als bedarfsgeprüfte Zuwendungen (z. B. Freifahrscheine für den öffentlichen Nahverkehr) oder mit niederschwelligem Zugang (z. B. WLAN in Sozialeinrichtungen) zur Verfügung gestellt. Die Idee dahinter ist, dass alle Menschen Zugang zu diesen Leistungen haben sollen, unabhängig davon, ob sie dafür bezahlen können.

Die Austeritätsideologie der letzten Jahrzehnte hat dieses Grundprinzip in vielen Ländern in Misskredit gebracht und ausgehöhlt. Die bröckelnden Infrastrukturen in Deutschland – man denke an die Deutsche Bahn, die in der Vergangenheit als Symbol von Verlässlichkeit und Präzision galt und zu Beginn der 2020er Jahre zum Inbegriff des Verfalls wurde – lassen das besonders deutlich werden. Südeuropäische Staaten – allen voran Griechenland – waren ebenfalls besonders stark von Austeritätsmaßnahmen betroffen, insbesondere seit der Bankenkrise 2008. Die Erfahrungen mit der Covid-19-Pandemie machten die Auswirkungen der *stillen* Austeritätsmaßnahmen schmerzhaft sichtbar; sie zeigten die Verheerungen, die sie im Gesundheitswesen angerichtet haben. Fehlende Schutzkleidung, mangelnde Kapazitäten auf Intensivstationen und die Überlastung des Personals, das bereits vor der Pandemie an oder sogar über den Grenzen ihrer Kraft gearbeitet hatte, waren sogar in Ländern die Norm, die eine starke wohlfahrtsstaatliche Tradition hatten. Ähnliches galt und gilt für den Bereich der Pflegeeinrichtungen.

Die Essenz der Austeritätsideologie ist die Idee, dass der Staat wie ein Privathaushalt zu funktionieren hat, der mehr

Geld hereinbringen als ausgeben muss, um nicht bankrott zu gehen. Umso mehr man spart, umso wohlhabender wird man, so die herrschende Lehre. Dass diese Form der „Handtaschenökonomie" – benannt nach der Handtasche einer ihrer geistigen Mütter, Margaret Thatcher – bereits in ihren Grundannahmen falsch liegt, wird uns später noch beschäftigen (siehe Kapitel 7). Kommen wir hier zurück zu den Folgen der Austerität in Europa: In ihrem Namen wurden Stellen und Gehälter im öffentlichen Sektor gekürzt und manche sozialen Hilfeleistungen ganz eingestellt. Besonders deutlich zeigt sich die Zerstörung der öffentlichen Infrastrukturen im Vereinigten Königreich (und da besonders im Tory-dominierten England). Anfänge der Austeritätsideologie waren dort bereits bei Margaret Thatcher und ihrer Idee vom schlanken Staat zu finden. Thatchers Aussage, so etwas wie eine Gesellschaft gebe es nicht, sondern nur „individuelle Männer, Frauen, und Familien" (vgl. The Guardian 2013; Keay 1987), war, wie Matthew Sitman argumentiert, sowohl Weltanschauung als auch politisches Programm:[15]

15 Im Original: „The belief that society doesn't exist, or shouldn't, is a rejection of neighborliness and trust, a democratic civic culture, and the possibility of encountering those unlike yourself on equal ground. It is, in a way, an attempt to make the world your home – a place of safety and control. Of course the right despises ‚social justice': it implies that domestic hierarchies and private prejudices will no longer be reproduced or tolerated ‚out there'. Nowhere are these tendencies better seen than in the right's assault on public education. This shouldn't be surprising: public schools are where a patriarch, or any parent, begins to lose the ability to superintend all their children see or hear or read, the place where the home begins to give way to society."

„Der Glaube, dass es keine Gesellschaft gibt oder geben sollte, ist eine Absage an Nachbarschaft und Vertrauen, an eine demokratische Bürger:innenkultur und an die Möglichkeit, Menschen, die anders sind als man selbst, auf derselben Augenhöhe zu begegnen. Es ist in gewisser Weise ein Versuch, die Welt zu seinem eigenen Zuhause zu machen – einem Ort der Sicherheit und Kontrolle. Natürlich verachten die Rechten ‚soziale Gerechtigkeit': Sie impliziert, dass Hierarchien im eigenen Land und private Vorurteile ‚da draußen' nicht mehr reproduziert oder toleriert

werden. Nirgendwo werden diese Tendenzen deutlicher als bei den Angriffen der Rechten auf das öffentliche Bildungswesen. Das sollte nicht überraschen: Öffentliche Schulen sind der Ort, an dem ein Patriarch oder ein Elternteil die Fähigkeit verliert, alles zu überwachen, was seine Kinder sehen, hören oder lesen, der Ort, an dem das Zuhause der Gesellschaft zu weichen beginnt."[16] (Sitman 2022)

Was Sitman über das öffentliche Schulwesen sagt, ist auf viele andere öffentliche Infrastrukturen übertragbar. Konservativen Politiker:innen wie Thatcher und Reagan ging es nicht bloß darum, *Geld zu sparen* oder den *Staatshaushalt* zu konsolidieren – es ging ihnen darum, den öffentlichen Raum zu verkleinern, in dem ein bestimmtes Maß an Toleranz, Pluralismus und Solidarität auch mit Andersdenkenden und -lebenden herrschen muss, um ein Zusammenleben zu ermöglichen. Umso kleiner der öffentliche Raum, umso größer ist jener Bereich, in dem

16 Der liberale und konservative Impetus, die Schule als Dienstleistung für die Eltern zu rahmen, kann als Versuch gelesen werden, den öffentlichen Raum Schule in den Herrschaftsbereich der Familie zurückzustellen.

partikularistische und patriarchale Regeln gelten können und auch der Staat die Schwächeren vor der Herrschaft der Stärkeren nicht schützen darf – weil der Staat sich ja *nicht einmischen* soll. Was hier unter dem Schlagwort individueller Freiheitsrechte gefordert wird, ist der Versuch, die faktische Freiheit und den Schutz der Schwächeren der Machtexpansion der Stärkeren zu opfern. Das ist ein wesentlicher Subtext von Rufen nach einem schwachen Staat – und rezent auch der Fetischisierung der individuellen *Freiheitsrechte* – von konservativer und rechter Seite.

In Österreich sind solche Vorstellungen, die Neoliberalismus und Paternalismus im Doppelpack beinhalten (Sauer 2003, S. 122), in Bürgerschaftskonzepten wie dem von Andreas Khol zu finden (Khol 2000). Unter Verwendung eines explizit staatskritischen Vokabulars stellt Khol den „kühl-bürokratischen Staat mit seinen leblosen Rechten und spröd-unpersönlichen Verfahren" (ebd., S. 123) der vermeintlichen Wärme und sozialen Nähe der „Bürgergesellschaft" gegenüber, in der Nächstenliebe und freiwillige Zuwendungen gegenüber den Bedürftigen, die als durchsetzbare Rechtsansprüche verstandene soziale Sicherung aller Menschen ergänzen. Langfristig sollen sie diese wohl ersetzen: Die „gelebte und belastbare Solidarität" (ebd., S. 10) der ehrenamtlich tätigen Bürger:innen wird als moralisch überlegene Form gesellschaftlichen Zusammenhalts dargestellt. So tritt neben das Versorgungsprinzip des Sozialstaates das „Verantwortungsprinzip" der Bürger:inneninitiativen und Nachbarschaftsgruppen.

Entgegen diesen neoliberal-paternalistischen Vorstellungen versuchen progressive Gesellschaftsentwürfe durch öffentliche Dienstleistungen, Infrastrukturen und Sicherungssysteme, die durch individuelle Rechtsansprüche abgesichert sind, einzelne Menschen aus den Zwängen *natürlicher* Gemeinschaften, der

Familie, des Clans, des Dorfes oder Ähnlichem zu befreien. Systeme zur individuellen Grundsicherung wurden ursprünglich auch mit dem Ziel konzipiert, sicherzustellen, dass sich niemand in verzweifelten Situationen auf die eigene Familie oder andere Gemeinschaften verlassen muss – und dass es im Fall von Unterdrückung jemanden gibt, der oder die einen beschützt. Wenn heute staatliche Behörden – insbesondere jene, die für die Wohlfahrt zuständig sind – zu Recht mit Überwachung und Demütigung von Menschen assoziiert werden, dann ist das eine Pervertierung eines Modells, das ursprünglich zur Emanzipation der Menschen gedacht war.

Und es war auch nicht immer so: Wie die Politikwissenschaftlerin Louise Haagh feststellte, führte 1980 weniger als ein Drittel der OECD-Länder systematische Kontrollen des Verhaltens von Empfänger:innen von Sozialtransfers oder Arbeitslosenunterstützung durch. 2012 taten dies bereits zwei Drittel. Dies veränderte nicht nur die gelebte Erfahrung des Staates für Sozialhilfeempfänger:innen, sondern wirkte sich auch auf das Selbstverständnis des Staates aus. Diese Entwicklung „stellt einen außergewöhnlichen, wenn auch stillen Übergang in der Rolle des Staates von einem Bollwerk gegen das Eindringen des Marktes zu einem Schiedsrichter der bürgerlichen Ausgrenzung dar" (Haagh 2019, S. 26). Ein Staat, der sich dazu bekennt, die Grundbedürfnisse der Menschen zu befriedigen, sollte jedoch auch sicherstellen, dass seine Institutionen nicht demütigen und unterdrücken, sondern unterstützen und befähigen (vgl. Wagenaar/Prainsack 2021, S. 65–84). Dem ideologischen Unterbau vieler konservativer Ideologien und Politikinhalte, nämlich der Idee, dass ein möglichst *schlanker Staat* die individuelle Freiheit der Menschen vergrößert, fehlt eine empirische Überprüfung. Es ist eine Ideologie, die den Starken nützt.

Der Staat ist kein Privathaushalt

Auch wenn die Wurzeln der Austeritätsideologie viel weiter zurückreichen: Zum Regierungsprogramm wurde sie – auch in anderen Ländern – nach der Bankenkrise 2008. Sie ging mit radikalen Kürzungen öffentlicher Ausgaben einher, die zur Schließung von Bibliotheken, Jugend- und Kulturzentren und anderen öffentlichen Räumen führten. Diese Austeritätstradition blieb in manchen Ländern selbst über die COVID-19-Pandemie hinaus bestehen: Im Wettbewerb um die Nachfolge des ehemaligen britischen Premierministers Boris Johnson warb die konservative Politikerin Liz Truss etwa damit, dass sie 11 Milliarden Britische Pfund im öffentlichen Dienst einsparen wolle, wenn sie Premierministerin werde (vgl. Stewart/Allegretti 2022). Sie hatte nicht verstanden, was der politische Ökonom Richard Murphy seit Jahren immer wieder betont: Der Staat muss Geld ausgeben, um zu sparen (vgl. Murphy 2016, S. 112). Viele Menschen schlucken erstmal, wenn sie diesen Satz hören – weil es fast allem widerspricht, was sie zu diesem Thema jemals gehört haben. Wenn man es sich nüchtern überlegt, ist es jedoch klar: Der Staat ist eben kein Privathaushalt und auch keine Firma (siehe Kasten 1). Erstens ist Geld, das der Staat ausgibt, nicht *weg*, wie es der Fall ist, wenn ein Privathaushalt etwas einkauft. Stattdessen ist dieses Geld bei den Bürger:innen, die damit einkaufen, bei den kleinen und mittelständischen Betrieben, die damit Wert und Arbeitsplätze schaffen, oder bei Schulen und Pflegeheimen, die sozialen und gesundheitlichen Wert schaffen. Staatliche Ausgaben spiegeln sich vorrangig in öffentlichen Gütern (Bildung, gesündere Menschen) wider – dies sind ja genau die Werte, zu deren Schöpfung Staaten verpflichtet sind.

Zweitens kann der Staat nicht einfach die Menschen, die sich in ihm aufhalten, *kündigen*: Wenn sich der Staat um jemanden nicht mehr kümmert, dann verschwinden die Bedürfnisse dieser Menschen nicht. Und das sollen sie ja auch nicht: Wofür ist der Staat denn da, wenn nicht dazu, sich um das Wohl der Menschen zu kümmern?

Handtaschenökonomie oder: Die Kurzsichtigkeit der Austerität

Die sogenannte „Handtaschenökonomie" ist eine der ideologischen Grundlagen des Austeritätsprogramms. Sie sieht den Staat wie die „Handtasche" einer Person in einem Privathaushalt: Geld, das man herausnimmt, muss man zuvor hineingegeben haben. Und zwar vom „Ernährer", der Wirtschaft, die das Geld verdient. Die „Hausfrau", der Staat, die das Geld dann wieder ausgibt, treibt beide in den Ruin, wenn sie mehr ausgibt, als hereinkommt.

Was am ersten Blick plausibel klingen mag, ist in Wahrheit gleich in mehrerlei Hinsicht falsch. Zuallererst natürlich, weil Wirtschaftswachstum davon abhängig ist, dass Privathaushalte über ihren Verhältnissen leben und Schulden machen. Aber das ist hier gar nicht der springende Punkt. Entscheidend ist hier, dass der Staat nicht wie ein Privathaushalt funktioniert. Vielmehr gibt es – um in der Metapher des Haushalts zu bleiben – in seinem Hinterhof eine Gelddruckerei, auf die der Staat das Monopol hat. Wenn das Geld ausgeht, kann diese unter bestimmten Umständen eingeschaltet werden. Natürlich geht dies nicht ohne Grenzen und ohne Plan – es gibt einige Bedingungen, die dafür erfüllt sein müssen, wie etwa, dass der betreffende Staat seine eigene Währung hat, dass er in der Lage ist, Steuern in der eigenen Währung einzutreiben, und dass er keine signifikanten Schulden in Fremdwährungen hat (vgl. Höfgen 2023). Staaten in der Europäischen Union erfüllen etwa die Bedingung der monetären Souveränität nicht.

Die Europäische Union in ihrer Gesamtheit schon. Wenn diese Bedingungen erfüllt sind, dann kann ein Staat über die Zentralbank Geld schöpfen (vgl. Freitag 2017).

Einen Gegenentwurf zum „Handtaschenmodell" der neoklassischen Wirtschaftswissenschaft stellt die sogenannte *Modern Monetary Theory* (MMT) dar. Neben ihrer Kritik der Handtaschenökonomie fordert die MMT die neoklassische Ökonomie mit der Ansicht heraus, dass fast alles, was man mit gutem Grund umsetzen möchte, auch finanziert werden kann. Anders als es bei natürlichen Ressourcen der Fall ist, sind Geldressourcen nicht prinzipiell knapp. Finanzierbarkeit ist eine Frage des politischen Willens.

In anderen Worten: Austeritätspolitik ist kein „Sparkurs", sondern ein politisches Programm, welches das Ziel hat, den Staat und öffentliche Räume zurückzudrängen, um die Freiheit der Wirtschaftskräftigen und anderer mächtiger Akteur:innen zu vergrößern. Empirische Evidenz für die Effektivität der Austerität als Sparprogramm gibt es nicht – im Gegenteil. Austerität vergrößert Armut, Krankheit, und Arbeitslosigkeit (vgl. Stückler et al. 2017; Partington 2022; University of Glasgow 2022) – und unterminiert damit ironischerweise genau das Ziel des Sparens, das sie sich auf die Fahnen schreibt. 2019 lebten im Vereinigten Königreich 20 Prozent – also ein Fünftel der Bevölkerung unter der Armutsgrenze (vgl. Arie 2019). Bei den Kindern ist der Anteil der Armen noch größer: 2021 lag er bei 27 Prozent (vgl. Child Poverty Action Group 2020). 2005 – also vor der Austeritätspolitik – waren es noch unter 16 Prozent gewesen (vgl. Left 2005). Und während bei Kindern gespart wurde, zeigte man sich bei Betrieben weit großzügiger: Die britische Austeritätspolitik beinhaltete auch beachtliche Steuersenkungen für Unternehmen (vgl. Cobham 2016).

Vor diesem Hintergrund ist es kein Zufall, dass gerade im Vereinigten Königreich – in einem Land, das in der Vergangenheit für sein inklusives, solidarisches Gesundheitssystem und seine kostenlosen Museen berühmt war und auch sonst über gute oder zumindest passable öffentliche Infrastrukturen verfügte – eine neue Bewegung ihren Ursprung hat, nämlich die Bewegung für *Universal Basic Services* (UBS). Wörtlich übersetzt meint der Begriff der *Universal Basic Services* „universelle Grunddienstleistungen". Forscher:innen des *Institute for Global Prosperity* am University College London (UCL) setzen sich

seit einigen Jahren dafür ein, solche Grunddienstleistungen aus Steuern finanziert allen Menschen im Land kostengünstig oder sogar kostenlos zur Verfügung zu stellen (Prainsack 2020, S. 140–155). Grunddienstleistungen sind jene, die im öffentlichen Interesse stehen und Grundbedürfnisse abdecken. Zudem sollen sie universell und bedingungslos, also nicht nur für Besserverdiener zugänglich sein (vgl. Coote/Kasliwal/Percy 2019). Es handelt sich also um Sach- und Dienstleistungen, die nicht nur einzelnen Personen oder Haushalten, sondern der Gesellschaft als Ganzes zugutekommen. Seit die Idee im Jahr 2017 erstmals in einem Bericht veröffentlicht wurde (vgl. Portes 2017), hat sie zahlreiche Anhänger:innen in aller Welt gefunden.

Welche Bereiche zählen zu den *Universal Basic Services*? Auf alle Fälle der Bereich der Gesundheit, zu dem neben der Krankenversorgung auch die Pflege und soziale Fürsorge gehören, Bildung, Rechtsstaat und Demokratie, Unterkunft, Nahrung, Transport sowie Information. In manchen Vorschlägen sind auch leistbare Kinderbetreuung und die Betreuung älterer Menschen – über die Pflege im engen Sinn hinaus – enthalten. Teile davon – wie etwa der kostenlose Zugang zu Gesundheitsversorgung und öffentlicher Schulbildung – sind in

Ländern wie Österreich, Deutschland und der Schweiz verwirklicht. Andere nicht oder nur teilweise. So gibt es in den meisten europäischen Staaten Gesundheitssysteme, die am Papier nahezu universellen Zugang festlegen und fast niemanden ausschließen. Die Austeritätspolitik der letzten Jahrzehnte hat dieses Prinzip jedoch in der Praxis durchlöchert. So gibt es in Österreich etwa im Bereich der Kassenärzt:innen lange Wartezeiten; viele Kassenärzt:innen nehmen überhaupt keine neuen Patient:innen mehr. Wer es sich leisten kann, geht zum Wahlarzt oder zur Privatärztin. Letzteres bedeutet jedoch, dass man selbst nach der Rückerstattung eines Teils der Kosten durch die Krankenversicherung einen beträchtlichen Anteil aus der eigenen Tasche begleichen muss. Neben den informellen Barrieren – wie etwa fehlenden Deutschkenntnissen (vgl. Spahl/Prainsack 2021, S. 55 ff.) – hat sich hier also die Zweiklassenmedizin weiter zugespitzt.

Was kosten *Universal Basic Services*?

Der erste Vorschlag zur Einführung universeller Grunddienstleistungen des Global Prosperity Institutes in London im Jahr 2017 sah eine Kombination aus universellen und bedarfsgeprüften Maßnahmen vor. Zu letzteren gehörte die Errichtung von 1,5 Millionen neuen Wohnungen, was die Zahl der Sozialwohnungen im Land verdoppeln würde. Finanziell bedürftigen Menschen sollten diese Wohnungen kostenfrei zur Verfügung stehen. Darüber hinaus sahen die Befürworter:innen der universellen Grunddienstleistungen Zuschüsse zu Heiz- und Stromkosten für Menschen mit niedrigem Einkommen vor (vgl. Social Prosperity Network 2017). Diese sollten auch Zugang zu warmen Mahlzeiten erhalten – eine Maßnahme, die auch die britische Labour-Partei in ihr Programm aufnahm (vgl. Labour Party 2019). Zudem sollten alle Menschen – ohne Nachweis finanzieller Bedürftigkeit – an ihrem Wohnort den öffentlichen Nahverkehr kostenfrei nutzen und kostenlos oder kostengünstig Zugang zu digitaler Infrastruktur erhalten – inklusive Internetzugang und Fernsehen. Die Einführung der universellen Grunddienstleistungen würde bestehende Sozial- und Transferleistungen nicht ersetzen, sondern ergänzen. Die Kosten für alle zusätzlichen Maßnahmen zusammen würden sich auf 42 Milliarden Pfund belaufen, was zum damaligen Zeitpunkt, im Jahr 2017, 2,3 Prozent des britischen Bruttoinlandproduktes ausgemacht hätte. Diese Summe könne, so die Autor:innen des Berichts, durch das Absenken der individuellen Steuerfreigrenzen hereingespielt werden (vgl. GOV.UK 2022). Spätere Vorschläge zur Einführung universeller Grunddienstleistungen sahen zusätzlich zu den genannten Maßnahmen auch kostenlose Kinderbetreuung sowie Betreuung und Pflege für ältere Menschen vor. Die Kosten für die letztere Maßnahme allein werden dabei mit 14 Milliarden Pfund beziffert (UK House of Commons 2018).

Diesem Finanzierungsmodell der Absenkung der individuellen Steuerfreigrenze können wir aufgrund seiner degressiven Wirkung wenig abgewinnen. Die Bezeichnung *universell* halten wir für irreführend, weil die meisten Leistungen sehr wohl bedarfsgeprüft ausgestaltet sind. Einige Vertreter:innen des UBS-Ansatzes haben zudem eine – wie wir meinen – unnötige Front gegen das BGE aufgemacht. Trotz dieser Kritik möchten wir mit der Diskussion des UBS-Ansatzes einerseits deutlich machen, dass über die Bedeutung öffentlicher Infrastruktur an vielen Orten intensiv nachgedacht wird. Andererseits wird der UBS-Ansatz viel überzeugender, wenn er mit einem BGE gedacht wird. Wir schließen uns da dem britischen

Wirtschaftswissenschaftler und BGE-Aktivisten Guy Standing an, wenn er die zentrale Begründung für ein BGE, unabhängig von seiner Wirkung auf Armut, Ungleichheit oder die Bedrohung durch Digitalisierung und Automatisierung, ethisch und moralisch versteht. Ein BGE, so Standing, sei eine Angelegenheit sozialer Gerechtigkeit. Ein Mensch, der zwar kostenlos Bus fahren, Kinderbetreuung und Breitbandinternet in Anspruch nehmen kann, aber unter Einkommensunsicherheit leidet, ist immer noch nicht ausreichend abgesichert (Standing, 2020, S. 114). Ein BGE erweitert die Freiheit und gewährt Menschen – als Arbeitnehmer:innen und als Bürger:innen – eine grundlegende Absicherung, die sie altruistischer, toleranter, kooperativer und produktiver machen kann.

Brot und Butter: Grunddienstleistungen und Grundeinkommen

Dass Schulbildung, Zugang zu Krankenversorgung und leistbarer Nahverkehr keine Konsumgüter sind, die sich die Bürger:innen zu Marktpreisen kaufen müssen, war eine große Errungenschaft europäischer Staaten, die es wiederherzustellen beziehungsweise zu stärken gilt: Gerade die COVID-19-Pandemie hat gezeigt, wie wichtig es ist, starke öffentliche Infrastrukturen zu haben.

Idealerweise würde es in einem Land, das ein BGE einführt, bereits Grunddienstleistungen für alle geben. Wesentliche Grundbedürfnisse der Menschen wären also bereits befriedigt. Aber auch wenn es in einem Land *keine* gibt, müsste man vor der Einführung eines BGE wissen, welche Grunddienstleistungen zu welchen Kosten verfügbar sein müssen. Denn auch ein Grundeinkommen von 2.000 Euro im Monat würde nicht ausreichen, wenn damit exorbitant hohe Mieten und Transportkosten, teure Kinderbetreuung oder eine zusätzliche private Krankversicherung bezahlt werden muss. Je mehr Grundbedürfnisse durch öffentliche Dienstleistungen und öffentliche Infrastruktur abgedeckt sind, umso größer ist die Wirkung eines BGE hinsichtlich Selbsterhaltungsfähigkeit und Freiheitsgewinn.

Werfen wir in diesem Zusammenhang einen Blick auf das Zusammenspiel von öffentlicher Infrastruktur und monetärer Grundsicherung in Österreich. Wie schon erwähnt, gehört Österreich hinsichtlich der Verfügbarkeit, Zugänglichkeit und Qualität der Grunddienstleistungen zu einem im internationalen Vergleich gut ausgebauten Wohlfahrtsstaat. Die Höhe monetärer Grundsicherungsleistungen orientiert sich je nach Anlassfall (Ausgleichszulage im Pensionssystem, Sozialhilfe, Arbeitslosengeld etc.) an unterschiedlichen Grenzen. Die Höhe des BGE setzt bei der Einkommensarmutsschwelle an. Diese liegt nach der EU-SILC-Definition bei 60 Prozent des Medianeinkommens in einem Land. In Österreich lag sie 2022 bei 1.371 Euro pro Monat, zwölfmal pro Jahr, für einen Einpersonenhaushalt (vgl. Armutskonferenz 2022). Für jede weitere im Haushalt lebende erwachsene Person erhöht sich dieser Wert um den Faktor 0,5; für jedes im Haushalt lebende Kind um den Faktor 0,3. Für ein Paar mit zwei Kindern liegt die Armutsgefährdungsschwelle bei 2.880 Euro im Monat.

Die Armutsgefährdungsschwelle ist ein Wert, der pro Haushalt und nicht für Individuen berechnet wird. Nachdem es im Kontext des BGE von essenzieller Bedeutung ist, dieses als individuellen Rechtsanspruch auszugestalten, muss die Armutsgefährdungsschwelle auf Individuen umgelegt werden. Hier bietet es sich an, mit dem Wert für Einzelpersonen in Singlehaushalten zu arbeiten. Dies deshalb, weil der Großteil der Bevölkerung in Mehrpersonenhaushalten lebt. Es ist davon auszugehen, dass ein BGE das Zusammenleben mit anderen Menschen erleichtert – nicht nur klassisch als Paare und Familien, sondern auch mit Freund:innen, mit vorübergehend oder längerfristig zu unterstützenden Personen (im Sinne einer *sorgenden Gesellschaft*), mit Asylwerber:innen und Flüchtlingsfamilien oder anderen Konstellationen. Ein Trend, der während der COVID-19-Pandemie begann – nämlich dass Menschen, die nicht in Liebesbeziehungen oder existierenden Familienkonstellationen leben, mit anderen zusammenziehen, um einander zu unterstützen und um Einsamkeit zu vermeiden – hat auch signifikante Vorteile hinsichtlich des Energieverbrauchs und anderer Nachhaltigkeitsparameter, ganz abgesehen von den geringeren Kosten der Haushaltsführung für die Betroffenen. Mit einem individuellen BGE sind Menschen, die solche Zusammenlebensformen wählen, nicht mehr gefährdet, als Bedarfsgemeinschaften eingestuft zu werden und Leistungen zu verlieren, wie das in der Sozialhilfe passiert.

Ein Zusammenspiel von öffentlicher Infrastruktur und monetärer Grundsicherung wäre eine Investition in die Menschen und in eine bessere Gesellschaft. Wer nun sofort wieder an die Finanzierbarkeit denkt, dem sei gesagt: Erträge auf öffentliche Investitionen können eben nicht in Shareholder-Value gemessen werden. Wir fragen uns ja auch nicht, ob wir das Geld haben, weiterhin allen Kindern Schulbildung zukommen zu lassen – weil man den Wert von Investitionen in Menschen eben nicht ökonomisch messen kann. Beim BGE geht es zudem auch noch darum, viele andere Bereiche des persönlichen, gesellschaftlichen, und wirtschaftlichen Lebens zu verändern.

Zu viel Macht für den Staat?

Untersuchungen zeigen, dass die Auswirkungen des „flexiblen Kapitalismus" auf den Alltag von Menschen durch immer geringere Planbarkeit sehr viel Verunsicherung und Leid gebracht haben (vgl. Sennett 2000). Gerade das kann vermieden werden, wenn ein BGE eingeführt wird und alle darauf vertrauen können, dass es, einmal eingeführt, auch in Zukunft bestehen bleibt. Aber eine Lösung, in der die Grundbedürfnisse der Menschen sowohl über eine gut ausgebaute öffentliche Infrastruktur als auch über ein BGE aus der öffentlichen Hand

befriedigt werden, gibt vielen Anlass zur Sorge: Der Staat soll nicht die einzige Stelle sein, die Absicherung der Grundbedürfnisse finanziert. Heute kommen Unterstützungsleistungen aus unterschiedlichen Töpfen: etwa von Gemeinden, den Ländern oder dem Bund. Oder von Versicherungssystemen, in die betroffene Personen zuvor eingezahlt hatten, wie Pensions-, Arbeitslosen- oder Krankenversicherungen. Würde man all diese Töpfe durch einen zentralen Topf ersetzen, würde das natürlich eine enorme Verwaltungsvereinfachung bedeuten. Dies bedeutet aber auch, dass diese Leistungen nach einem Regierungswechsel oder einer größeren finanziellen Krise relativ einfach wieder abgeschafft werden könnten. Bei der in den meisten Staaten üblichen dezentralen Organisation der Sozial- und Versicherungsleistungen hingegen müssten unzählige Hebel angesetzt werden, was eine Abschaffung zu einem schwierigen und langwierigen Unterfangen macht – nichtsdestotrotz aber auch in diesem differenzierten Sozialstaatssystem passiert. Wenn die Gefahr besteht, dass das Grundeinkommen von Wahlergebnissen oder politischen Großwetterlagen abhängig ist, verliert es wichtige Steuerungseffekte, etwa den der langfristigen Planbarkeit des Lebens von Menschen.

Diese Situation wird in der Literatur häufig als das Problem des „einzelnen Hebels“ (*single lever*) bezeichnet. Es betrifft nicht nur das BGE, sondern alle Teile der Existenzsicherung, also auch die Grunddienstleistungen. Für die *Universal Basic Services* schlagen die Initiator:innen dieser Idee aus genau diesem Grund vor, dass die Leistungen nicht alle vom Staat erbracht werden, sondern von unterschiedlichen Organisationen wie Vereinen oder Kooperativen (vgl. Coote/Percy 2020). Wichtig ist, dass diese Organisationen nicht profitorientiert arbeiten. Wenn die Leistungen von mehreren Anbieter:innen erbracht werden, so die Initiator:innen der *Universal-Basic-Services-Bewegung*, wäre es aufgrund der größeren Bandbreite der beteiligten Institutionen zumindest schwieriger, das System einfach wieder abzuschaffen. Damit wäre es weniger stark von Wahlergebnissen oder politischen Stimmungen abhängig. Ansonsten könnte das Modell irgendwann auch das Schicksal des britischen Gesundheitssystems ereilen, das jahrzehntelang in aller Welt als Inbegriff solidarischer, qualitativ hochwertiger und bezahlbarer Gesundheitsversorgung galt – bis es im Rahmen der Austeritätspolitik nahezu kaputtgespart wurde. In der COVID-19-Pandemie zeigte sich einmal mehr der Unterschied zwischen gut ausgestatteten und ausreichenden Gesundheitssystemen, die resilient genug waren, um die Herausforderungen der Pandemie einigermaßen zu meistern, und jenen, die nahezu vollständig zusammenbrachen. In England machten im Frühling 2022 exzessive Wartezeiten für die Notaufnahme Schlagzeilen sowie Berichte von Menschen, die selbst in Notfällen keinen Transport ins Krankenhaus mehr organisieren konnten (vgl. Vienna 2021; Medinlive 2022). Jene, die genug Glück hatten, eine Transportmöglichkeit zu finden, warteten manchmal sehr lange (vgl. Dunford 2022). Der Personalnotstand spitzte sich so sehr zu, dass Patient:innen nicht mehr versorgt werden konnten und starben. Die Tatsache, dass sich das Gesundheitssystem nicht ausreichend auf die Pandemie vorbereitet hatte, bezeichnete man als „nationalen Skandal" (Horton 2020) – obwohl die Wurzeln in der schon viel länger währenden Austeritätspolitik lagen. Teile des *National Health Service* – NHS waren privatisiert und, wie der Rest, nahezu kaputtgespart worden.

Es wundert also nicht, dass selbst Personen, die einem BGE prinzipiell positiv gegenüberstehen, Sorge haben, dass im Fall seiner Einführung öffentliche Dienstleistungen ein ähnliches Schicksal ereilen könnte. Daraus ließe sich schließen: Kompliziert ist besser. Was bei einem Grundeinkommensmodell an Bürokratie gespart wird, muss an anderer Stelle vielleicht finanziell ausgeglichen werden, um negative Konsequenzen, mit denen man gar nicht gerechnet hat, wieder in den Griff zu bekommen. Allerdings gibt es auch Gründe, die es sehr unwahrscheinlich machen, dass das Problem des einzelnen Hebels sich in der praktischen Realität stellen wird. Als *endowment effect* – ins Deutsche manchmal mit dem sperrigen Begriff des Besitztumseffekts übersetzt – bezeichnen Psycholog:innen und Forscher:innen im Feld der Verhaltensökonomie das Phänomen, dass die meisten Menschen den Wert eines Gutes, das sich in ihrem Besitz befindet, als höher einschätzen als andere Güter, die sich nicht in ihrem Besitz befinden – obwohl diese „objektiv" dasselbe oder mehr wert sind. In Experimenten hat sich etwa gezeigt, dass Studierende, die man nach dem Zufallsprinzip mit einer Kaffeetasse oder einem Kugelschreiber um genau denselben Preis für das Ausfüllen eines Fragebogens belohnt und denen man anschließend die Möglichkeit gibt, diese Belohnungen auszutauschen, nur selten davon Gebrauch machen (vgl. Kahneman/Knetsch/Thaler 1990). Für private Firmen wie den Möbelriesen IKEA zum Beispiel ist der *endowment effect* sogar Teil der Geschäftsstrategie: Die Räume, durch die die Kund:innen wandern, um sich Möbel und Zubehör auszusuchen, sind sorgfältig auf einen für die jeweilige Region typischen Wohnraum abgestimmt – von der Größe der Räume über die Art der Dekoration. Was viele von uns sehen, wenn wir durch die Schauräume von IKEA spazieren, ist also – in gewisser Weise – unser eigenes Zuhause. Damit bemessen wir den affektiven und den finanziellen Wert der Dinge, die wir ausgestellt sehen, als höher als vergleichbare Objekte, die wir etwa in einem sterilen Katalog sehen oder in einem etwas weniger gut werbenden Möbelhaus.

Was hat das mit dem BGE zu tun? Der *endowment effect* wirkt auch bei manchen kulturellen und politischen Gütern. Bestimmte Dinge, die man hat, mag man einfach deshalb, weil sie zum eigenen Leben gehören. Und dann gibt es noch rechtliche Neuerungen, die so vielen Menschen Vorteile bringen, dass es schon nach kurzer Zeit politisch unmöglich wird, sie abzuschaffen. Ein rezentes Beispiel ist der *Affordable Care Act* – auch als *Obamacare* bekannt – der 2010 in den Vereinigten Staaten beschlossen wurde. Eine seiner Bestimmungen untersagte es Krankenversicherungen, Menschen mit Vorerkrankungen den Versicherungsschutz zu verweigern oder von ihnen höhere Prämien zu verlangen. Von dieser Neuerung profitierten so viele Menschen so schnell und fühlbar, dass es auch Präsident Trump in seinen Attacken auf Obamas „*socialized medicine*" (wie Trump es nennt) nicht wagte, diese Bestimmung anzugreifen. Im Gegenteil: Um politisches Kapital zu schlagen, gab er sogar vor, die Idee des Schutzes von Menschen mit Vorerkrankungen erfunden zu haben (vgl. Alonso-Zaldivar/Yen 2020).

Es ist sehr wahrscheinlich, dass wenn ein BGE erst mal eingeführt ist, so viele Menschen in kurzer Zeit so stark davon profitieren, dass es politisch unmöglich wird, es wieder abzuschaffen; auch wenn es rechtlich möglich wäre. Zudem könnte auch der *endowment effect* dazu beitragen, dass Gesellschaften, die das *Brot-und-Butter*-Modell haben, dieses nicht wieder aufgeben wollen.

Jetzt, da wir die Notwendigkeit, Brot und Butter gemeinsam zu denken, argumentiert haben, gehen wir im nächsten Kapitel auf einen essenziellen Teil davon näher ein – den Zugang zu leistbarem Wohnraum. Ein zentraler Teil öffentlicher Infrastruktur besteht in der Zurverfügungstellung von qualitativ hochwertigem und leistbarem Wohnraum.

7
Wohnen ohne Markt

Stabiler und sicherer Wohnraum ist ein Grundbedürfnis. Dabei geht es nicht nur darum, ein Dach über dem Kopf zu haben, sondern auch darum, zu wissen, dass man in seinem Zuhause sicher ist – vor Kündigungen, vor Gesundheitsbedrohungen wie Feuchtigkeit, Schimmel, Energiearmut, Hitze und anderen Problemen. Zum Zeitpunkt des Verfassens dieses Kapitels waren überall in Europa die Energie- und andere Konsumgüterpreise in die Höhe geschossen; Kommentator:innen fürchteten politische Unruhen, wenn die Kostenkrise nicht gemildert würde (vgl. Brave New Europe 2022). In Zeitungen, Magazinen und auf sozialen Medien dominierten Diskussionen darüber, wie die Kostenexplosion der Energiepreise gemildert und ihre Effekte abgefedert werden können. Ohne die – manchmal sogar existenzbedrohenden – Effekte, die die Verdopplung oder Verdreifachung der Energiekosten für viele Menschen bedeutet, kleinreden zu wollen, ist es doch wichtig, festzuhalten, dass der größte Preistreiber der letzten Jahre das Wohnen war. Es passierte ohne großen Knalleffekt, sondern schleichend und leise, und geht unter anderem auf die Grundstückspreise zurück, die durch Spekulationen und eigentümerfreundliche Umwidmungen in die Höhe getrieben wurden und werden. Einer Berechnung des österreichischen Momentum-Instituts zufolge waren die Preise für Gemeinde- und Genossenschaftswohnungen zwischen 2010 und 2020 um ganze 35 beziehungsweise

38.5 Prozentpunkte gestiegen; die Mieten im privaten Sektor sogar um 50 Prozent (vgl. Huber 2022). Haushalte mit niedrigerem Einkommen waren und sind von dieser Entwicklung besonders betroffen, weil sie proportional mehr für Wohnen und Energie ausgeben. Das unterste Einkommensfünftel gab in den letzten Jahren für Wohnen und Energie rund ein Viertel des Haushaltseinkommens aus, während das reichste Fünftel im Durchschnitt 15 Prozent dafür bezahlte (vgl. ebd.).

Viele unterschiedliche Faktoren haben dazu beigetragen, dass die Kosten für Wohnen so stark anstiegen. In Wien spielt hier vor allem das Zunehmen befristeter Mietverträge eine wesentliche Rolle. Eine weitere Ursache ist die Tatsache, dass in den letzten Jahren immer weniger Sozialwohnungen gebaut wurden (vgl. Redl 2023; Müller 2023). Und natürlich ist Wien, trotz seines im internationalen Vergleich phänomenal guten Mieter:innenschutzes und seiner historischen Sonderstellung als „Welthauptstadt des sozialen Wohnbaus" (vgl. Nagel 2016) auch von anderen global wirksamen Entwicklungen betroffen. Auf die sogenannte Finanzialisierung des Wohnungsmarktes, die in diesem Zusammenhang oft als eine der Hauptursachen genannt wird, werden wir noch zu sprechen kommen. Der Ursprung für den Rückgang leistbaren Wohnraumes fast überall im Globalen Westen – und auch in Wien – liegt jedoch in der Tatsache, dass Wohnraum selbst von progressiven Regierungen als Markt gesehen wird. Laut dem Stadtplaner Peter Marcuse und dem Soziologen David Madden ist es die Ideologie des möglichst freien Marktes, die die Fiktion eines funktionierenden Allokationsmechanismus aufrechterhält (vgl. Madden/Marcuse 2016). In anderen Worten: Man geht davon aus, dass Angebot und Nachfrage es schon richten werden.

Um einen *freien Markt* handelt es sich aber schon allein deshalb nicht, weil einige Akteur:innen ungleich mehr Möglichkeiten haben, Eigentum an Wohnraum zu erwerben, als andere. Möglich gemacht wird das durch staatliche Normen und Regeln (vgl. Pistor 2019). So ist es etwa viel leichter für einen Immobilienkonzern, an die notwendigen Finanzmittel zu kommen, um in ein Zinshaus zu investieren, als es für eine Familie ist, einen Kredit für eine Wohnung zu erlangen. Die Ersteren tun es mit dem Interesse der Profitmaximierung, während Zweitere es tun, um vor Kündigungen oder Mieterhöhungen sicher zu sein. Schon hier gibt es also eine Schieflage. In den Worten Marcuses und Maddens hat die Wohnungspolitik ihr eigentliches Ziel aus den Augen verloren: „Ein wirklich menschlicher Wohnraumsektor würde seinen Erfolg oder Misserfolg nicht daran messen, wie sich die Immobilienpreise entwickeln, sondern daran, wie sehr er zum guten Leben aller Menschen beiträgt“[17] (Madden/Marcuse 2016, S. 82).

Wie wir in diesem Kapitel argumentieren werden, ist bereits die Idee, dass Wohnraum überhaupt von irgendjemandem gekauft werden kann, keine neutrale Position. Auch wenn wir uns daran gewöhnt haben, so ist es doch, aus einigem Abstand betrachtet, eigenartig. Wenn man akzeptiert, dass es sich bei Wohnen um ein Grundbedürfnis handelt – wie Gesundheitsversorgung, Bildung oder öffentlicher Verkehr – warum tolerieren wir es dann, dass Wohnraum ein Produkt ist, das mit Profitinteresse gehandelt und das sogar zum Spekulationsob-

17 Im Original: „A truly humane housing system would measure its success or failure not in home prices or the number of mega-mansions but in the extent to which the residential good life is actually provided for everyone.“

jekt wird? Gerade in Ländern, in denen es starken Widerstand gegen die Privatisierung der Gesundheitsversorgung gibt (mit gutem Grund), fragt man sich, warum die Privatisierung des Wohnungsmarktes kein Problem ist, das in der Öffentlichkeit als solches diskutiert wird. Sehen wir uns im nächsten Abschnitt anhand des Beispiels des Vereinigten Königreichs an, wie und warum sie ein beträchtliches Problem darstellt.

Kreditbau statt Wohnbau[18]

Bis in die 1970er Jahre las sich die Geschichte des öffentlichen Wohnbaus im Vereinigten Königreich wie eine Erfolgsstory: Noch 1920 wurden von den lokalen Behörden ganze 576 Wohnungen gebaut. Diese Zahl stieg bis zum Zweiten Weltkrieg auf 120.000. Nach dem Krieg nahmen die Bemühungen, den Bestand an bezahlbarem Wohnraum zu erhöhen, noch größere Fahrt auf. So wurden allein im Jahr 1946 25.000 neue Wohnungen fertig gestellt. 1953 wurde der Höchststand von fast 230.000 neuen Wohnungen pro Jahr erreicht. Bis in die 1970er Jahre baute man konstant rund 100.000 neue Wohneinheiten pro Jahr. Die Kehrtwende kam mit der Einführung des sogenannten *Right to Buy* durch die Thatcher-Regierung im Jahr 1980. Durch den sogenannten *Housing Act* erhielten Mieter:innen von Sozialwohnungen in England und Wales das Recht, ihre Wohnung käuflich zu erwerben. Der Wunsch, ein Eigenheim zu besitzen, wurde als „natürlicher Wunsch" und manchmal sogar als „Grundrecht" der Menschen bezeichnet (vgl. Beckett 2015). Was man damit zugleich aushebelte, war der Mieter:innenschutz. Sicherer Wohnraum sollte nun über Eigentum geschaffen werden,

18 Wesentliche Teile dieses Abschnittes basieren auf Wagenaar & Prainsack (2021), Kapitel 4.

nicht über die Miete; und wer dies nicht schaffte, die oder der hatte Pech gehabt – oder sich nicht „genug angestrengt". Die soziale Kluft zwischen Eigenheimbesitzer:innen und Mieter:innen vergrößerte sich massiv.

Mit dem *Right to Buy* hatte man jedoch auch etwas anderes ausgehöhlt, nämlich die Verpflichtung der öffentlichen Hand, dafür zu sorgen, dass es genügend Wohnraum für alle gab. Statt Wohnbau wurde nun die Zurverfügungstellung von Krediten als öffentliche Aufgabe gesehen. In den folgenden Jahren wurden zwar neue Wohnungen und Häuser gebaut – doch wurden diese für Normalverdiener:innen immer weniger erschwinglich.
2003 wurden nur noch 286 Wohneinheiten mit öffentlicher Finanzierung fertiggestellt, was der Hälfte der Zahl der fertiggestellten Wohneinheiten in den 1920er Jahren entsprach (vgl. Merrett 1979; Wilcox 2003; Jones/Murie 2006). Und auch die Mieten für Sozialwohnungen stiegen an. 1991 waren die Mieten in der Relation zum Durchschnittseinkommen um 55 Prozentpunkte höher als sie es 1981 gewesen waren, als das *Right to Buy* eingeführt wurde.

Thatchers *Right to Buy*-Programm war dabei nicht so sehr ein Bruch mit der Vergangenheit, sondern der Höhepunkt oder die Verwirklichung einer langen Tradition konservativer Politik: der *Property-owning Democracy*, der Eigentumsdemokratie. Seit den 1920er Jahren waren die britischen Konservativen bestrebt gewesen, die Stabilität der politischen Ordnung – die mit der Einführung des Wahlrechts einherging – vor der vermeintlich doppelten Bedrohung durch den Liberalismus und den Sozialismus zu schützen. Eine gerechtere Verteilung des Eigentums würde eine engere Bindung der gebildeten Wähler:innenschaft an das kapitalistische Produktionssystem bewirken. Der Konservative Noel Skelton, der den Begriff „Eigentumsdemokratie" geprägt hatte, argumentierte, dass privates Eigentum einen ethischen Wert habe und auch für die Stabilität wesentlich sei, da der Besitz „ein gesteigertes Verantwortungsgefühl, eine breitere wirtschaftliche Perspektive, ein praktisches Medium für den Ausdruck moralischer und intellektueller Qualitäten" mit sich bringe (Ron 2008, S. 174). Der Begriff des Eigentums bezieht sich in diesem Zusammenhang auf individuelles Eigentum, das heißt auf Eigentum, das von einzelnen Bürger:innen oder Familien gehalten wird, und nicht auf Genossenschaften oder von der Gemeinschaft der Steuerzahler:innen finanziertes Gut.

Trotz der zunehmenden Wohlfahrtsorientierung der politisch-ökonomischen Ordnung in den Jahrzehnten nach dem Zweiten Weltkrieg erfreute sich die individualistische Version einer „Eigentumsdemokratie" bei konservativen Politiker:innen weiterhin großer Beliebtheit. So forderte etwa der konservative Politiker und spätere Premierminister Anthony Eden 1946 in seiner Rede vor dem Parteitag der Konservativen eine „landesweite Eigentumsdemokratie". Während der 1950er Jahre blieb sie ein fester Bestandteil der Parteiprogramme der Torys (vgl. Ron 2008, S. 177). Thatchers *Right to Buy*-Programm war somit eine Fortsetzung der konservativen Vorstellungen über die ideale politisch-wirtschaftliche Ordnung und dem kontinuierlichen Bestreben, den Wohlfahrtsstaat zurückzuschneiden und seine umverteilende Wirkung zu konterkarieren.

Auch in Österreich begann die Idee der Eigentumsdemokratie ab den 1990er Jahren schrittweise jene diskursive Position einzunehmen, die zuvor eine starke Wohnbaupolitik und der Mieter:innenschutz innegehabt hatten. Eine Auseinandersetzung über verschärfte Bestimmungen zum Eigenmittelanteil bei Kreditvergaben für Wohnraumbeschaffung im Herbst 2022 zeigte, wie weit diese schleichende Veränderung fortgeschritten war. Die erst wenige Monate alte Regelung eines deutlich erhöhten Eigenmittelanteils für die Erlangung eines Kredites war als Schutzmaßnahme für Konsument:innen eingeführt worden, um übermäßige Belastungen durch Kreditraten zu vermeiden. Mit dem Argument, gerade junge Menschen wären durch diese Auflagen in ihren Möglichkeiten, eigenen Wohnraum zu erwerben oder zu errichten, stark eingeschränkt, wurde von unterschiedlichen Akteur:innen umgehend die (teilweise) Rücknahme der Verschärfungen gefordert. Der Aufwand und die Nachdrücklichkeit dieser Forderungen vermittelte den Eindruck, jungen Menschen die Schaffung von Eigentum zu ermöglichen sei der wichtigste Auftrag der Politik – weit drängender als das Reagieren auf die rapide ansteigenden Miet- und Energiekosten. Die Ökonomen Markus Marterbauer und Martin Schürz kommentierten die politische Fokussierung auf die Förderung des Wohnungseigentums so:

> „Es verändert die Interessenlagen der Leute. Eigentümer:innen freuen sich über steigende Immobilienpreise und sind wenigstens theoretisch an den Verkaufschancen interessiert. Mieter:innen tangiert das unmittelbar nicht. Sie wissen aber, dass steigende Immobilienpreise auch steigende Mieten nach sich zu ziehen drohen. So werden Grenzen zwischen jenen Personen gezogen, die sich Eigentum leisten können und dem Rest, der auf eine Mietwohnung angewiesen ist. Die großen Vermögensunterschiede zwischen Mieter:innen und Eigentümer:innen belegen dies deutlich.“ (Marterbauer/Schürz 2022, S. 193)

Das *Right to Buy* und die Eigentumsdemokratie waren und sind in den meisten Staaten des Globalen Nordens mittlerweile nicht bloß politisches Programm – die ihnen zugrunde liegenden Werte sind tief in der Gesellschaft verankert. Sie wurden durch ein komplexes System aus Banken, Steuergesetzen, Mietpreisregulierung (oder vielmehr deren Fehlen), Bausparkassen, Immobilienagenturen, Werbeagenturen und Medien möglich gemacht, die alle dazu dienen, die Bürger:innen davon zu überzeugen, dass der Kauf eines Eigenheims das Vernünftigste ist, was sie tun können. Gleichzeitig bewirkte die Entstehung dieses Ökosystems die zunehmende Finanzialisierung des Wohnungssektors. Kurz gesagt, bedeutet Finanzialisierung die wachsende Macht des Finanzsektors gegenüber anderen Teilen des Systems. Wirtschaftlicher Wert wird damit zunehmend durch

Finanzprodukte und nicht durch Handel oder Produktion in der Realwirtschaft realisiert. Wenn beispielsweise ein Automobilunternehmen, dessen Hauptgeschäftsmodell im Verkauf von Autos bestand, damit beginnt, einen großen Teil seiner Gewinne durch Hypotheken oder Leasingverträge zu erzielen, dann beschreibt dies einen Prozess der Finanzialisierung. Die Logik des Finanzwesens dringt derzeit in immer mehr Bereiche der Gesellschaft und sogar in das persönliche Leben vieler Menschen ein. Dienstleistungen, die hierzulande in den vorangegangenen Jahrzehnten durch den öffentlichen Sektor erbracht wurden – man denke an Pflege, Hochschulbildung, Altersversorgung oder Zugang zu Informations- und Kommunikations(technologien) –, müssen in vielen Ländern bereits auf dem Markt von kommerziellen Anbieter:innen gekauft werden. Die Finanzialisierung hat die Verschuldung privater Haushalte erhöht und öffentliche Einrichtungen wie Wohnbaugesellschaften, Pflegeeinrichtungen oder Universitäten gezwungen, ihre Geschäftsmodelle zu ändern, um Geld von globalen Investmentbanken leihen zu können (vgl. Smyth/Cole/Fields 2020, S. 8). Soziale und wirtschaftliche Gerechtigkeit und öffentliche Interessen werden den finanziellen Zielen untergeordnet. Und Unternehmen werden von Entitäten, die Güter oder Dienstleistungen produzieren, zu Vehikeln zur Maximierung finanzieller Profite (siehe auch Lawrence & Laybourn-Langton 2022, Kapitel 5).

Die Finanzialisierung des Wohnungssektors zeigt sich auch an der Umwandlung der Privatkreditgeber von gemeinnützigen Bausparkassen in Aktiengesellschaften, die auf die Maximierung des Shareholder Value abzielen. Vor der Deregulierung und Liberalisierung in den 1970er und 1980er Jahren bildeten die Bausparkassen im Vereinigten Königreich zusammen mit den Wohnbaugesellschaften (siehe unten) und den Gemeinden über eineinhalb Jahrhunderte die drei Säulen des sozialen Wohnbaus. Die Gemeinden repräsentierten die Verantwortung der öffentlichen Hand in der Bereitstellung wichtiger sozialer Güter. Bausparkassen waren genossenschaftliche Unternehmen: lokal, kommunal, gemeinnützig, basierend auf Kooperation, Solidarität, Risikobeteiligung und kollektiver Selbstverwaltung. In fast jedem Ort gab es eine Bausparkasse. Mit dem Kapital aus den monatlichen Mitgliedsbeiträgen errichteten diese erschwinglichen Wohnraum und ermöglichten ihren Mitgliedern den Zugang zu günstigen Darlehen zur Finanzierung eines Eigenheims. Der Staat unterstützte die Bausparkassen durch Steuerbefreiungen im Gegenzug für die Kontrolle der Kreditvergabe. Es handelte sich dabei um egalitäres, *geduldiges* Kapital, das für die Menschen arbeitete, nicht für den schnellen Profit der finanziellen Überflieger. Im Gegensatz zur Kultivierung privatisierter Werte, wie sie in Plänen für eine Eigentumsdemokratie vorkommen, boten die frühen Bausparkassen ihren Mitgliedern eine öffentliche Kontrolle über Investitionen und waren somit Ausdruck einer partizipativen Demokratie. Sie waren lokale freiwillige Vereinigungen, denen die öffentliche Macht zur Verwaltung eines wichtigen gesellschaftlichen

Sektors übertragen worden war, die durch ein gemeinsames Regelwerk reguliert und vom Staat finanziell unterstützt wurden (vgl. Hirst 1994, S. 33).

Aus historischer Sicht befand sich das britische Wohnungswesen wie der größte Teil der britischen Gesellschaft schon sehr lange in einem prekären Gleichgewicht zwischen sozialistischen und gemeinwesenorientierten Ansätzen einerseits und konservativ-individualistischen Impulsen andererseits. Zwei Ereignisse veränderten schließlich dieses Gleichgewicht. Das erste war der Wahlsieg von Margaret Thatcher im

Jahr 1979, das zweite die Deregulierung der Banken. In Letzterem gab der Staat, getrieben von einer kruden Ideologie des freien Marktes, schrittweise seine Kontrolle über die Quantität der Kredite und ihre qualitative Verteilung auf (vgl. Ryan-Collins et al. 2012, S. 51). In diesem Klima des aggressiven Finanzunternehmertums und der verlockend hohen Belohnungen für Finanzmanager:innen wirkte die Rolle der gemeinnützigen Bausparkassen immer anachronistischer. Am Ende wollten auch die Bausparkassen ein Stück vom Kuchen abkriegen. Sie begannen, ihre genossenschaftlichen Wurzeln aufzugeben und sich wie reguläre Banken zu organisieren – ein Prozess, der mit dem sperrigen Begriff der „Demutualisierung" (vgl. Battilani/Schröter 2011)[19] bezeichnet wird. Die Mitglieder der Bausparkasse gaben gegenseitige Rechte auf und wurden zu Aktionär:innen der neuen Bank. So verwandelten sich die Bau-

19 Von Demutualisierung spricht man, wenn ein Unternehmen in Kundenbesitz sich in eine Aktiengesellschaft verwandelt. Im Vereinigten Königreich wurde dies durch ein 1986 erlassenes Bausparkassengesetz ermöglicht: Wenn mehr als 75 Prozent der Mitglieder dafür stimmten, konnte sich die Bausparkasse in eine GmbH verwandeln.

sparkassen in konsolidierte Allzweckbanken, die – wie „normale“ Banken auch – am Finanzmarkt mitmischten.

Um Thatchers *Right-to-Buy*-Politik auch für Menschen attraktiv zu machen, die sich nicht trauten, hohe Schulden zu machen, wurden Wohnungen mit einem erheblichen Preisnachlass zum Kauf angeboten. Nach einem zögerlichen Start war dies ein großer Erfolg – zumindest wenn man die Sache kurzfristig und kurzsichtig betrachtet. In den 1980er Jahren gingen jedes Jahr etwa 150.000 Mietwohnungen in das Eigentum ihrer Bewohner:innen über. Zwischen 1980 und 2003 wurden durch das *Right-to-Buy*-Programm 2,5 Millionen Wohnungen aus dem Sektor der erschwinglichen Wohnungen herausgenommen, während nur 672.000 Wohnungen neu gebaut wurden (vgl. McCall/Satsangi/Greasley-Adams 2020, S. 226). Im Kontext seiner längerfristigen Folgen betrachtet, war das *Right-to-Buy*-Programm also definitiv kein Erfolg. Analysen ergaben, dass es dazu beitrug, soziale und ökonomische Gräben weiter zu vertiefen. Die neuen Eigenheimbesitzer:innen waren überwiegend weiß, vollzeitbeschäftigt, übten in der Regel handwerkliche Berufe oder Angestelltenberufe aus und lebten in Haushalten mit mehr als einem:einer Lohnempfänger:in. Zudem war das *Right-to-Buy*-Programm auch ein Versuch, den Stadt- und Gemeindeverwaltungen die Kontrolle über die Wohnungspolitik zu entziehen – insbesondere jenen, die von der Labour-Partei dominiert waren. Dies tat man, indem man die Mittel für den Bau von Sozialwohnungen kürzte – und später, indem man die Gemeinden dazu aufforderte, die Gemeindesteuer einzufrieren (vgl. Crewe 2016), was wiederum die finanziellen Möglichkeiten zur Neuerrichtung sozialen Wohnraums einschränkte. Die Auswirkungen dieser Entwicklungen auf den sozialen Wohnungsbau waren katastrophal. Er schrumpfte auf ein Niveau, das zuletzt in den 1920er Jahren zu beobachten gewesen war. Wie erwähnt, stiegen die Mieten für Sozialwohnungen in derselben Periode um über 50 Prozent: Die Mieter:innen subventionierten also den Rabatt für die neuen Eigenheimbesitzer:innen (vgl. Beckett 2015). Viele der neuen Wohnungseigentümer:innen verkauften ihr Eigenheim zudem sehr bald an Investor:innen und vergrößerten damit den kaum regulierten, überteuerten privaten Mietbestand (vgl. Christophers 2023).

Eine vergleichbare Geschichte des Rückzugs der öffentlichen Hand aus ihrer Verantwortung für die Schaffung stabilen und leistbaren Wohnraums ließe sich über gemeinnützige Wohnbaugesellschaften erzählen. Diese hatten ihre Wurzeln in berufsständischen Genossenschaftsstrukturen oder in der Philanthropie. Zunächst profitierten sie von der Finanzierung des Wohnungsbaus. In der Ära der Sparmaßnahmen nach der Finanzkrise von 2008 sahen sie sich jedoch zunehmend einem feindlichen Umfeld gegenüber. Die konservative Regierung führte tiefgreifende Kürzungen bei der Vorfinanzierung und den sozialen Zuschüssen für den sozialen Wohnungsbau durch. Gleichzeitig stufte sie die Wohnbaugesellschaften als privatwirtschaftliche Einrichtungen ein und befreite sie damit – so drückte es der Wohnungsbauminister aus – „von den Fesseln der Bürokratie des öffentlichen Sektors“ (vgl. Smyth/Cole/Fields 2020, S. 18). Da die Kreditvergabe durch Banken (die traditionelle Kapitalquelle für Wohnbaugenossenschaften) nach der Krise eingeschränkt wurde, hatten die Wohnbaugenossenschaften kaum eine andere Wahl, als sich an die internationalen Anleihenmärkte zu wenden, um ihren Kapitalbedarf zu decken. Im Jahr 2017 gaben 58 Wohnbaugenossenschaften Anleihen im Gesamtwert von über 17 Milliarden GBP aus (vgl. ebd., S. 3). Rating-Agenturen entschieden zunehmend darüber, für welche Zwecke wem und zu welchem Preis Geld zur Verfügung gestellt wird; eine Rolle, die ursprünglich vom Staat (und dem *Chief Registrar of Friendly Societies*, einem Aufsichtsorgan für gemeinnützige Organisationen und für Versicherungen) eingenommen wurde.

Auch hier wird deutlich, dass Finanzialisierung nicht etwas ist, das gegen den Willen der Regierenden passiert. Regierungen und andere politikgestaltende staatliche Akteur:innen haben die Finanzialisierung des Wohnungssektors nicht zu verhindern versucht, sondern vielmehr ermöglicht. Gegenwärtig treibt der Staat vielerorts – nicht nur im Vereinigten König-
reich – die Finanzialisierung weiter voran, indem er

> „Familien in die Verschuldung treibt, indem er es Finanzinstituten ermöglicht, subventionierten Wohnraum aufzukaufen, oder indem er sich einfach aus der Bereitstellung oder Regulierung des Wohnungssektors zurückzieht und das Feld für Finanzinstitute öffnet, die nach Miete suchen“ (Aalbers 2016, S. 4).

Das Finanzwesen wird zunehmend von der Produktion realer Güter und Dienstleistungen abgekoppelt und zu einer unabhängigen Macht, die auch die Realwirtschaft formt (Aalbers 2016, S. 41; Cox 1992). Damit wird auch der Wohnungsmarkt von der Idee der Produktion neuen Wohnraums entkoppelt: „Es ist ein Markt, der nur darauf ausgerichtet ist, Geld zu verdienen“ (Aalbers 2016, S. 42; siehe auch Lawrence & Laybourn-Langton 2022, Kapitel 5). Im Alltag bedeutet dies, dass die Menschen mit ihrem Grundbedürfnis nach Wohnen – ob sie wollen oder nicht – zu Rädchen im Getriebe der Finanzialisierung geworden sind.

Dem Geografen Brett Christophers zufolge steht die Finanzialisierung des Wohnungswesens im Vereinigten Königreich für einen umfassenderen Trend: die Umwandlung der Wirtschaft in eine Rentenökonomie (Christophers 2023). Als Rentenökonomie bezeichnet man ein Wirtschaftssystem, in dem ein großer Teil des Wohlstandes nicht von Arbeit kommt, sondern von Erträgen von Kapitalvermögen. „Renten" haben hierbei nichts mit Zahlungen aus einer Pensionsversicherung zu tun, sondern bezeichnen jene Teile von Erträgen oder Einkommen, die den Wert der Produktionsmittel übersteigen (z. B. Miete, Pacht, Patente). In weiterer Folge werden in diesem System die Rentenansprüche selbst – also die Miet- oder Pachtansprüche – zu einer

Ware, die gehandelt wird. Häufig konzentrieren sich in der Folge diese Waren (die *Rententitel*) in den Händen einiger weniger, die großen Reichtum anhäufen, während die große Masse niemals die Möglichkeit hat, sich Wohlstand zu erarbeiten.

Auch wenn die spezifischen Ausprägungen in unterschiedlichen Ländern jeweils andere sind, haben alle Rentenökonomien bestimmte Merkmale: Erstens wird die Miete zum „Einkommen, das sich aus dem Eigentum, dem Besitz oder der Kontrolle von knappen Gütern und unter Bedingungen begrenzten oder fehlenden Wettbewerbs ergibt" (Christophers 2023, S. 1439). Der springende Punkt hier ist der Wohnraum als knappes Gut: Wie Karl Polanyi in seinem bahnbrechenden Buch über die Große Transformation (vgl. Polanyi 1944/2001) gezeigt hat, wurden viele Ressourcen, die einst als Gemeingüter der Allgemeinheit zur Nutzung zur Verfügung standen, durch einen Prozess der Privatisierung und metaphorisch gesprochen der *Einzäunung* (*enclosure*) verknappt. Die Einhebung von Nutzungsgebühren oder Mieten für eine Ressource, die einst unter der Obhut eines Dorfes oder einer anderen Gemeinschaft frei verfügbar war, ist einer der zentralen Mechanismen des Kapitalismus.

Der oben beschriebene Prozess der Finanzialisierung geht aber noch einen Schritt über die Schaffung einer solchen Rentenökonomie hinaus. Anstatt die Miete an ein knappes, oft unbewegliches Gut – wie eben eine Wohnung oder ein Haus – zu binden, wird ihre Höhe nun dadurch definiert, wie gut es mächtigen Marktteilnehmer:innen gelingt, den Wettbewerb zu unterdrücken. Christophers bezeichnet die Fähigkeit, einen Vermögenswert zu monopolisieren und ihn zur Erzielung finanzieller Gewinne zu nutzen, als „Marktmacht" (vgl. Christophers 2023, S. 1442). Beispiele für Inhaber:innen großer Marktmacht sind etwa Technologiekonzerne, die ihre Monopolstellung nutzen, um persönliche Daten von Millionen von Menschen an Werbe- und andere Kund:innen zu verkaufen. Vor der Privatisierung der Gemeingüter – das klassische Beispiel sind Weidegründe oder Fischereien – konnten alle Parteien die gemeinsame Ressource nutzen und waren auch gemeinsam für die Aufrechterhaltung und Verwaltung der Ressource zuständig. Anstatt zu versuchen, diese Situation wiederherzustellen, und Gemeingüter als Alternative zu extraktiver Wirtschaft zu etablieren, werden Gemeingüter heute häufig abgewertet. Was nichts kostet, ist nichts wert, somit *wert*-los und wird manchmal sogar als Gefahr gesehen.

Interessanterweise finden sich Elemente dieser Diskussionslinien auch in der BGE-Debatte. Wenn alle ein BGE bekämen, so heißt es, wäre es nichts mehr wert – es würde nur die Inflation in die Höhe treiben und sonst nichts ändern. Warum diese Einschätzung falsch ist, darauf sind wir bei der Finanzierung des BGE schon eingegangen (Kapitel 5): Dies ist unter anderem deshalb der Fall, weil kein ernstgemeinter Vorschlag vorsieht, ein BGE einfach an alle Menschen zu verteilen und sonst alles beim Alten zu belassen. Steuerliche Anpassungen und andere begleitende Maßnahmen würden dafür sorgen, dass ein BGE einen um- und vorverteilenden Effekt hätte. Ein BGE wäre Ausdruck eines gesellschaftlichen und politischen Bekenntnisses zur Bedeutung von Gemeingütern, weil es als „Dividende“ gesehen werden könnte, die alle Menschen als Miteigentümer:innen aller natürlichen, sozialen und technischen Ressourcen erhalten.

Kommen wir aber zurück zum „Wohnungsmarkt“ und zu zwei wichtigen Aspekten des zeitgenössischen Rentenkapitalismus. Der erste ist der Aspekt exzessiven Wachstums und Profits.

Die meisten von uns haben kein Problem damit, zu akzeptieren, dass ein Unternehmen in einer Situation des Marktwettbewerbs ein gutes Einkommen aus seinem Geschäft zieht. Wir sehen es als gerechte Belohnung für clevere Innovationen, gute Kundenbeziehungen oder hochwertigere Produkte. Exzessiv hohe Mieten, die in keinem Verhältnis zum Aufwand stehen, den der:die Vermieter:in hat, sind jedoch als Einkommen einzustufen, „die nicht durch die Anforderungen einer effizienten Wirtschaft gerechtfertigt sind“ (ebd.). Man denke an den CEO, der das 278-Fache des Durchschnittseinkommens einer Angestellten in seinem Unternehmen „verdient“ (vgl. Mishel/Wolfe, 2019). Der Exzess ist hier die Differenz zwischen diesem astronomisch hohen Einkommen und dem, was die Angestellte unter faireren Bedingungen verdienen würde. Ein Beispiel dafür ist das Einkommensverhältnis von 20 zu 1, das Mitte der 1960er Jahre üblich war. Eine solche Ungleichheit reicht völlig aus, um Innovation zu fördern – was ja immer wieder als Argument gegen größere Gleichheit ins Treffen geführt wird. Umgelegt auf Mieten hieße das, das Verhältnis zwischen der Belastung der Mieter:innen durch Wohnkosten in Relation zu ihrer Einkommenssituation einerseits mit der Belastung der

Vermieter:innen durch Instandhaltungs- und Investitionskosten plus gerechtfertigter Einkommenserwartungen andererseits fair zu gestalten. Denn hohe Mieten sind ein Treiber für Einkommens- und Vermögensungleichheit.

Vielerorts ist der Wohnungssektor einer der ersten Bereiche, in dem die Umwandlung der Volkswirtschaft in eine Rentenökonomie sichtbar wurde. Während das Vereinigte Königreich auch weiterhin das Aushängeschild dieser Entwicklung ist, sieht die Wohnungssituation in vielen anderen Ländern für die meisten Menschen ebenso düster aus. In vielen Städten sind die Wohnungspreise und -mieten selbst für die Mittelschicht
unerschwinglich geworden – leistbarer Wohnraum wird immer dünner gesät. Auch in Österreich wachsen die Mieteinnahmen viel dynamischer als die Wirtschaft insgesamt (vgl. Fair Wohnen 2022, S. 14–17).

Das Frappierende daran ist, dass sich viele Menschen kein alternatives System zum profitorientierten Wohnungsmarkt mehr vorstellen können. Die Lösung des Problems wird linear gedacht: Wenn die Mieten steigen, muss es höhere Gehälter oder mehr staatliche Zuschüsse geben, damit sich mehr Leute wieder einen Kredit leisten können. Oder die Kriterien für die Kreditvergabe müssen gelockert werden. Dass die Lösung darin liegen könnte, Wohnraum zu dekommerzialisieren – das heißt, ihn nicht mehr als Objekt für Profite zu verwenden – ist für viele nicht mehr vorstellbar. Im Vereinigten Königreich trifft das selbst auf progressive Kräfte zu. Zudem ist der Handel (und Spekulation) mit Wohnraum zu einem wesentlichen Bestandteil der Wirtschaft geworden. In den 2010er Jahren machten die Immobilienwerte im Vereinigten Königreich mehr als 60 Prozent des gesamten Vermögens aus, das sind vier Billionen britische Pfund (andere Schätzungen sprechen sogar von 5,6 Billionen Pfund) (vgl. Dorling 2015, S. 2). Die nationalen Medien berichten über steigende Preise mit der gleichen atemlosen Begeisterung wie über einen Sieg der Fußballnationalmannschaft. Die Einbindung der Wohnungspolitik in ein komplexes System von Finanzmärkten hat dazu geführt, dass es sich nicht mehr um eine vom Staat geförderte Dienstleistung zur Bereitstellung von angemessenem Wohnraum für alle handelt, sondern um einen Teil der globalen kapitalistischen Wirtschaftsordnung, in der Kapitalbesitz immer höhere Renditen abwerfen muss. Das britische und das US-amerikanische Wohnungswesen zeigen auch die Kluft zwischen dem Ideal und der Realität der sogenannten „Eigentumsdemokratie". Diese Idee, die bei Jean-Jaques Rousseau noch eine aus Subsistenzbauern bestehende Gesellschaft bezeichnete, in der das Land jenen Menschen gehörte, die es bewirtschafteten, wurde unter den konservativen Politiker:innen des frühen 20. Jahrhunderts zu einer Vision einer gerechten Gesellschaft: Eigentum in die Hände vieler Individuen zu legen, sei der beste Weg, die Macht der Eliten im Zaum zu halten und extreme Ungleichheit zu vermeiden (vgl. O'Neill/Williamson 2014). Die Gesetze, Vorschriften und Institutionen, die in der Folge geschaffen wurden, um die Idee der Eigentumsdemokratie umzusetzen, haben sie unweigerlich immer weiter von ihren Idealen der Gerechtigkeit, Fairness und Demokratie entfernt und in das raue Umfeld eines höchst ungleichen Laissez-faire-Wohnungsmarktes geführt, der durch schwache soziale Unterstützung und periodische massive finanzielle Interventionen gestützt wird. Die Eigentumsdemokratie wurde zu einer Karikatur ihrer ursprünglichen Idee, eine liberale Alternative zur sozialistischen Idee des Kollektiveigentums zu bieten.

Wohnen ist ganz klar ein Grundbedürfnis. Zur Befriedigung dieses Grundbedürfnisses gibt es zwei gegensätzliche

Philosophien: die oben beschriebene „Eigentumsdemokratie“ und den Wohlfahrtsstaat. In gewisser Weise spiegeln die in diesem (sehr groben) Überblick beschriebenen Entwicklungen ein natürliches Experiment in der nationalen Wohnungspolitik wider. In Bezug auf Gleichheit, Sicherheit und Wohnqualität *gewinnt* der Wohlfahrtsstaat ganz klar. Die Eigentumsdemokratie delegiert nämlich die Finanzierung und den Bau von Wohnungen an private Unternehmen und setzt damit die Bereitstellung von Wohnraum den Marktkräften und dem Gewinnstreben der Banken und Bauunternehmen aus. Indem sie zerstörerische Prozesse der Finanzialisierung und des Rentierismus mitbedingt, ist die Eigentumsdemokratie nicht in der Lage, die externen Effekte der Wohnungsmärkte abzumildern. Umgekehrt ist die Schwachstelle der vom politischen und gesellschaftlichen Kräfteverhältnis geformten Realpolitik des sozialen Wohnbaus ihre Anfälligkeit gegenüber Unternehmen, Banken, Immobilienbesitzer:innen und Regierungen, die aus der Befriedigung des Grundbedürfnisses Wohnen auch Profit schlagen wollen.

Wie sollte es sein?

Die große Betonung des Eigentumsrechts – das häufig fälschlicherweise als uneingeschränktes Recht dargestellt wird – ist Teil eines hegemonialen Narrativs, das es zu entwurzeln gilt. Wohnraum muss und soll nicht zur Ware gemacht werden. Die Menschen sollen nicht dazu gezwungen werden, große finanzielle Opfer zu bringen, die Bank bei Laune zu halten und sich selbst auf Jahre oder sogar Jahrzehnte hinaus überarbeitet und schlaflos zu machen. Wer seine Wohnung mietet, wird nicht zur Bürger:in zweiter Klasse, sondern – mit einem angemessenen Mieter:innenschutz – zu einem:einer selbstbestimmten Bürger:in.

Wenn wir akzeptieren, dass Wohnen – und damit Zugang zu stabilem Wohnraum – ein menschliches Grundbedürfnis ist, dann sollte die Zurverfügungstellung von leistbarem und gutem Wohnraum zu den von der Öffentlichkeit erbrachten Dienstleistungen gehören. In diesem Sinne sollte jede Person, die in einem Land lebt, das Recht haben, eine Wohnung einer bestimmten Größe zu einem festgesetzten Preis zu mieten, das heißt eine bestimmte Quadratmeterzahl mit einem bestimmten Baustandard innerhalb einer bestimmten Region. Der Mietvertrag muss unbefristet sein, solange die Mieter:in sich an die Vertragsbedingungen hält. Ein solches Recht auf stabilen Wohnraum – eine faktische Wohnungsgarantie – sollte zwar unabhängig von Vermögen und Einkommen sein, aber mit der Auflage verbunden sein, diese Wohnung als alleinigen Wohnsitz zu nutzen; Personen mit Zweitwohnungen (die sie für sich selbst nutzen) wären somit von der Wohnungsgarantie ausgeschlossen. Während alle Mietverträge unbefristet wären, müssten Personen, die eine Wohnung oder ein Haus kaufen, um darin zu leben, aus ihrer „Garantiewohnung" ausziehen – um zu vermeiden, dass Menschen, die die Letztere nicht benötigen, von der Wohnungsgarantie profitieren. Gleichzeitig würde eine Wohnungsbaugarantie den Behörden die Pflicht auferlegen, dafür zu sorgen, dass genügend hochwertige Mietwohnungen gebaut werden, um die Nachfrage zu decken.

Das bedeutet nicht, dass Wohnungen niemals zum Verkauf stehen sollten. Aber die finanzielle Möglichkeit, eine Wohnung oder ein Haus zu kaufen, darf keine Voraussetzung für den Zugang zu erschwinglichem und stabilem Wohnraum sein. Banken sollten dahingehend reguliert werden, dass die Zinssätze angemessen und die Hypothekenverträge transparent sind und die monatlichen Zahlungen während der Laufzeit der Hypothek nie einen tragfähigen Prozentsatz des Jahreseinkommens des Kreditgebers übersteigen. Die Bewertung von Wohnobjekten zur Festlegung der Höhe des Kredits sollte den aktuellen Nutzungswert eines Hauses widerspiegeln und nicht den erwarteten zukünftigen Wert auf einem fiktiven Wohnungsmarkt. Diese Maßnahmen würden *de facto* eine Obergrenze für die Immobilienpreise festlegen.

Um die Politikwissenschaftlerin Louise Haagh zu zitieren: Damit das Recht auf soziale Sicherheit wirksam ist, muss es sicher sein (Haagh 2019). Stabiler Wohnraum ist nicht nur ein wesentlicher Teil sozialer Sicherheit – seine Gestaltung zeigt auch den Grad der gemeinsamen Sorge der Menschen füreinander. Feministische Architekt:innen und kritische Stadtplaner:innen sehen die Bereitstellung von leistbarem, stabilem, und familienfreundlichem Wohnraum als Teil „Sorgender Städte" (siehe etwa Moser 2023).[20] Zugang für alle zu leistbarem Wohnraum ist zugleich eine wesentliche Voraussetzung dafür, dass ein BGE seine emanzipatorische und transformative Wirkung entfalten kann. Nicht nur, weil, wie erwähnt, die Höhe des BGE davon abhängt, welche (und inwieweit) Grundbedürfnisse von Menschen bereits über öffentliche Leistungen und Infrastrukturen befriedigt wurden. Ein weiterer wichtiger Grund ist, dass Gesellschaften auch nach einer Einführung eines BGE leistbaren Wohnraum für alle brauchen, um dem Wachsen sozialer und ökonomischer Ungleichheiten vorzubeugen. Im nächsten Kapitel gehen wir auf eines der wichtigsten Ziele ein, das wir als Gesellschaft verfolgen müssen: eine sozial und ökologisch gerechte Lebensweise. Wir sind davon überzeugt, dass ein BGE dazu beitragen kann.

20 Siehe auch https://sorgende-staedte.org.

8
Wie ein BGE dabei helfen könnte, der Klimakrise zu begegnen

Die Klimakrise ist zweifellos das drängendste Problem der Gegenwart. Jedes Jahr dringen ihre Effekte weiter in das Alltagsleben der Menschen ein: Überflutungen, Hagelstürme und Dürre zerstören die Häuser und oft auch die Lebensgrundlagen vieler Menschen. Während diese unmittelbaren Erfahrungen mit den Folgen des Klimawandels für die Bevölkerung des Globalen Südens schon lange zum Alltag gehören, werden diese nun auch in immer weiteren Teilen des Globalen Nordens zum akuten Problem. Die Politik reagiert auch deshalb quer über fast alle ideologischen Grenzen, weil man fürchtet, durch die immer häufiger werdenden Naturkatastrophen nicht nur den eigenen Wohlstand zu verlieren, sondern das, was bleibt, auch noch mit anderen teilen zu müssen. Die Europäische Kommission schätzt, dass in naher Zukunft eine Milliarde Menschen auf der Suche nach Wasser ihre Heimat verlassen werden (Europäische Kommission 2023).

Alles deutet darauf hin, dass wir uns in einem kurzen Zeitfenster befinden, in dem es möglich ist, eine Klimakatastrophe abzuwenden. Auch aus diesem Grund entschloss sich die österreichische Bioethikkommission im Jahr 2022 als erster nationaler Ethikrat Europas zu einer Stellungnahme, die sowohl auf diese Dringlichkeit als auch auf die ethische Verantwortung hinweist, die die reiche Welt für die Lösung des Problems teilt. Es gehe nicht länger an, so die Bioethikkommission, „den Großteil der Last … auf ungerechte Weise auf Menschen in anderen Teilen der Welt und auf zukünftige Generationen abzuwälzen" (BEK 2022, S. 6). Lukas Kenner, ein Wiener Pathologe und Mitglied der Kommission, der federführend an der Stellungnahme mitwirkte, drückt es – zusammengefasst – so aus: Es ist wie mit einem Patienten mit einer Erkrankung, die zuerst sehr lange erfolgreich behandelt werden kann. Immer wieder kommt es zu Krisen, die man aber jeweils mit der passenden Therapie überwinden kann. Irgendwann schaukeln die Probleme einander aber hoch, und man kann sie nicht mehr einzeln behandeln. Die Belastung für den Organismus wird immer größer, und irgendwann kommt es zum Multiorganversagen. Wir seien jetzt, so Kenner, in der Übergangsphase zum Multiorganversagen.

Einen entscheidenden Anteil an der Überlastung des „planetaren" Organismus, um in Kenners Bild zu bleiben, hat unsere von der Nutzung fossiler Ressourcen abhängige Wirtschafts- und Lebensweise. Die Kulturforscher Alexander Klose und Benjamin Steininger setzen den Beginn der „Petromoderne" mit jener Phase der industriellen Moderne an, die den Gebrauch von erdölbasierten Technologien und Materialien kennzeichnet. Ab dem späten 19. Jahrhundert hat das Erdöl die von der Kohle getragene Industriemoderne erweitert. Vieles, was wir als Freiheiten und mittlerweile Selbstverständlichkeiten unseres modernen Lebens verstehen, ist eng mit Erdöl verbunden. Fossile Stoffe, so Klose und Steininger, reichen buchstäblich bis in unsere Körper und auch in unsere Begehren hinein. Uns davon zu trennen kann man mit dem Entfernen des kompletten Adergeflechts und aller Nervenstränge in einem menschlichen Organismus vergleichen (Pölsler/Motter 2021). Wie Lukas Kenners Metapher des Multiorganversagens ist auch dieses

Bild drastisch, aber hilfreich, um zu zeigen, vor welchen Herausforderungen wir stehen.

Diese Herausforderung hat auch die Europäische Kommission erkannt: 2019 wurde mit dem European Green Deal eine Initiative initiiert, die darauf abzielt, Europa bis 2050 zum ersten klimaneutralen Kontinent zu machen und dabei, so die Kommission, ökologische Nachhaltigkeit mit wirtschaftlichem Wachstum zu verbinden. Neben der Reduktion von Emissionen gehören Maßnahmen zur Förderung der grünen Wirtschaft – wie Investitionen in erneuerbare Energien, Energieeffizienz, „saubere" Mobilität, Kreislaufwirtschaft, und innovative grüne Technologien, auch zur Steigerung der Energieeffizienz von Gebäuden – zum Instrumentarium des European Green Deal. Wie wir gleich noch argumentieren werden, bleibt dieser zahnlos, weil die Veränderungen, die er vorsieht, nicht tief genug greifen; es sollen die Symptome bekämpft werden, ohne das Problem an der Wurzel zu packen. Viele Staaten stehen aber auch vor dem Problem, dass wirtschaftliche und politische Kräfte, die kurzfristige Profite und Stimmenzuwächse über alle anderen Ziele stellen, Angst vor Veränderung schüren und damit Initiativen wie dem Green New Deal sprichwörtlich den Boden abgraben.

Der Gletscher als Ware

Die Debatten um die vermeintlichen Gefahren der Klimaaktivist:innen, die der österreichische Bundeskanzler zwischen öffentlichen Bekenntnissen zu Österreich als „Autoland" auch in einem Atemzug mit Identitären und anderen Rechtsextremen nannte (vgl. Prainsack 2023a), illustrieren das zähe Ringen um die Aufrechterhaltung in der bestehenden Form überholter Wirtschafts- und Einnahmemodelle. Ein für Österreich, aber auch zahlreiche weitere Länder mit alpinen Traditionen besonders wichtiges Beispiel für dieses zähe Ringen ist der klassische Wintertourismus mit seinem Geschäftsmodell der Ausübung alpiner Sportarten. In dieser Debatte melden sich vorrangig die von der Aufrechterhaltung des Wintertourismus am meisten profitierenden Unternehmer:innen aus dem Bereich der Seilbahnwirtschaft und der Hotellerie zu Wort. Die Erhaltung von Arbeitsplätzen ist eines ihrer zentralen Argumente. Wie Beiträge aus gewerkschaftlicher Perspektive zeigen, bangen ja auch viele Arbeitnehmer:innen um ihre Jobs (oder vielleicht passender: um ihre Einkommen). Die Perspektive des Seilbahnmaschinisten ist daher klar: Im Herbst werden die Beschneiungsanlagen angeworfen und das dürfe man nicht schlechtreden – das ganze Tal lebe ja schließlich vom Tourismus, „Der Gletscher ist eine Haupteinnahmequelle" (Kasper/Muratovic 2022). Auch wenn die Stützen der Seilbahn immer mehr abrutschen, weil sie beim Bau nicht im Gestein, sondern im – jetzt kontinuierlich schmelzenden – Eis verankert wurden. So werden die Ursachen des Problems nicht gelöst – nicht einmal benannt. Vielmehr wird der Wunsch nach Veränderung im öffentlichen Diskurs mit der Angst vor Wohlstandverlust verknüpft. Dies ist eine Strategie, die auch in der Debatte um die Arbeitszeitverkürzung von Industrie-Interessenvertreter:innen immer wieder ins Treffen geführt wird – und die sich damit in eine lange Reihe von Beispielen einreiht, die zeigen, wie durch das Schüren von Angst vor sozialem Abstieg oder sogar Existenzverlust jene Wirtschafts- und Machtstrukturen aufrechterhalten werden, die ökonomische und soziale Ungleichheiten zunehmend vergrößern.

Wie der Prozess des Kohleausstiegs im deutschen Ruhrgebiet gezeigt hat, braucht es dafür sehr viel Zeit – Jahrzehnte.

Entscheidungen für diese Art von Transformationen früh zu treffen und konsequent bis zur Umsetzung zu verfolgen, ist im Sinne einer emissionsfreieren Zukunft daher besonders dringlich. Kollisionen auf der Ebene existenzieller Interessen sind Teil dieser Prozesse. Die dringliche Sorge von Umweltaktivist:innen um eine lebbare Zukunft kollidieren mit der Sorge der Beschäftigten im Kohleabbau und der Kohleverwertung um ihre Arbeitsplätze und damit um ihre Existenzsicherung. Wie Eigner aufzeigt, spielt diese Art der Interessenkollision, wo die Sorge um den Verlust von Arbeitsplätzen bei einer Gruppe eine zentrale Rolle für Art der politischen Lösung spielt, im Rahmen der anstehenden sozial-ökologischen Transformation eine große Rolle. So hat die deutsche Abwrackprämie zu einer Steigerung der Nachfrage im Automobilsektor geführt: Es wurden Arbeitsplätze gesichert, aber Umweltziele verfehlt (Eigner 2021, 228). Im Rahmen der EU-Kohäsionspolitik wurde mit Deutschland ein *Just-Transition*-Plan vereinbart. EU-Finanzmittel fließen so in deutsche Regionen, die durch die Notwendigkeit des Kohleausstiegs am stärksten vom ökologischen Wandel betroffen sind. Ein BGE spielt in den bisherigen Just-Transition-Ansätzen keine Rolle, könnte aber ein wesentliches Instrument zur Reduzierung der Arbeitsplatz- beziehungsweise Einkommensproblematik spielen.

Unser Wirtschaftssystem als Wurzel des Problems

Es ist unmöglich, über das transformatorische Potenzial des BGE zu schreiben, ohne darauf einzugehen, wie es dabei helfen könnte, der Klimakrise zu begegnen. In einer Hinsicht ist die Verbindung offenkundig: nämlich insofern, als dieselben wirtschaftlichen Praktiken, die der Klimakrise zugrunde liegen, auch andere gesellschaftliche Krisen – wie die Krise der Arbeit, die Krise des Sorgens, die Gesundheitskrisen vieler Menschen und nicht zuletzt die Krise der Demokratie – bedingen (siehe auch Mohammed 2023). Der amerikanischen Philosophin Nancy Fraser zufolge haben alle diese Krisen eine gemeinsame Ursache: den Kapitalismus, der Fraser zufolge nicht nur eine bestimme Wirtschaftsform ist, sondern ein ganze Gesellschaftsordnung. Indem der Erfolg des Kapitalismus auf der Ausbeutung der menschlichen Arbeitskraft und der Ausbeutung der natürlichen Umwelt beruht, kannibalisiere er sich selbst, so Fraser. Und weil Kapitalismus ohne Zerstörung der Menschen und der natürlichen Umwelt nicht zu denken sei, könne nicht nur das gute Leben, sondern der Weiterbestand der Menschheit nur mit einem umfassenden Umbau unseres Gesellschaftssystems – inklusive unserer Wirtschaft – gesichert werden (Fraser 2023).

Hiermit wird deutlich, dass Lösungsansätze, die bloß die Symptome und nicht die Ursachen bekämpfen, nicht dazu geeignet sind, jene umfassende sozial-ökologische Transformation zu schaffen, die den Ursachen der Klimakrise effektiv begegnet. Eine effektive Lösung bräuchte, wie auch ein von Ronald Blaschke initiiertes Memorandum verschiedener Grundeinkommensorganisationen argumentiert (Blaschke/Geum, 2023), ein neues Gesellschaftsmodell – wobei auch hier „die Wirtschaft“ und „der Markt“ als integraler Teil der Gesellschaft gesehen werden. Es muss ein Modell sein, so die Unterzeichner:innen des Memorandums, das Ressourcen gerechter verteilt und gleichzeitig der Ausbeutung von Menschen und Ressourcen ein Ende bereitet.

Zu Ansätzen, die der Erreichung dieser Ziele gewidmet sind, gehört die Degrowth-Bewegung, die die Notwendigkeit einer grundlegenden Umgestaltung unseres Wirtschaftssystems betont (z. B. Hickel 2020; Barlow et al. 2022). Im Gegensatz zum vorherrschenden Modell des stetigen Wirtschaftswachstums steht dieser auch theoretisch sehr ausgearbeitete Ansatz für eine Reduktion des Ressourcenverbrauchs und der Produktion, um ökologische Grenzen zu respektieren und soziale Gerechtigkeit zu fördern – sowohl innerhalb von Gesellschaften als auch global. Durch die Verringerung des Konsums und der Verschwendung könnten Treibhausgasemissionen reduziert und die negativen Auswirkungen auf das Klima gemindert werden. Das Ideal der Degrowth-Idee ist eine Wirtschaft, die auf lokalen Gemeinschaften, Kreislaufwirtschaft und dem Teilen von Ressourcen basiert (Barlow et al. 2022). Indem sie das Streben nach Wachstum infrage stellt und stattdessen nachhaltige Lebensweisen und Wohlbefinden in den Fokus rückt, impliziert sie bestimmte Eigenschaften einer neuen Gesellschaft, ohne sich jedoch auf die Determinierung eines bestimmten Gesellschaftsmodells zu konzentrieren.

Auch der sogenannte Ökosozialismus vereint die Ziele der gesellschaftlichen und wirtschaftlichen Transformation mit dem Umwelt- und Klimaschutz (siehe z. B. Gorz 2009; Neupert-Doppler 2022). Er zielt darauf ab, soziale Gerechtigkeit und Nachhaltigkeit miteinander zu verbinden, um eine gerechtere und ökologisch verantwortungsvollere Gesellschaft zu schaffen. Im Zentrum des Ökosozialismus steht dabei die Idee, dass die natürlichen Ressourcen unseres Planeten geschützt und nachhaltig genutzt werden müssen, um den Bedürfnissen der aktuellen und zukünftigen Generationen gerecht zu werden. Dies soll unter anderem durch staatliche Intervention und Regulierung erreicht werden, um Emissionen zu reduzieren, erneuerbare Energien zu fördern und soziale Programme zu unterstützen, die Einkommens- und Vermögensungleichheiten verringern. Gleichzeitig stehen Kritiker:innen der prominenten Rolle, die in ökosozialistischen Ansätzen dem Staat zugedacht wird, skeptisch gegenüber. Staatlicher Regulierung, so argumentieren sie, könne aus gutem Grund nicht getraut werden. Nationale und internationale Gesetze haben nämlich jene extraktivistischen Praktiken, die Menschen und dem Planeten schaden, erst möglich gemacht. Staatliche Förderungen für umwelt- und klimaschädliche Technologien sind hier nur ein Teil des Problems; es geht zudem um all jene steuer-, wirtschafts- und sozialpolitischen Maßnahmen, die kurzfristiges Profitdenken belohnen, statt Unternehmen Anreize zu geben, die langfristigen negativen Folgen ihres Handelns zu reduzieren. Auch bei den Versprechen vieler Regierungen, „jetzt endlich" gegen die Klimakrise aktiv zu werden, handelt es sich häufig um Maßnahmen, die Symptome bekämpfen, ohne die Wurzeln des Problems auch nur ansatzweise zu berühren.

Ein weiterer Versuch, die tieferliegenden Ursachen des Problems zu beseitigen, ist der Ansatz des vorsorgenden Wirtschaftens (Baier/Biesecker/Gottschlich 2016 und 2020). Die Herausforderung wird darin gesehen, das krisenanfällige ökonomische System in eine vorsorgende, subsistenzorientierte Ökonomie zu transformieren. Dabei muss es gelingen, die einem Großteil der aktuellen Krisen zugrunde liegende Trennung von Produktion und Reproduktion und die damit verbundene systemische Zerstörung des Reproduktiven zu überwinden. Die Leitprinzipien sind Vorsorge, Kooperation und die Orientierung am Notwendigen. Dementsprechend zielt dieser Ansatz darauf ab, ökonomische Aktivitäten und Entscheidungen im Einklang mit ökologischer Verträglichkeit, sozialer Gerechtigkeit und ökonomischer Stabilität zu gestalten. Er betont dabei insbesondere die Bedeutung einer nachhaltigen und langfristig orientierten Wirtschaftspolitik. Durch frühzeitige Maßnahmen und Weichenstellungen gilt es, jene Probleme zu vermeiden, mit denen Gesellschaften heute hadern. So können etwa Unternehmen durch rechtlich bindende Verbote und Verpflichtungen dazu gebracht werden, Umweltverschmutzung zu unterlassen und nicht nur zu reduzieren. Neben dem Prinzip der Prävention sind die Prinzipien der Nachhaltigkeit und der sozialen Gerechtigkeit für die Bewegung des vorsorgenden Wirtschaftens von besonderer Bedeutung. Das Prinzip der Nachhaltigkeit betont dabei die Notwendigkeit, natürliche Ressourcen und Umweltressourcen sorgfältig zu nutzen, um langfristige ökologische Stabilität zu gewährleisten. Dies schließt den Einsatz erneuerbarer Energien, den Schutz der Biodiversität und die Begrenzung von Umweltauswirkungen ein. Soziale Gerechtigkeit im weiteren Sinne bedeutet die gerechte Verteilung von Ressourcen und Chancen in der Gesellschaft. Wirtschaftliche Entscheidungen sollen so gestaltet werden, dass sie sozialen Ungleichheiten und ökonomische Ungleichheiten nicht verschärfen, sondern diese reduzieren. Auch dabei steht die langfristige Planung im Vordergrund: Statt kurzfristiger Gewinnmaximierung sollten Unternehmen und Regierungen eine langfristige Perspektive einnehmen. Dies beinhaltet die Berücksichtigung der Auswirkungen von Entscheidungen auf zukünftige Generationen und die Mitbestimmung auch in wirtschaftspolitischen Agenden.

Vor diesem Hintergrund ist der *European Green Deal* der Europäischen Kommission kein Ansatz, der geeignet ist, die Wurzeln des Problems zu beheben. Er setzt auf Dekarbonisierung, ohne aber das Wirtschaftswachstum gefährden zu wollen. Die Grundannahmen des Wirtschaftssystems – dass Wachstum wichtig ist und Konkurrenz hochgehalten werden muss – werden nicht infrage gestellt. Auch die menschlichen Praktiken, die dem Problem zugrunde liegen, werden nicht problematisiert. Was Kommissionspräsidentin von der Leyen im Dezember 2019 entwarf, als sie Europa und der Welt den Europäischen Green Deal vorstellte, war zudem ein Ingenieursprojekt: Der Green Deal soll den Klimawandel durch Emissionsreduktionen und technologische Innovation einbremsen. „Das ist Europas ‚Mann-auf-dem-Mond'-Moment" (vgl. Hutchinson 2019), sagte von der Leyen.

Wir können die Klimakrise nicht allein mit Ansätzen lösen, die sich auf technologische Innovation oder die Änderung des individuellen Verhaltens konzentrieren (siehe auch Shaw 2023). Wenn das relativ kurze Zeitfenster zur Vermeidung einer Klimakatastrophe genutzt werden soll, benötigen wir ein neues Gesellschaftsmodell, das die Rolle der Menschen in der Umwelt und die Fundamente unserer Gesellschaft neu denkt. Das funktioniert aber nicht als Ingenieursprojekt: Viel eher ist es ein Projekt für Gärtner:innen.

Komplexe Probleme lösen: Gärtnern statt *Engineering*[21]

Ein wichtiger Schritt in diese Richtung ist es, Komplexität in unserem Denken und unserer Politikgestaltung ernst zu nehmen. Wenn sich eine Sache ändert, ändern sich viele andere mit: Es gilt die Verbindungen zwischen allen Elementen in der komplexen Welt, in der wir leben, im Blick zu haben. Dies können wir allerdings nur tun, wenn wir ein neues Konzept dafür haben, wie die Dinge zusammenhängen, und welchen Platz wir als Menschen in der Welt einnehmen. Und dies ist leichter gesagt als getan: Es reicht nicht, uns einzugestehen,

21 Dieser Abschnitt basiert in einigen Teilen auf Wagenaar/Prainsack 2021, insbesondere die Kapitel 2 und 9.

dass alles sehr kompliziert ist, und unser Handeln als „Technologien der Bescheidenheit" zu verstehen, wie es Sheila Jasanoff formulierte (Jasanoff 2003). Vielmehr geht es darum, Politikgestaltung im Speziellen und unsere wirtschaftlichen, sozialen und politischen Praktiken im Allgemeinen so zu gestalten, dass sie Komplexität nutzbar machen, anstatt sie zu ignorieren.

Komplexität ist nicht dasselbe wie Kompliziertheit. Ein Verbrennungsmotor ist kompliziert – er besteht aus vielen Teilen, die präzise aufeinander abgestimmt funktionieren müssen. Aber er funktioniert auf vorhersehbare Weise; komplex ist er

nicht. Eine Gruppe von Menschen hingegen bildet ein komplexes System, weil es unmöglich ist, ihr Verhalten vorherzusagen – weil sich das Verhalten der Einzelnen, und der Gruppe als Gesamtheit, auch aus den Interaktionen zwischen den Mitgliedern der Gruppe ergeben. Komplexitätsforscher:innen sprechen in diesem Zusammenhang von emergenten Eigenschaften – wobei Emergenz auch bedeutet, dass die Eigenschaften der Teile das Ganze nicht vollständig erklären können. Komplexität ergibt sich aus den Wechselwirkungen zwischen den verschiedenen Komponenten des Systems, nicht nur aus dem Verhalten der einzelnen Komponenten. Das macht es so schwierig, die Entwicklung komplexer Systeme zu verstehen und vorherzusagen. So wie einzelne H2O-Atome nicht für die Flüssigkeit des Wassers verantwortlich sind, lässt sich das *Verhalten* einer Gesellschaft nicht aus den Präferenzen und Verhaltensweisen von Einzelpersonen vorhersagen. Komplexität ergibt sich aus den Wechselwirkungen aller Elemente innerhalb des Systems. Selbst wenn wir ein Problem verstanden haben, wenn wir analysiert haben, wie es zustande kommt und wie es gelöst werden könnte, kann uns die Komplexität in die Quere kommen. Gut gemeinte und gut durchdachte Lösungen können auf diese Weise nicht nur ineffektiv sein, sondern sogar das Problem vergrößern.

Komplexität zu nutzen, anstatt sie zu leugnen oder ihr zu widerstehen suchen (vgl. Wagenaar 2007, S. 17–50), steht im Widerspruch zu traditioneller Politikgestaltung. Diese neigt dazu, die Merkmale der einzelnen Komponenten als Hebel für die Intervention in das Ganze zu nutzen (ebd.). Zudem agiert Politikgestaltung häufig in nach Politikfeldern und Ressorts geordneten *Silos* mit entsprechend spezialisierten Expert:innen und Budgettöpfen – mit keinen oder nur spärlichen Möglichkeiten zu ressortübergreifendem Handeln. Anstatt ein nuanciertes Verständnis der strukturellen Wurzeln jener Verhaltensweisen zu erlangen, die Menschen krank machen und den Planeten zerstören, und Lösungsansätze zu entwickeln, die ebenso auf die Veränderung struktureller Aspekte abzielen, wird individuelles Verhalten als Ursache des Problems gesehen. Komplexe Probleme kann man nicht mit Appellen an das Verhalten einzelner Bürger:innen verändern – es braucht Lösungen, die auf Komplexität zugeschnitten sind.

Bevor wir wieder darauf zurückkommen, möchten wir uns mit dem Thema Hegemonie auseinandersetzen, das wir sowohl für das Verstehen der Klimakrise als auch der Möglichkeiten, ihr zu begegnen, für ganz wesentlich halten. Hegemonie, die wir nach Wagenaar und Prainsack (vgl. 2021) als eine Form imaginativer Gefangenschaft bezeichnen, ist ein weiterer Grund dafür, dass es so schwierig ist, den Status quo zu ändern. Hegemonie bedeutet einen Zustand, in dem wir unfähig sind, über unsere unmittelbaren, moralischen und praktischen Horizonte hinauszublicken. Wir leben und arbeiten in einer Welt, die für uns Sinn ergibt und in der wir *unseren Weg kennen*. Da wir in einem bestimmten System von Werten und

Praktiken sozialisiert worden sind, sind diese für uns selbstverständlich. Ihre Bedeutung ist sogar in die Struktur unserer Sprache eingebaut. Wenn wir beispielsweise ständig hören, wie Expert:innen, Politiker:innen und Nachrichtensprecher:innen das Wort *Wirtschaft* verwenden, gehen wir davon aus, dass es ein vom Rest der Gesellschaft getrenntes und der sozialen und natürlichen Umwelt entgegengesetztes System gibt, das nach eigenen Regeln funktioniert, das nur von Fachleuten (Unternehmensmanager:innen, Wirtschaftswissenschaftler:innen, den Zentralbanken usw.) verstanden wird und dessen reibungsloses Funktionieren das Wohlergehen aller gewährleistet. Die Berichterstattung über Statistiken wie die Schwankungen des Bruttoinlandsprodukts, die Zahl der Arbeitslosen, die Inflationsrate und andere Messgrößen scheinen dieses Bild Tag für Tag zu bestätigen. Dabei gehen wir immer davon aus, dass es *die Wirtschaft* oder *den Markt* als eigenständige Systeme gibt. Selbst wenn wir bestimmte Aspekte der Wirtschaft kritisch betrachten (z. B. die großen Ungleichheiten beim Wohlstand oder ihren jeweiligen Beitrag zur Erderwärmung), kommt es uns nicht in den Sinn, die Kategorien und die impliziten Annahmen über ihr Funktionieren selbst zu hinterfragen. Wir bemerken nicht, dass es sich um ein selbstreferentielles System handelt, das sich durch die von ihm erfundenen Maßstäbe selbst reproduziert. Auf diese Weise betrifft die Hegemonie die eigentliche Verständlichkeit unserer Welt, die Art und Weise, wie wir bestimmen, was überhaupt als wahr oder falsch beurteilt werden kann.

Was es so schwierig gestaltet, aus der imaginativen Gefangenschaft auszubrechen, die Hegemonie ausmacht, ist, dass wir uns nicht einfach aus ihr herausdenken können. Sie ist in unseren persönlichen, sozialen, wirtschaftlichen und politischen Praktiken verankert. Wie Hendrik Wagenaar und Barbara Prainsack in ihrem Buch argumentieren, ist die Welt für uns selbstverständlich, weil sie auf Praktiken beruht, in die wir sozialisiert wurden und die durch Institutionen, Überzeugungen, Verständnisse, Ideologien und Identitäten aufrechterhalten werden. Hier treffen Hegemonie und Komplexität aufeinander. Versucht man, einen Aspekt dieser dichten Struktur zu reformieren (z. B. durch die Einführung nachhaltiger Produktionsmethoden), stößt man auf eine Reihe anderer Institutionen und Praktiken, die sich der Änderung entgegenstellen (z. B. das internationale Finanzsystem oder das große Netz der Kohlenstoffsubventionen). Wie auch Elisabeth Shove (vgl. 2010) argumentiert, hängt Widerstand gegen Veränderungen nicht so sehr mit psychologischen Eigenschaften zusammen als mit dem Effekt des Gefangenseins in einem Netz von Praktiken. Wenn die Lösungen zur Verbesserung einer bestimmten Situation mit denselben Begriffen umschrieben werden wie die Situation, die man verändern will, weiß man, dass man sich in einer hegemonialen Situation befindet. Wenn umgekehrt vernünftige Vorschläge auf Unglauben stoßen, als unpraktisch oder einer ernsthaften Diskussion nicht würdig abgetan werden, ist dies ein weiteres sicheres Zeichen dafür, dass man sich in einer hegemonialen Situation befindet.

Zusammengenommen helfen uns diese Reflexionen über Hegemonie und Komplexität dabei, zu verstehen, warum die Schaffung einer nachhaltigen, ökologisch gerechten Gesellschaft ein so schwieriges Unterfangen ist. Wenn man an einer Stellschraube dreht, dreht sich vieles andere mit. Komplexe Herausforderungen können nicht am Schreibtisch geplant und dann einfach umgesetzt werden (wer es nicht glaubt, der denke an stadtplanerische Großprojekte wie Brasilia oder die Seestadt in Wien). Und nicht etwa deshalb, weil irgendetwas an Ingenieurswissenschaften schlecht wäre; für komplizierte technische Vorhaben sind sie unabdinglich. Sie haben es ermöglicht, das Meer zurückzudrängen, das Universum besser zu verstehen und Krankheiten zu heilen. Diese Vorstellung von menschlicher Beherrschung der Natur spiegelt sich nicht nur in den Projekten wider, die das *Big Engineering* in Angriff genommen hat, sondern auch in seinen Grundsätzen selbst. Das Ingenieurswesen beruht auf Präzision und der Fähigkeit, das Verhalten eines Werkzeugs, einer Maschine oder eines Systems sowie dessen Auswirkungen auf den

jeweiligen Teil der Welt, in dem es eingesetzt wird, vorherzusagen – genau zu berechnen. Das wiederum bedeutet, dass die:der Ingenieur:in nicht nur alle Elemente und Faktoren kennen muss, die sich auf den Betrieb der Maschine und des Systems auswirken können, sondern dass er:sie diese auch beherrschen muss.

Aber wir können komplexe Systeme nicht beherrschen. Genauso wenig können wir Kontrolle über das Klima haben. Wie sehr die Technik auch dazu beigetragen hat, Wohlstand und den Fortschritt in der Welt zu steigern, und wie hilfreich technische Präzision auch war, um zu verdeutlichen, dass menschlicher Einfallsreichtum und Ausdauer die schwierigsten Herausforderungen erfolgreich bewältigen können: Im Zusammenhang mit der Schaffung einer nachhaltigen Gesellschaft vermittelt die Metapher des *engineering* die falsche Botschaft. Die (für komplizierte Vorhaben notwendige) reduktionistische Sichtweise kann uns im Kontext komplexer Herausforderungen nur bedingt weiterbringen. An dieser Stelle kommen wir wieder zum Bild des Gärtnerns.

Gärtnern ist kein Herrschaftsprojekt, sondern eine Beziehung. Auch wenn man noch so gut informiert und genau geplant versucht, einen Garten in einem bestimmten Design anzulegen, ist es meist unmöglich, ein präzises Ergebnis am

Reißbrett zu planen und es einfach nur umzusetzen. Da die Gärtnerin nicht alle Elemente, die sich auf das Ergebnis auswirken, kontrollieren kann, muss sie mit einem gewissen Maß an Ungewissheit und Offenheit arbeiten. Sie kann die Bodenstruktur analysieren, alles über Pflanzen wissen, die Grundsätze der Gartengestaltung berücksichtigen und die Bewässerung genau dosieren. Selbst mit diesem Wissen und diesen Werkzeugen kann sie das genaue Endergebnis nicht vorhersagen, auch weil sich nicht planen lässt, wie sich die Temperatur, der Wind, die Insekten, die Niederschläge und andere Faktoren, die einen Garten prägen und bewohnen, verhalten werden. Ein Gärtner kümmert sich um einen Garten, anstatt ihn zu gestalten. Er steht in einem Dialog mit der Natur. Er kann Samen säen, Setzlinge pflanzen, Gewachsenes pflegen, aber er kann die Vorgänge selbst nie ganz beherrschen.

Wir glauben, dass die Gärtnerei eine gute Leitmetapher für das Wachsen einer nachhaltigen Gesellschaft sein kann. Sie betont die Notwendigkeit des gegenseitigen Lernens – nicht nur von anderen Menschen, sondern auch von unserer natürlichen und künstlichen Umgebung – ohne den Anspruch, außerhalb zu stehen oder absolute Kontrolle über etwas zu haben. Es geht um Sorgearbeit im Sinne von Fisher und Tronto, um eine Aktivität, „die alles beinhaltet, was wir tun, um unsere Welt zu erhalten, weiterzuführen und zu reparieren, damit wir so gut wie möglich darin leben können“ (vgl. Tronto/Fisher 1990, S. 35–62).[22] Eine solche Sorgearbeit – die durch die Metapher der Gärtnerei besser vermittelt wird als durch die einer

22 Im Original: „… a species activity that includes everything we do to maintain, continue, and repair our ‚world‘ so that we can live in it as well as possible.“

„Man on the Moon"-Mission – unterscheidet sich sowohl von Fatalismus („Alles ist so komplex, wir können ohnehin nichts tun") als auch von der Idee, alles genau planen und kontrollieren zu können.

Offenheit für das Unerwartete

In ihrem Buch *Geflochtenes Süßgras* (Kimmerer 2013) beschreibt die amerikanische Ökologin Robin W. Kimmerer, wie sie von ihren Eltern und Großeltern gelernt hat, auf die Geschichten der Pflanzen zu hören. Als sie an die Universität kam, lehrte sie ihr Studium der Pflanzenbiologie, die aufmerksame Fähigkeit des Hörens zu verlernen und ihre analytische Fähigkeit des Sehens zu trainieren. „Ich honoriere die Präzision dieser Sprache, in der ich mich inzwischen zu Hause fühle", schreibt sie. Aber trotz des Reichtums ihres Vokabulars und ihrer Beschreibungskraft fehle etwas.

> „Die wissenschaftliche Sprache schafft Distanz, sie reduziert ein Wesen auf seine funktionalen Elemente; sie ist eine Sprache der Gegenstände. Zwar ist sie präzise, aber sie beruht auf einem grundlegenden Grammatikfehler, einem Versäumnis, einem gravierenden Verlust, der bei der Übersetzung der indigenen Sprachen dieser Küsten erfolgt ist." (Kimmerer 2019, S. 63)

Diese Worte sind ein Aufruf, die Grammatik der Präzision, der Beherrschung und der Kontrolle durch eine Grammatik der Verbundenheit zu ergänzen (Kimmerer nennt sie „eine Grammatik der Lebendigkeit"), die zwangsläufig eine Offenheit für das Unerwartete und für das, was wir noch nicht wissen, aber von anderen lernen müssen, mit sich bringt. Kimmerers Arbeit ist stark von indigenem Wissen und In-der-Welt-Sein geprägt (vgl. Simpson 2014, S. 1–25; Yunkaporta 2019). Die Welt und unsere Anwesenheit in ihr versteht Kimmerer als Prozess und Beziehung. Diese ernst zu nehmen, erfordert auch eine andere Einstellung zu Zeit: Statt der unterbrochenen Hyperzeit des modernen Kapitalismus braucht es eine tiefere, langsamere Zeit des Wachstums und der Entwicklung. Es gilt, von unserer natürlichen Umwelt zu lernen, anstatt sie für kurzfristige Profite und andere Ziele auszubeuten.

Ein BGE als ein Schlüssel zu sozialer und ökologischer Transformation?

Wie legt man die Saat für eine gerechtere und die planetaren Grenzen respektierende Gesellschaft? Ein BGE kann in unseren Augen deshalb ein Teil dieser „Saat" sein, weil es dabei hilft, das Verständnis und die Organisation von Arbeit zu verändern. Es gilt, Arbeit nicht mehr nur als Ware zu behandeln, sondern als Teil des In-der-Welt-Seins der Menschen: als Akt der Sorge um sich selbst, um andere Menschen und um die Natur. Mit dem Rahmen eines BGE gedacht, führt Arbeit in ihren unterschiedlichsten Formen – als bezahlte oder unbezahlte Arbeit, selbständige oder unselbständige Arbeit, individuelle oder kollektive Arbeit, als Arbeit im Produktions-, Pflege-, Kultur- oder Ökologiebereich, als politische oder zivilgesellschaftliche Arbeit zu einer Absicherung durch „Brot und Butter": Grunddienstleistungen und Grundeinkommen. Das Verhältnis von Arbeit und Einkommen anders zu organisieren, heißt, unsere Abhängigkeit von ökonomischem Wachstum, um unsere Existenz zu sichern und unseren Lebensstandard zu erhalten oder zu verbessern, zu reduzieren. Die bedingungslose Zurverfügungstellung eines BGE stellt alle gesellschaftlichen Bereiche auf eine Stufe der Wertschätzung. Berufliche Leistung ist nicht mehr das Maß aller Dinge, Beiträge für das Gemeinwesen, für familiäre Sorgetätigkeiten oder für den Erhalt der natürlichen Ressourcen sind gleichwertig: „Die Anerkennungsordnung, die unsere kollektiven Gewissheiten umfasst, wird auf diese Weise ins rechte Lot gebracht." (Fischer 2018b, S. 83). Damit unterstützt das BGE die Überwindung der willkürlichen Unterscheidung in Arbeit und Nicht-Arbeit, produktive und reproduktive Tätigkeiten:

> „Wenn wir uns von der Vorstellung lösen könnten, dass nur bezahlte Arbeit als zu entlohnende Arbeit zählt, dann würde die Gesellschaft der Sorgearbeit ihren wahren Wert geben. Ein Grundeinkommen würde mehr von uns dazu ermutigen, mehr unbezahlte Sorgearbeit und Freiwilligenarbeit zu leisten – eine positive Veränderung unseres Verhaltens, die auch ökologisch wünschenswerte Auswirkungen hätte. Ein Grundeinkommen würde sicherstellen, dass wir alle eine bessere Wahl zwischen den Formen von Arbeit und Beschäftigung treffen können." (Standing 2020, S. 36 f.)[23]

Das rasche und für immer mehr Menschen spürbarer werdende Voranschreiten der ökologischen Krise könnte – so der britische Arbeitsökonom Guy Standing – zur entscheidenden Rechtfertigung für ein BGE-System werden (vgl. Standing, 2020). Er bezieht sich dabei unter anderem auf die in vielen Ländern weltweit bereits vorgenommene Einführung von Instrumenten zur Bekämpfung der CO_2-Emmissionen, vorran-

23 Im Original: „If we could escape from thinking that only paid labour counts as work to be rewarded, then society would give care work its true value. A basic income would encourage more of us to do more unpaid care and voluntary work, a desirable shift in our behaviour that would have desirable ecological outcomes as well. A basic income would be a way of ensuring we can all make better choices between forms of work and labour."

gig in Form von CO2-Steuern. Standing schlägt vor, die Einnahmen aus der CO2-Bepreisung und anderen ökologischen Steuern und Abgaben in einem nationalen *Commons Fund* zu bündeln und aus diesem Fonds eine Dividende in Form eines Grundeinkommens auszuzahlen (ebd.). Das Modell einer „Bürgerdividende", ausbezahlt aus einem „Bürgerfonds", wird auch von den Autor:innen des neuen Berichts an den *Club of Rome* (Dixon-Declève et al. 2022) als ganz wesentliche Handlungsmöglichkeit gegen den drohenden ökologischen Kollaps gesehen, als: „... eine Entschädigung für die Einhegung der Gemeingüter, eine Wiedergutmachung für die BürgerInnen" (Dixon-Declève et al. 2022, S. 208)

Teilhabe an den Gütern der Erde und der Menschheit

Die Klimakrise fordert den bestehenden Sozialstaat heraus. Die Folgen der Umweltveränderungen stellen ein neues Risiko dar, dass zusätzlich zu den traditionell vom Sozialstaat mehr oder weniger gut „eingehegten" Risiken Unfall, Krankheit, Pflegebedürftigkeit, Einkommensabsicherung, Wohnen gemeistert werden muss. Die „Folgen der Klimakrise", so argumentieren Moder und Schultheiß, „müssen als soziales Risiko anerkannt und der Sozialstaat selbst zum Akteur der Klimakrise werden" (Moder/Schultheiß 2023, 153).

Ein BGE würde nicht nur mehr Freiheit in die beschriebene Zwangsehe zwischen ökonomisierter Natur und Profit- und Existenzsicherungsinteresse bringen, sondern es könnte auch die konkrete Umsetzung des Anspruchs auf Teilhabe aller an den Gütern der Erde und der Menschheit sein. Die Überzeugung, dass die Güter der Erde allen gehören und deshalb auch allen zugutekommen müssen, ist in vielen Traditionen und Religionen verwurzelt. Im April 2010 fand in Bolivien ein „Gipfel der Völker zum Klimawandel und zu den Rechten der Mutter Erde“ statt, als Reaktion auf das Scheitern der Versammlung von Kopenhagen. Die bei diesem Gipfel verfasste *Allgemeine Erklärung der Gemeingüter der Erde und der Menschheit* wird von den Verfasser:innen dezidiert in den Kontext der *Allgemeinen Erklärung der Menschenrechte* gestellt und als Verstärkung und Erweiterung gesehen. Im Artikel 1 heißt es, dass das höchste universelle Gemeinschaftsgut, die Existenzbedingung für alle sonstigen Güter, die Erde selbst sei (vgl. Helfrich 2010). Diese Erklärung bringt die Überzeugung großer Gruppen von Menschen unterschiedlichster Herkunft zum Ausdruck, nach alternativen Formen von Wirtschaft und menschlichem Zusammenleben suchen zu wollen. Weltweit – wenngleich in unterschiedlichen Dimensionen – sind ökologische Krisen und Armut miteinander verknüpft. Alles, womit Menschen arbeiten, alle erzeugten Güter haben ihren Ursprung in dem, was Erde und Natur zur Verfügung stellt. Ein zweites Fundament menschlicher Arbeit ist Wissen und Können, Wissenschaft und Technik als Ergebnis von Jahrtausenden menschlicher Entwicklung und Kultur, von Erfahrung und Forschung (Appel/Gubitzer/Wohlgenannt 2013, S. 108 ff.). Alle Menschen haben ein Recht darauf, von den mit Sorge behandelten Gütern der Erde und dem kulturellen Erbe der Menschheit zu leben – ein BGE kann ein Instrument der Umsetzung dieses Rechts sein (vgl. Pogge 1995; Pogge 2007).

9
Zusammendenken: Arbeit – Care – Grundeinkommen

In diesem Buch führen wir Arbeit, Care und Grundeinkommen mit der Qualität verbindenden Denkens zusammen. Der Bogen reicht vom gesellschaftlichen Verständnis der Organisation von Arbeit und Arrangements geschlechterhierarchischer Arbeitsteilung, über eine Vision einer sorgeorientierten Demokratie bis hin zu herrschenden Vorstellungen von Leistung und Verteilungsgerechtigkeit und den damit verbundenen Sozialstaatsvorstellungen. Wir erörtern, wie ein BGE dabei helfen kann, Herausforderungen der sozialen Infrastruktur, einer gerechten Wohnpolitik und den sozial-ökologischen Problemen, vor die uns die Klimakrise stellt, zu begegnen – und wie umgekehrt Maßnahmen in all diesen Politikbereichen die Einführung eines BGE begleiten könnten und sollten.

Gegen das BGE wird oft eingewandt, es würde als solitäre Lösung für ganz unterschiedliche Probleme positioniert, denen doch weit besser mit differenzierten Instrumenten begegnet werden könnte. Die Einführung eines BGE wird in diesem Kontext als Ende bestehender differenzierter sozialstaatlicher Problemlösungsstrukturen gesehen. Sofern dieser Einwand nicht als strategisches Killer-Argument von Gruppen kommt, deren machtpolitische Interessen ein BGE stören würde, ist die Sorge vor einem BGE, mit dem alle anderen sozialpolitischen Ausgleichsmaßnahmen kassiert werden würden, ernst zu nehmen.

Unser Anliegen ist es, all jenen, die dem BGE deshalb skeptisch gegenüberstehen, weil sie die Vorteile bewährter Institutionen sozialer Sicherheit nicht verlieren möchten, aufzuzeigen, wie ein BGE soziale Sicherheit und gute Arbeit nicht aushöhlt, sondern vielmehr ihr neues, stärkeres Fundament sein kann.

Zusammendenken

Geld oder Leben, Freiheit oder Sicherheit – beides zugleich, so heißt es gemeinhin, kann man nicht haben. Was, wenn aber gerade im *Und* – für die vielen und nicht nur für die Eliten – die Lösung liegt? Was, wenn gerade das *Oder* gesellschaftliche Praxen der Ausgrenzung, Unterdrückung und Abwertung schützt? Geld und Leben, Freiheit und Sicherheit, Verbundenheit und Autonomie, Gestaltung und Erhaltung, öffentliche Infrastrukturen und Grundeinkommen: Es braucht doch beides. Wieso sollten wir weiter daran glauben, dass man nicht beides haben kann? Das beharrliche Denken im *Oder* ist ein Beleg für die imaginative Gefangenschaft, in der wir stecken und die wir in Kapitel 8 beschreiben. Das BGE hat hingegen die Qualität des *Und*, des Zusammendenkens, in diesem Fall von Sicherheit und Freiheit: Es ermöglicht allen Menschen – nicht nur den Reichen – eine grundlegende Absicherung und erweitert ihre Freiheit. Das BGE ist ein Instrument, das von der Utopie in die Realität führt und das das Vermögen hat, Träume in einem Feld der Verwirklichung zu verankern – wie wir in Anlehnung an den Architekten Friedrich Achleitner am Ende von Kapitel 2 ausgeführt haben.

Nicht nur die Hartnäckigkeit von Ideologien wie: dass sich Leistung lohne oder dass sich die Entlohnung von Arbeit nach der Produktivität richte, ist der Wirkmächtigkeit absichtsvoller Narrative geschuldet, die von staatlichen und wirtschaftlichen Institutionen kontinuierlich reproduziert werden. Auch die Tatsache, dass das Singuläre, individuell Heroische und die Spitzenleistungen Einzelner gesellschaftlich einen so hohen Stellenwert haben, geht auf diese Narrative zurück. Ihre Kehrseite ist die gesellschaftliche Abwertung von Praktiken und Werten wie Verbundenheit, Rücksicht und Zusammenarbeit. Solche Werte scheinen vielen als langweilig und zu bemüht; sie kommen ihnen als zu *gutmenschig* daher. Und dies, obwohl beim genaueren Hinsehen klar ist: Das Singuläre, Heroische, Geniale erwächst aus den Leistungen vieler.

Das machistische Klischee der klugen und hart arbeitenden Frau, die hinter jedem erfolgreichen Mann steckt, hat einen wahren Kern. Dies ist ebenso auf tragische Weise wahr wie die knappen Eingeständnisse in Sonntagsreden unserer Politiker:innen, dass die ökonomische Leistung und der außerordentliche Wohlstand der reichen Länder des Nordens auch ein wenig den Gastarbeiter:innen, den Migrant:innen, den günstig in die EU eingekauften mittel- oder osteuropäischen Billigarbeitskräften und der Ausbeutung der Lebensgrundlagen der globalen Mehrheitsbevölkerung geschuldet sei. Trennung und Abspaltung erscheinen uns als *natürlicher* Zustand der Welt – während es viel plausibler wäre, Bezogenheit und Verbundenheit als den normalen Zustand der Menschen zu sehen.

Wenn wir unterschiedliche gesellschaftliche Werte und Kategorien und unterschiedliche Bereiche des menschlichen Handelns zusammendenken, dann nutzen wir die menschliche Fähigkeit, uns miteinander und mit anderen Spezies in Beziehung zu setzen, uns selbst zu reflektieren und von anderen zu lernen. Die Möglichkeit, über einen langen Zeitraum, mit einem hohen Maß an Kontinuität zusammen zu denken kann sehr mächtig sein – und die vorherrschenden Kategorien und Narrative verändern. Ein Beispiel ist die Mont-Pèlerin-Gesellschaft,[24] die über lange Zeit zusammen gedacht und neue *Fakten* in den Köpfen der Menschen und in der Welt geschaffen hat. Ihre Ergebnisse und ihre Umsetzung verschärften in den letzten Jahrzehnten jene Dynamiken der marktwirtschaftlich-kapitalistischen Wirtschafts- und Lebensweise, gegen deren krisenhafte Erscheinungen gegenwärtig gekämpft wird.

Die Grundeinkommensbewegung ist ein ganz anders gelagertes Beispiel für die Produktivität gemeinsamer Denkprozesse. Sie steht für die Entwicklung von Werkzeugen zur Lösung früherer und gegenwärtiger Krisen, die nicht aus dem Werkzeugkasten jener Ideologien stammen, die die Krisen verursachen. Wie wir in diesem Buch argumentiert haben, braucht es neue Kategorien und Praktiken, die die Fehler einer vom Denken der Mont-Pèlerin-Gesellschaft geprägten Wirtschafts- und Gesellschaftsordnung nicht wiederholt. Genau dies versucht das Netzwerk Vorsorgendes Wirtschaften, ein Denkzusammenschluss, der in seiner bisher dreißigjährigen Arbeit diese Dynamiken und krisenhaften Ergebnisse der marktwirtschaftlich-kapitalistischen Lebensweise analysiert und Vorschläge zu ihrer Transformation entwickelt. Die herrschende Wirtschafts- und Lebensweise, so der Befund der Wissenschaftlerinnen, beruht auf Trennungsstrukturen. Die vielfältigen sozialen und ökologischen Krisen sehen sie als Ausdruck der zentralen Krise: der Krise des abgespaltenen Reproduktiven. Dieses Reproduktive ist zum einen die unbezahlte, unsichtbar gehaltene, vor allem Frauen zugewiesene Arbeit – die Sorgearbeit, Subsistenzarbeit, Eigenarbeit, zivilgesellschaftliches Engagement, das *Commo-*

24 Von Friedrich August von Hayek 1947 gegründete einflussreiche Vereinigung zur Verbreitung wirtschaftsliberaler Ideen.

ning. Zum anderen sind es die Naturverhältnisse, deren (Re-)Produktivität – wie jene der unbezahlten Arbeit auch – zwar der Kapitalverwertung dient, aber ökonomisch nicht bewertet wird. Um diese Trennungsstrukturen überwinden – transformieren – zu können, braucht es ein Zusammendenken von jetzt absichtsvoll auseinander Gehaltenem. In der Diktion des Netzwerks Vorsorgendes Wirtschaften braucht es Vermittlungsstrukturen, um die jetzt herrschende Trennung zwischen dem sogenannten Produktiven und dem abgespaltenen Reproduktiven zu überwinden. Ein in weitere Maßnahmen eingebettetes BGE, so die Position des Netzwerks, kann diesen Transformationsprozess unterstützen und Teil dieser Vermittlungsstruktur sein (Baier et al. 2020, S. 311).

Brot und Rosen

Ein besonders wertvolles Beispiel für die Kraft, die aus dem Zusammendenken scheinbar nicht zu Verbindendem steckt, ist die aus den Kämpfen der Frauenbewegung bekannte Forderung nach Brot und Rosen. Dass Frauen Anfang des 20. Jahrhunderts die Idee und das Lebensgefühl hatten, das, was sie an Verbesserung für ihr eigenes Leben und das Leben aller Menschen forderten, in diese radikale Formulierung zu bringen, ist ein kostbares Erbe. Dieses Erbe, das allen gehört, die daran Anteil haben möchten und das alle, die es nutzen, vermehren und nicht kleiner machen, könnte leitend sein für die gegenwärtigen Auseinandersetzungen und inspirierend für unsere Vorstellungen der Zukunft. „Brot ist Nahrung für den Körper, Rosen nähren etwas nicht Greifbares: nicht nur das Herz, sondern auch die Fantasie, die Seele, die Sinne, die Identität" (Solnit 2022, S. 110), beschreibt die US-amerikanische Essayistin Rebecca Solnit das Unerhörte dieser Forderung. Diese Frauen

lehnten es ab, sich auf „das schiere Überleben“ (ebd.) reduzieren zu lassen. Es wäre ihnen wohl absurd vorgekommen, statt Brot und Rosen ein Recht auf Arbeit zu fordern – davon hatten sie genug. „Wenn wir zusammen gehen, gehen uns're Toten mit, ihr unerhörter Schrei nach Brot schreit auch durch unser Lied. Sie hatten für die Schönheit, Liebe, Kunst erschöpft nicht Ruh. Drum kämpfen wir ums Brot und wollen die Rosen dazu“, heißt es in dem 1911 von James Oppenheim verfassten, später vertonten Gedicht. Auch in einem bereits 1878 veröffentlichten Arbeiter:innenlied geht es um die Chance, etwas
 verändern zu können, nicht mehr für nichts arbeiten zu müssen und: „… Zum Nachdenken bleibt keine Zeit. Wir wollen den Sonnenschein spüren, Wir wollen den Blumenduft riechen“ (ebd.). Konkretes und Unkonkretes, so interpretiert es Solnit, Vergnügen und lebensnotwendige Güter und die Zeit, um beides genießen zu können, Zeit für ein inneres Leben und die Freiheit, die äußere Welt zu durchstreifen (ebd.).

Soziale Infrastruktur und BGE

Diese Forderung von Brot und Rosen, diese Forderung nach genug zum Leben und genug Zeit für Schönes, verdeutlicht, dass verfügbare öffentliche Infrastruktur allein – sei sie auch noch so qualitativ hochwertig und leicht zugänglich – als emanzipatorisches Sozialstaatskonzept nicht ausreicht. Wie wir in Kapitel 6 ausführen, sind Menschen, die kostengünstig (oder sogar kostenlos) Bus fahren, Kinderbetreuung und Breitbandinternet in Anspruch nehmen können, immer noch nicht ausreichend abgesichert und nicht ganz frei, wenn sie für ein würdevolles Leben auf den Verkauf ihrer Arbeitskraft angewiesen sind. Erst recht fehl am Platz sind konservative beziehungsweise links-paternalistische Vorstellungen von Sachleistungen anstelle von Geldleistungen. Der Staat hat die Aufgabe, bestimmte Bedürfnisse seiner Bürger:innen vorauszudenken und eine entsprechende Infrastruktur bereitzustellen. Wenn der Staat aber versucht, jegliche Bedürfnisse seiner Bürger:innen vorauszudenken und über ihre Zulässigkeit zu entscheiden – wie das im Rahmen einer erzieherisch-kontrollierenden Sozialpolitik der Fall ist –, ist das Resultat Bevormundung statt Daseins(vor)sorge. Hartz-IV-Beziehenden wird dann der tägliche Zeitungskauf abgesprochen; Referenzbudgets – die einkommensorientierte Armutsmessgrößen aus einer wichtigen ausgabenseitigen Perspektive ergänzen – können für die Normierung von Bedürfnissen benutzt werden; mit der Einkaufsberechtigung für den Sozialmarkt gibt es Zugang zu Waren, die woanders zu viel waren. Die Rosen bleiben auf der Strecke.

Gleichzeitig kann ein BGE ohne soziale Infrastruktur die Freiheit für Nachdenken, Sonnenschein genießen und Blumenduft riechen – wie es im Arbeiter:innenlied zur Einführung eines Achtstundentages hieß – nicht bieten. Öffentliche Infrastrukturen sind ein „wichtiges funktionales Äquivalent zum Privateigentum" (van Dyk 2022, S. 13), sie sichern den Zugang zu „lebensnotwendigen und teilhabesichernden Leistungen" (ebd.) für alle ab, die sie sich nicht am Markt kaufen können. Es braucht aber nicht nur die *Hardware*-Dimension, sondern auch die *Software*-Dimension öffentlicher Infrastruktur. Diese schließt soziale und therapeutische Dienstleistungen und Beratungstätigkeiten zum Aufbau und zur Begleitung von Gemeinwohlstrukturen mit ein: psychosoziale Versorgung, frühe Hilfen für Familien, Frauenberatungsstellen, Jugendarbeit, Berufsorientierung, Arbeitsvermittlung und so weiter. Aber eben auch Beratungsleistungen für die Gründung von Genossenschaften, Begleitung von Wohnprojekten, Quartiersmanagement, Mobilitätshebammen. Mit einem BGE könnten sich viel mehr Menschen als bisher für solche individuelle Entwicklungen begleitende oder dem Gemeinwohl dienende berufliche Tätigkeiten entscheiden oder qualifizierte Dienste im Rahmen zivilgesellschaftlichen Engagements einbringen. Der Anteil an sorgeorientierter Arbeit würde zunehmen, alltagssolidarische Kultur gestärkt und mehr Menschen wären an der Gestaltung ihrer Lebensbedingungen aktiv beteiligt – eine Stärkung lebendiger Demokratie.

Zeit und Arbeit

Das *Und* in dieser Zwischenüberschrift klingt für viele Ohren sehr vertraut. Wenn über Arbeit geredet wird, wird immer auch über Zeit geredet. Arbeitszeit ist Lebenszeit. Die Zeitordnung der bezahlten Arbeit gilt schon lange für jede Form der Arbeit und nahezu auch jede Form des Tätigseins. Die eingesetzte Zeit muss sich lohnen, effizient zu arbeiten ist Pflicht, Zeit zu verlieren ein Ausgrenzungsgrund. Eine ökonomisierte Vorstellung von Zeit, eine effizienzgetriebene Zeitordnung gilt nicht nur für alle Lebens- und Arbeitsbereiche, sondern auch für unseren Umgang mit der Natur.

Diese Hierarchien müssen verkehrt werden. Zuerst ist die Frage nach Zeitqualitäten und Zeitbedürfnissen zu stellen. Wir müssen die kollektive Furcht vor dem ohnehin evidenten Umstand ablegen, dass jede Tätigkeit, jede Arbeit ihre Eigenzeit hat, dass es unterschiedlicher Zeitordnungen bedarf und dass es in unserer Gesellschaft veränderte Zeitprioritäten braucht. Der Raum, den die Erwerbsarbeit in unserer Gesellschaft und im Leben der meisten Menschen einnimmt, soll geringer werden; die Räume für gemeinschaftliche Sorgearbeit, zivilgesellschaftlich-politisches Engagement und Pflege der natürlichen

Ressourcen größer. Das BGE ist für diese Veränderung der Zeitstrukturen ein wichtiges Instrument. Wenn Menschen individuell – durch die Trennung von Arbeit und Einkommen mit einem BGE – die Möglichkeit gegeben ist, über ihre Tätigkeiten, das Ausmaß ihrer Arbeit, die Art ihrer Produktivität zu entscheiden, dann ist das auch der Gesellschaft als Ganzes gegeben. Mithin ist das BGE eines der Schlüssel, um sowohl einzelne Leben als auch Institutionen und gesellschaftliche Strukturen sozialökologisch zu transformieren.

Sorge und Demokratie

Dass die Care-Thematik, oft gefasst als Care-Krise, immer häufiger zum Gegenstand wissenschaftlicher – meist interdisziplinärer – Forschung wird, zeigt den Wunsch und die Dringlichkeit, Fragen des Sorgens gesellschaftlich besser zu verstehen, und kann als Beleg für die gewachsene Bedeutung von Care und Care-Arbeit gesehen werden.[25] Diese gewachsene Bedeutung wiederum ist auch ein Verdienst zivilgesellschaftlicher, vor allem feministischer Initiativen zur Problematisierung bis hin zur Skandalisierung der bestehenden Care-Lösungen. Aber auch die – vor allem regionale – Politik greift das Thema Sorge und Sorgearbeit auf. Am häufigsten wird dabei das Thema Pflege adressiert, gefolgt von der Kinderbetreuung und Elementarpädagogik. Themen wie Wohnen, Nahrungsmittelversorgung oder auch Ernährungssouveränität, lebbare Städte, Bodenbe-

25 Siehe etwa den interdisziplinären Forschungsverbund „Sorgetransformationen" an der Universität Hamburg, www.wiso.uni-hamburg.de/forschung/forschungsschwerpunkte/profilinitiative-arbeit-sozialer-wandel/projekte/lff-forschungsverbund-sorge-transformationen.html (Zugriff 29.3.2023).

wahrung etc. hingegen werden kaum unter dem Thema Care abgehandelt.

Mit Tronto haben wir in Kapitel 4 argumentiert, dass es den „*vicious circle*" von Ungleichheiten gezeichneter Sorgeverhältnisse zu beenden gilt und Sorge als demokratische Qualität – als Sorge aller um alle – zum Zentrum sorgeorientierter Politik werden muss. Welche Infrastrukturen es gibt und ob es ein BGE gibt, ist entscheidend für das Durchbrechen dieses unsäglichen Kreislaufs an ungleichen Sorgeverhältnissen. Mit einem in weitere Maßnahmen eingebetteten BGE kann der im

dritten Kapitel dargestellte Sektor der privatisierten und feminisierten Bedingungslosigkeit überwunden werden. Die destruktive Praxis der geschlechterhierarchischen Arbeitsteilung muss beendet, ihre Ideologie als extraktivistisches Dogma entlarvt werden.

Entwerten und Wert geben

So sehr wir für die Qualität des *Und* sind, so klar ist uns auch, dass ein schlichtes Hinzufügen zu Bestehendem nicht die Lösung ist. Wie schon in Kapitel 4 im Anschluss an Überlegungen von Bärnthaler/Baumgartner ausgeführt, braucht es für nachhaltige Veränderung und die Transformation des Bestehenden auch die Beendigung destruktiver Praktiken und die Entwertung von Gewohntem und Bestehendem. Diese Überlegungen werden vorrangig für die Bewältigung der anstehenden sozial-ökologischen Transformation angestellt, wenn etwa von der Notwendigkeit der aktiven Entwertung der Landschaften fossilen Kapitals die Rede ist. Wir sehen eine ähnliche Dringlichkeit für die Beendigung destruktiver Praxen im Bereich der Arbeitsorganisation und der Organisation des Sozialstaates, zum Beispiel der Praxis der Sanktionierung in der Arbeitslosenversicherung, der Notstandshilfe und der bedarfsorientierten Mindestsicherung. Wir sehen eine Dringlichkeit in der aktiven Entwertung arbeitsideologischer Werthaltungen, die die Realität von Arbeit als Herrschaftsinstrument verschleiern. Wert bekommen soll eine emanzipatorische freiheitsstiftende Praxis der Organisation von Arbeit und der Organisation des Sozialstaates – das BGE ist dafür ein kluges Instrument.

Literatur

Aalbers, Manuel B. (2016): The Financialization of Housing. A Political Economy Approach, Milton Park, Abingdon: Routledge.

Aktivistinnen der EKdM (2023): Mütter und Betreuerinnen vereinigt euch! Die Berner Kinderwagendemo und die Eidgenössische Kommission dini Mueter (EKdM). In: Meier-Gräwe, Uta u. a.: Wirtschaft neu ausrichten. Care-Initiativen in Deutschland, Österreich und der Schweiz. Opladen: Verlag Barbara Budrich. S. 157–166.

Alonso-Zaldivar, Ricardo/Yen, Hope (2020): „AP Fact Check: Trump's false push on preexisting conditions". Online unter https://apnews.com/article/ap-top-news-health-ap-fact-check-politics-business-5707eb98847a3c69632a2eea2e03a475 (Zugriff: 24.2.2023).

Alternative, Grüne und Unabhängige GewerkschafterInnen OÖ (2021): „Auf sicherem Grund: Impulse zu Grundsicherung und Grundeinkommen". Online unter https://auge-ooe.at/auge-broschuere-auf-sicherem-grund/ (Zugriff: 21.2.2023).

AMS-Bericht (2021): „Spezialthema zum Arbeitsmarkt 2021". Online unter www.ams.at/content/dam/download/arbeitsmarktdaten/%C3%B6sterreich/berichte-auswertungen/001_uebersicht_jahr2021.pdf (Zugriff: 3.3.2023).

AMS-Bericht (2022): „Spezialthema zum Arbeitsmarkt 2022". Online unter www.ams.at/content/dam/download/arbeitsmarktdaten/%C3%B6sterreich/berichte-auswertungen/001_uebersicht_jahr2022.pdf (Zugriff: 3.3.2023).

Appel, Margit (2016): Bedingungslosigkeit politisieren. In: Blaschke, Ronald/Praetorius, Ina/Schrupp, Antje (Hg.): Das Bedingungslose Grundeinkommen. Feministische und postpatriarchale Perspektiven. Sulzbach a. Taunus: Ulrike Helmer Verlag. S. 46–62.

Appel, Margit (2020a): Armutsvermeidend? Emanzipatorisch? Bedingungsloses Grundeinkommen. In: Dackweiler, Regina-Maria/Rau, Alexandra/

Schäfer, Reinhild (Hg.): Frauen und Armut – Feministische Perspektiven. Berlin und Toronto: Opladen. S. 382–398.

Appel, Margit (2020b): Grundeinkommen? Eine Krisen-Reflexion. In: AEP-Informationen. Feministische Zeitschrift für Politik und Gesellschaft 47, H. 3, S. 24–27.

Appel, Margit/Gubitzer, Luise/Wohlgenannt, Lieselotte (2013): Primär mehr – geschlechtergerecht und ressourcenschonend. In: Blaschke, Ronald/Rätz, Werner (Hg.): Teil der Lösung. Plädoyer für ein bedingungsloses Grundeinkommen. Zürich: Rotpunkt Verlag. S. 99–114.

Arie, Sophie (2019): „UK's ‚austerity experiment' has forced millions into poverty and homelessness, say UN rapporteur". Online unter www.bmj.com/content/365/bmj.l2321 (Zugriff: 24.2.2023).

Artus, Ingrid/Birke, Peter/Kerber-Clasen, Stefan/Menz, Wolfgang (Hg.) (2017): Sorge-Kämpfe. Auseinandersetzungen um Arbeit in sozialen Dienstleistungen. Hamburg: VSA.

Austrian Corona Panel (2021): „New work, new inequality: Wer arbeitet im Homeoffice?" Online unter www.viecer.univie.ac.at/corona-blog/corona-blog-beitraege/blog121/ (Zugriff: 16.2.2023).

Austrian Corona Panel (2022): „Kurzarbeit oder Home Office? Wer in der Pandemie wie arbeitet". Online unter www.viecer.univie.ac.at/corona-blog/corona-blog-beitraege/blog145/ (Zugriff: 16.2.2023).

Auth, Diana/Rudolph, Clarissa (2017): Care im (sozialinvestiven) Wohlfahrtsstaat – Mehr Geschlechtergerechtigkeit oder mehr Krise? Einleitung. In: Femina Politica. Zeitschrift für feministische Politikwissenschaft 26, H. 2, S. 9–19.

Bachrach, Peter/Baratz, Morton S. (1962): Two Faces of Power. In: American Political Science Review, 56 (4), S. 947–952.

Bachrach, Peter/Baratz, Morton S. (1963): Decisions and Nondecisions: An Analytical Framework. In: American Political Science Review, 57 (3), S. 632–642.

Baier, Andrea/Biesecker, Adelheid/Gottschlich, Daniela (2016): Ein Schritt auf dem Weg zu einer anderen Ökonomie? Kritische Reflexion des bedingungslosen Grundeinkommens aus der Perspektive des Vorsorgenden Wirtschaftens und des Subsistenzansatzes. In: Blaschke, Ronald/Praetorius, Ina/Schrupp, Antje (Hg.): Das bedingungslose Grundeinkommen. Feministische und postpatriarchale Perspektiven. Sulzbach am Taunus: Ulrike Helmer Verlag. S. 63–90.

Baier, Andrea/Biesecker, Adelheid/Gottschlich, Daniela (2020): Ein Schritt auf dem Weg zu einer anderen Ökonomie? Kritische Reflexion des bedingungslosen Grundeinkommens aus der Perspektive des Vorsorgenden Wirtschaftens und des Subsistenzansatzes in sechs Thesen. In: Goehler, Adrienne (Hg.): Nachhaltigkeit braucht Entschleunigung braucht Grundein/-auskommen. Grundein/-auskommen ermöglicht Entschleunigung ermöglicht Nachhaltigkeit. Parthas Verlag Berlin. S. 310–313.

Bargu, Banu (2019): Die Krise der Demokratie pluralisieren. In: Ketterer, Hanna/Becker, Karina (Hg.): Was stimmt nicht mit der Demokratie? Eine Debatte mit Klaus Dörre, Nancy Fraser, Stephan Lessenich und Harmut Rosa. Berlin: Suhrkamp. S. 100–110.

Barlow, Nathan/Regen, Livia/Cadiou, Noémie Cadiou/Chertkovskaya, Ekaterina/Hollweg, Max/Plank, Christina/Schulken, Merle/Wolf, Verena (2022): Degrowth Strategy. How to bring about social-ecological transformation. Mayfly Books.

Bärnthaler, Richard/Baumgartner, Benjamin (2022): Lebensweisen und Infrastrukturen: transformative Innovationen für eine zukunftsfähige Alltagsökonomie in Wien am Beispiel Atzgersdorf. In: SWS-Rundschau 62, H. 3, S. 266–285.

Battilani, Patrizia/Schröter, Harm G. (2011): „Demutualization and its Problems". Online unter www.econstor.eu/bitstream/10419/159601/1/wp0762.pdf (Zugriff: 4.12.2023).

Beck, Ulrich/Sennett, Richard (2000): Freiheit statt Kapitalismus. In: Die Zeit vom 6.4.2000, S. 33–35. Online unter www.zeit.de/2000/15/200015.beck_sennett_.xml (Zugriff: 14.2.2023).

Becker, Karina/Binner, Kristina/Décieux, Fabienne (2020): Gespannte Arbeits- und Geschlechterverhältnisse im Marktkapitalismus. Wiesbaden: Springer VS.

Beckett, Andy (2015): „The right to buy: The housing crisis that Thatcher built". Online unter www.theguardian.com/society/2015/aug/26/right-to-buy-margaret-thatcher-david-cameron-housing-crisis (Zugriff: 24.2.2023).

Beer, Ursula (1990): Geschlecht, Struktur, Geschichte. Soziale Konstituierung des Geschlechterverhältnisses. Frankfurt a. M.: Campus Verlag.

BICN Survey (2019): „Signposts to Success. Report of a BICN Survey of Ontario Basic Income Recipients“. Online unter basicincomecanada.org/wp-content/uploads/2021/04/BICN-Signposts-to-Success.pdf (Zugriff: 6.3.2023).

Bilgin, Pinar/Berivan, Elis (2008): Hard Power, Soft Power: Toward a More Realistic Power Analysis. In: Insight Turkey, 10 (2), S. 5–20.

Blaha, Barbara (2022): „Kindergartenmilliarde- eine Mogelpackung?“ Online unter www.moment.at/story/kindergarten-milliarde (Zugriff: 16.2.2023).

Blaschke, Ronald (2023): „Grundeinkommen – Modelle BGE in Deutschland, Juni 2023 – eine Auswahl.“ Online unter www.grundeinkommen.de/wp-content/uploads/2023/06/23-06-16-Uebersicht-Modelle.pdf (Zugriff: 20.10.2023).

Blaschke, Ronald/Geum, Min (2023): „Memorandum: Grundeinkommen als notwendiger Bestandteil einer sozialökologischen Transformation und Baustein für Klimagerechtigkeit“. Online unter www.grundeinkommen.de/11/09/2023/memorandum-zu-grundeinkommen-und-sozialoekologischer-transformation-findet-grosse-unterstuetzung.html (Zugriff: 3.12.2023)

Brave New Europe (2022): „Richard Murphy – Universal basic services are the only answer to the crisis we are facing“. Online unter braveneweurope.com/richard-murphy-universal-basic-services-are-the-only-answer-to-the-crisis-we-are-facing (Zugriff: 24.2.2023).

Büchele, Herwig/Wohlgenannt, Lieselotte (1985): Grundeinkommen ohne Arbeit. Auf dem Weg zu einer kommunikativen Gesellschaft. Wien: ÖGB-Verlag.

Bucher, Julia (2022): Scham. In: Dederich, Markus/Zifras, Jörg (Hg.): Glossar der Vulnerabilität. Wiesbaden: Springer Verlag. S. 345–356.

Bundesministerium für Arbeit und Soziales (2015): „Übertragung der Studie von Frey/Osborne (2013) auf Deutschland“. Online unter www.bmas.de/DE/Service/Publikationen/Forschungsberichte/forschungsbericht-fb-455.html%20Zugriff (Zugriff: 16.2.2023).

Butler, Judith (2010): Vorwort zur deutschen Übersetzung von Linda Zerillis: Feminism and the Abyss of Freedom. In: Zerilli, Linda M.G. (Hg.): Feminismus und der Abgrund der Freiheit. Wien und Berlin: Verlag Turia + Kant. S. 7–14.

Buxbaum, Adi (Hg.) (2014): Perspektiven für sozialen Fortschritt. Sozialinvestitionen haben eine Mehrfachdividende. Arbeiterkammer Wien.

Buxbaum, Adi/Gruber, Angelika (2016): Sozialinvestitionen – „Opfer" des herrschenden Austeritätsregimes in Europa trotz evidenter Mehrfachdividende, In: Weiss, Alexandra (Hg.): Ein anderes Europa. Konkrete Utopien und gesellschaftliche Praxen. Wien: ÖGB-Verlag. S. 137–155.

Caritas Österreich (2022): „Klimabonus spenden – Familien helfen". Online unter www.caritas.at/spenden-helfen/spenden/aktuelle-spendenaufrufe/klimabonus-spenden (Zugriff: 11.2.2023).

Chapoutot, Johann (2021): Gehorsam macht frei. Eine kurze Geschichte des Managements – von Hitler bis heute. Berlin: Propyläen.

Charim, Isolde (2015): „Über die Refeudalisierung". Wiener Zeitung vom 18.12.2015. Online unter www.wienerzeitung.at/h/ueber-die-refeudalisierung (Zugriff: 30.9.2023).

Child Poverty Action Group (2020): „Child Poverty Facts and Figures". Online unter cpag.org.uk/child-poverty/child-poverty-facts-and-figures (Zugriff: 24.2.2023).

Christophers, Brett (2023): The rentierization of the United Kingdom economy. Environment and Planning A: Economy and Space, 55(6), 1438–1470.

Clifford, Catherine (2016): „Elon Musk: Robots will take your jobs, government will have to pay your wage". Online unter www.cnbc.com/2016/11/04/elon-musk-robots-will-take-your-jobs-government-will-have-to-pay-your-wage.html (Zugriff: 21.2.2023).

Cobham, Alex (2016): „Corporate Tax in the UK: The Triumph of ‚Austerity' Over Evidence". Online unter altausterity.mcmaster.ca/documents/w14-oct-3-2017-alex-cobham-corporate-tax-in-the-uk.pdf (Zugriff: 24.2.2023).

Coote, Anne/Kasliwal, Pritika/Percy, Andrew (2019): „Universal Basic Services: Theory and Practice". Online unter ubshub.files.wordpress.com/2019/05/ubs_report_online.pdf (Zugriff: 24.2.2023).

Coote, Anne/Percy, Andrew (2020): The Case for Universal Basic Services. Cambridge: Polity.

Costello, E. Jane/Erkanli, Alaattin/Copeland, William/Angold, Adrian (2010): Association of family income supplements in adolescence with development of psychiatric and substance use disorders in adulthood among American Indian Population. In: JAMA 303, H. 19, S. 1954–1960.

Cox, Robert W. (1992): Global Perestroika. In: Miliband, Ralph/Panitch, Leo (Hg.): Socialist Register 1992: New World Order? London: Merlin Press. S. 26–43.

Crewe, Tom (2016): The Strange Death of Municipal England. In: London Review of Books 38, H. 24, S. 68.

Crouch, Colin (2008): Postdemokratie. Frankfurt a. M.: Suhrkamp.

Dahl, Robert A. (1957): The Concept of Power. In: Behavioral Science, 2 (3), S. 201–215.

Der Tagesspiegel (2022): „‚Feministische Reform'. Spanien verabschiedet Gesetz gegen Diskriminierung von Hausangestellten." 6.9.2022. Online unter www.tagesspiegel.de/wirtschaft/feministische-reform-spanien-verabschiedet-gesetz-gegen-diskriminierung-von-hausangestellten-8613661.html (Zugriff: 16.9.2023).

Diakonie Deutschland (2022), „Übersicht und Kurzbewertung der Diakonie Deutschland zum Entwurf des Bürgergeld-Gesetzes". Online unter www.diakonie.de/fileadmin/user_upload/Diakonie/PDFs/Stellungnahmen_PDF/22_10_17_Kurzbewertung_Diakonie_Gesetzentwurf_Buergergeld.pdf (Zugriff: 25.9.2023).

Die Armutskonferenz (2021): „Armutskonferenz und Amnesty International: Soziale Menschenrechte stärker beachten". Online unter www.armutskonferenz.at/news/news-2021/soziale-menschenrechte-staerker-beachten.html (Zugriff: 9.1.2023).

Die Armutskonferenz (2022): „Aktuelle Armutszahlen". Online unter www.armutskonferenz.at/armut-in-oesterreich/aktuelle-armuts-und-verteilungszahlen.html (Zugriff: 24.2.2023).

Die Armutskonferenz (2023): „Licht ins Dunkel der Sozialhilfe: Die Sozialhilfe versagt in der Krise. Und niemand schaut hin". Online unter www.armutskonferenz.at/news/news-2023/licht-ins-dunkel-der-sozialhilfe-die-sozialhilfe-versagt-in-der-krise-und-niemand-schaut-hin.html (Zugriff: 16.2.2023).

Digeser, Peter (1992): The Fourth Face of Power. In: The Journal of Politics, 54 (4), S. 977–1007.

Dixon-Declève, Sandrine/Gaffney, Owen/Ghosh, Jayati/Randers Jørgen/Rockström, Johan/Stoknes, Per Espen (2022): Earth for All. Ein Survivalguide für unseren Planeten. München: Oekom Verlag.

Dorling, Danny (2015): Injustice: Why social inequality still persists. Bristol: Policy Press.

Dörre, Klaus (2021): Land in Sicht! Nachhaltiger Infrastruktursozialismus als Ausweg aus der Zangenkrise. In: Kurswechsel. Zeitschrift für gesellschafts-, wirtschafts- und umweltpolitische Alternativen, H. 4, S. 83–93.

Dunford, Daniel (2022): „NHS in crisis: Heart attack and stroke patients waiting half an hour longer for ambulances than pre-pandemic". Online unter news.sky.com/story/nhs-in-crisis-heart-attack-and-stroke-patients-waiting-half-an-hour-longer-for-ambulances-than-pre-pandemic-12669818 (Zugriff: 24.2.2023).

Ďurišová, Simona/Leder, Anna/Tecklenburg, Feline (2023): Die IG24: Eine Interessengemeinschaft von 24-Stunden-Betreuer*innen. In: Meier-Gräwe, Uta u. a.: Wirtschaft neu ausrichten. Care-Initiativen in Deutschland, Österreich und der Schweiz. Hamburg: Verlag Barbara Budrich. S. 167–176.

Eigner, Michael (2021): Rohstoffe: Naturzerstörung und Ausbeutung beenden. In: Armutskonferenz/Attac/Beigewum (Hg.): Klimasoziale Politik. Eine gerechte und emissionsfreie Gesellschaft gestalten. Wien: bahoe books. S. 227–235.

Elsässer, Lea (2018): Wessen Stimme zählt? Soziale und politische Ungleichheit in Deutschland. Frankfurt a. M.: Campus Verlag.

Europäische Kommission (2023): EU schlägt neuen ganzheitlichen Ansatz zur Bewältigung der Bedrohungen von Frieden, Sicherheit und Verteidigung durch Klimawandel und Umweltzerstörung vor. Pressemitteilung vom 28.6.2023. Online unter https://ec.europa.eu/commission/presscorner/detail/de/ip_23_3492 (Zugriff 2.9.2023).

Fair sorgen! Wirtschaften fürs Leben (2022): „Offener Brief Elementarpädagogik". Online unter www.fairsorgen.at/wp-content/uploads/2022/05/OffenerBrief-Elementarbildung-MehrFuerCare-220510.pdf (Zugriff 28.1.2023).

Fair Wohnen (2022): „Mietpreisbremse muss jetzt kommen!" Online unter mietervereinigung.at/App_Upload/Backend/FairWohnenItems/Fair_Wohnen_Dezember_2022_web.pdf (Zugriff: 24.2.2023).

FIAN Deutschland (2022): Mikrokredit-Überschuldung in Kambodscha: Menschenrechtsorganisationen reichen Beschwerde gegen Oikocredit ein. Online unter www.fian.de/aktuelles/mikrokredit-ueberschuldung-

in-kambodscha-menschenrechtsorganisationen-reichen-beschwerde-gegen-oikocredit-ein/ (Zugriff 26.2.2023).
Fischer, Ute (2018a): Eine feministische Utopie? Grundeinkommen und Geschlechtergerechtigkeit. In: Butterwegge, Christoph/Rinke, Kuno (Hg.): Grundeinkommen kontrovers. Plädoyers für und gegen ein neues Sozialmodell. Weinheim, Basel: Beltz/Juventa, S. 93–112.
Fischer, Ute (2018b): Bedingungsloses Grundeinkommen als nachhaltige Gesellschaftsinvestition. In: Bertelsmann Stiftung/Das Progressive Zentrum (Hg.): Soziale Marktwirtschaft: All inclusive? Band 2: Chancen, Bertelsmann Stiftung: Gütersloh, S. 70–94.
Fraser, Nancy (2023): Der Allesfresser. Wie der Kapitalismus seine eigenen Grundlagen verschlingt. Suhrkamp: Berlin.
Fratzscher, Marcel/Geyer, Johannes/Bönke, Tim: „Die falschen Behauptungen über das Bürgergeld sind gefährlich". Online unter www.diw.de/de/diw_01.c.859029.de/nachrichten/die_falschen_behauptungen_ueber_das_buergergeld_sind_gefaehrlich.html (Zugriff 25.9.2023).
Freitag, Natalie (2017): „Modern Monetary Theory". Online unter www.exploring-economics.org/de/entdecken/modern-monetary-theory/ (Zugriff 24.2.2023).
Frey, Carl/Osborne, Michael (2013): The Future of Employment: How susceptible are Jobs to Computerisation? Oxford: University of Oxford.
Gasser-Schuchter, Christine (2013): Die Vielzeitigkeit des Lebens – jenseits von Aktivismus und Langeweile. In: Der Apfel. Zeitschrift des Österreichischen Frauenforums Feministische Theologie, H. 108, S. 12–15.
Gibson, Marcia/Hearty, Wendy/Craig, Peter (2020): The public health effects of interventions similar to basic income: a scoping review. In: The Lancet Public Health 5, 3, S. 165–176.
Gorz, André (2009): Auswege aus dem Kapitalismus. Beiträge zur politischen Ökologie. Rotpunktverlag: Zürich.
GOV.UK (2022): „Income Tax Rates and personal Allowances". Online unter www.gov.uk/income-tax-rates/previous-tax-years (Zugriff: 24.2.2023).
Grundeinkommen (2016): „Nach der Abstimmung ist vor der Abstimmung". Online unter www.grundeinkommen.ch/die-schweiz-arbeitet-weiter-erste-repraesentative-umfrage-zum-bedingungslosen-grundeinkommen/ (Zugriff: 16.2.2023).

Gubitzer, Luise (2017): Wirtschaft ist und kann mehr. Das 5-Sektorenmodell der Gesamtwirtschaft. In: Kurswechsel, H. 2, S. 6–19.

Haagh, Louise (2019): The Case for Universal Basic Income. Cambridge: Polity Press.

Habekost, Silvia/Lützkendorf, Dana (2023): Gebraucht, beklatscht, aber bestimmt nicht weiter so: Die Berliner Krankenhausbewegung. In: Meier-Gräwe, Uta u. a. (2023): Wirtschaft neu ausrichten. Care-Initiativen in Deutschland, Österreich und der Schweiz. Opladen: Barbara Budrich. S. 147–156.

Hedemann, Ulla/Worm, Lukas/Artus, Ingrid (2017): „Mehr für uns ist besser für alle": zum Pflegestreik an der Charité. In: Artus, Ingrid u. a.: Sorge-Kämpfe. Auseinandersetzungen um Arbeit und soziale Dienstleistungen. Hamburg: VSA Verlag. S. 116–129.

Habermann, Friederike (2014): Keine glatten Wege. In: Seitenwechsel. Die Ökonomien des Gemeinsamen. Böll. Thema H. 1, S. 38.

Hämmerle, Walter/Madner, Martina (2018): „Wann ist ein Sozialstaat gerecht?" Online unter www.wienerzeitung.at/h/wann-ist-ein-sozialstaat-(Zugriff 6.12.2023).

Häni, Daniel/Kovce, Philip (2017): Was würdest du arbeiten, wenn für dein Einkommen gesorgt wäre? Manifest zum Grundeinkommen. Wals bei Salzburg: Ecowin Verlag.

Hamilton, Leah/Mulvale, James. P. (2019): „Human Again": The (Unrealized) Promise of Basic Income in Ontario. In: Journal of Poverty 23, H. 7, S. 576–599.

Haugg, Frigga (2003): Schaffen wir einen neuen Menschentyp. Von Henry Ford zu Peter Hartz. In: Das Argument, H. 252, S. 606–617.

Helfrich, Silke (2010): „Allgemeine Erklärung der Gemeingüter der Erde und der Menschheit". Online unter commons.blog/2010/03/10/allgemeine-erklarung-der-gemeinguter-der-erde-und-der-menschheit/ (Zugriff: 24.2.2023).

Helige, Barbara (2023): Interview „Aufräumen muss man sich trauen". In: Der Standard, 7./8.1.2023, S. 19. Online unter www.derstandard.at/story/2000142330458/richterin-helige-mit-der-bundesstaatsanwaltschaft-haetten-wir-uns-viel-erspart (Zugriff 14.2.2023).

Hermann, Christoph (2021): The Critique of Commodification. Contours of a Post-Capitalist Society. Oxford: University Press.

Heßler, Martina (2016): Zur Persistenz der Argumente im Automatisierungsdiskurs. In: Politik und Zeitgeschichte 66, H. 18–19, S. 17–24.
Hickel, Jason (2020): Less is more: How degrowth will save the world. Random House.
Hirsch, Michael (2016): Die Überwindung der Arbeitsgesellschaft. Eine politische Philosophie der Arbeit. 1. Auflage. Wiesbaden: Springer.
Hirst, Paul (1994): Associative Democracy: New Forms of Economic and Social Governance. Cambridge: Polity Press.
Höfgen, Maurice (2023): „MMT-FAQ". Online unter mauricehoefgen.com/mmt-modern-monetary-theory-faq-haufige-fragen-hofgen (Zugriff: 24.2.2023).
Holst, Hajo/Schönherr, Daniel (2021): „Im toten Winkel". Online unter www.derstandard.at/story/2000128751000/im-toten-winkelklassenunterschiede-in-coronazeiten (Zugriff 14.2.2023).
Honneth, Axel (2023): Der arbeitende Souverän. Eine normative Theorie der Arbeit. Berlin: Suhrkamp.
Horten, Richard (2020): Offline: COVID-19 and the NHS – „a national scandal". In: The Lancet 395, H. 10229, S. 1022.
Hosse, Peter/Kropp, Jessika Marie/Stieber, Thomas (2017): Streik im Spielzeugland! Who cares? In: Artus, Ingrid/Birke, Peter/Kerber-Clasen, Stefan/Menz, Wolfgang (Hg.): Sorge-Kämpfe. Auseinandersetzungen um Arbeit in sozialen Dienstleistungen. Hamburg: VSA Verlag. S. 58–75.
Huber, Alexander (2022): „Teures Wohnen: Es droht eine Mietpreisspirale". Online unter www.momentum-institut.at/news/teures-wohnen-es-droht-eine-mietpreis-spirale (Zugriff: 24.2.2023).
Hutchinson, Lorna (2019): „‚Europe's man on the moon moment': Von der Leyen unveils EU Green Deal". Online unter www.theparliamentmagazine.eu/news/article/europes-man-on-the-moon-moment-von-der-leyen-unveils-eu-green-deal (Zugriff: 24.2.2023).
IG24 (2022): „Gefährliche Transporte, Pflegereform, Scheinselbstständigkeit: Die IG24 im Ö1 Gesundheitsmagazin". Online unter www.ig24.at/gefaehrliche-transporte-pflegereform-scheinselbststaendigkeit-die-ig24-im-oe1-gesundheitsmagazin/ (Zugriff 23.1.2023).
Isopp, Anne (2022): „Visionäres, Geträumtes und Gebautes". Online unter www.nextroom.at/article.php?id=47035 (Zugriff: 16.2.2023).

Jasanoff, Sheila (2003): Technologies of Humility: Citizen Participation in Governing Science. In: Minerva, 41, H. 3, S. 240.

Jones, Colin/Murie, Alan (2006): The Right to Buy: Analysis & Evaluation of a Housing Policy. Oxford: Blackwell publishing Ltd.

Jušek, Karin J. (1994): Auf der Suche nach der Verlorenen. Die Prostitutionsdebatte im Wien der Jahrhundertwende. Wien: Löcker.

Kahneman, Daniel/Knetsch, Jack L./Thaler, Richard H. (1990): Experimental Tests of the Endowment Effect and the Coase Theorem. In: The University of Chicago Press Journals, 98, H. 6, S. 1325–1348.

Kampits, Peter (2008): Arbeit und Muße zwischen Fremd- und Selbstbestimmung. In: Washietl, Engelbert/Pfisterer Eva (Hg.): Arbeit – der Menschen zwischen Fremd- und Selbstbestimmung. Wien: LIT-Verlag. S. 17–22.

Kapeller, Jakob (2020): Refeudalisierung als Gefahr für die Demokratie. Der Zusammenhang von steigender Ungleichheit und sinkendem Vertrauen in demokratische Institutionen. In: Die Armutskonferenz/Appel, Margit/Fabris, Verena/Knecht, Alban/Moser, Michaela/Rybaczek-Schwarz, Robert/Schenk, Martin/Stadlober, Stefanie (Hg.): Stimmen gegen Armut. Weil soziale Ungleichheit und Ausgrenzung die Demokratie gefährden. Norderstedt: BoD-Verlag. S. 55–68.

Kasper, Barbara/Muratovic, Amela (2022): „Das ganze Tal lebt vom Tourismus". Online unter www.oegb.at/themen/klimapolitik/_das-ganze-tal-lebt-vom-tourismus (Zugriff: 24.2.2023).

Keay, Douglas (1987): „Interview for Woman's Own (‚no such thing as society')". Online unter www.margaretthatcher.org/document/106689 (Zugriff: 21.2.2023).

Kellermann, Paul (2015): Zur gesellschaftlichen Organisation von Arbeit. In: Club of Vienna (Hg.): Arbeit: Wohl oder Übel? Diagnosen und Utopien. Wien: Mandelbaum. S. 14–37.

Kerber-Clasen, Stefan (2017): Erfolgreich gescheitert? Gewerkschaftliche Aushandlungen des Sozialstaatsumbaus. In: Artus, Ingrid u.a.: Sorge-Kämpfe. Auseinandersetzungen um Arbeit und soziale Dienstleistungen. Hambung: VSA Verlag. S. 34–59.

Ketterer, Hanna/Becker, Karina (Hg.) (2019): Was stimmt nicht mit der Demokratie? Eine Debatte mit Klaus Dörre, Nancy Fraser, Stephan Lessenich und Hartmut Rosa. 1. Auflage Berlin: Suhrkamp.

Khol, Andreas (2000): Demokratie und Solidarität: Caspar Einem und Andreas Khol in der Diskussion. In: ÖGPW Rundbrief, H. 3, S. 5–14.
Kimmerer, Robin W. (2013): Braided Sweetgrass: Indigenous Wisdom, Scientific Knowledge and the Teaching of Plants. Minneapolis: Milkweed Editions.
Kimmerer, Robin W. (2019): Geflochtenes Süßgras: Die Weisheit der Pflanzen. Berlin: Aufbau Verlag.
Kittel, Bernhard/Kritzinger, Sylvia/Boomgaarden, Hajo/Prainsack, Barbara/Eberl, Jakob Moritz/Kalleitner, Fabian/Lebernegg, Noelle S./Partheymüller, Julia/Plescia, Carolina/Schiestl, David W./Schlogl, Lukas (2021): The Austrian Corona Panel Project: monitoring individual and societal dynamics amidst the COVID-19 crisis. European Political Science, 20(2), S. 318–344.
Klammer, Ute/Klenner, Christina/Lillemeier Sarah (2018): „Comparable worth Arbeitsbewertungen als blinder Fleck in der Ursachenanalyse des Gender Pay Gaps? Studie Nr. 14, Hans-Böckler-Stiftung. Online unter www.boeckler.de/pdf/p_wsi_studies_14_2018.pdf (Zugriff 21.10.2023)
Komlosy, Andrea (2018): Work. The last 1.000 Years. London: Verso.
Körber Stiftung (2016): Arbeit, Rente, unversorgt? Was uns übermorgen erwartet: Ergebnisse einer repräsentativen forsa-Umfrage zur neuen Lebensarbeitszeit. Online unter https://koerber-stiftung.de/site/assets/files/22396/2016_arbeit-_rente-_unversorgt.pdf (Zugriff: 27.9.2023).
Kräftner, Florian (2019): „1 Jahr 12-Stunden-Tag-Gesetz". Online unter www.oegb.at/themen/arbeitsrecht/arbeitszeit/1-jahr-12-stunden-tag-gesetz (Zugriff: 12.9.2022).
Kurswechsel (2021): Politische Ökonomie kritischer Infrastruktur. H. 4.
Kurswechsel (2022): In Transformation. H. 2.
Kurz-Scherf, Ingrid (2004): „Hauptsache Arbeit?" – Blockierte Perspektiven im Wandel von Arbeit und Geschlecht. In: Baatz, Dagmar/Rudolph, Clarissa/Satilmis, Ayla (Hg.): Hauptsache Arbeit. Feministische Perspektiven auf den Wandel von Arbeit. Münster: Westfälisches Dampfboot. S. 24–46.
Laufenberg, Mike (2020): *Radical Care* und die Zukunft des Wohlfahrtsstaates. Konturen einer paradoxen Politik der Sorge. In: Behemoth, A Journal on Civilisation. Vol. 13, Issue No. 2, S. 99–120.

Laufer, Nora (2019): „Was ein garantiertes Grundeinkommen in Finnland brachte“. Online unter www.derstandard.at/story/2000107782132/was-ein-garantiertes-grundeinkommen-in-Finnland-brachte (Zugriff: 3.3.2023).

Lawrence, Mathew, and Laybourn-Langton, Laurie (2022): Planet on fire: A manifesto for the age of environmental breakdown. London: Verso Books.

Left, Sarah (2005): „One in seven UK children live in poverty“. Online unter www.theguardian.com/uk/2005/mar/01/childprotection.socialexclusion (Zugriff: 24.2.2023).

Lessenich, Stephan (2019): Die Grenzen der Demokratie. Teilhabe als Verteilungsproblem. Ditzingen: Reclam.

Lewis, Kyle/Stronge, Will/Kellam, Jack/Kikuchi, Lukas (2023): „The Results are in: The UK's four- day week pilot“. Online unter www.policycommons.net/artifacts/3450620/uk-4-day-week-pilot-results-report-2023/4250877/ (Zugriff: 3.3.2023).

Luterman, Sara (2019): „ Andrew Yang wants to sell you universal basic income. Beware if you have disabilities“. Online unter www.vox.com/first-person/2019/12/19/21026925/andrew-yang-disability-policy (Zugriff: 21.2.2023).

Madden, David/Marcuse, Peter (2016): In Defense of housing. The politics of crisis. London: Verso.

Mader, Katharina/Derndorfer, Judith/Disslbacher, Franziska/Lechinger, Vanessa/Six, Eva (2020): „Genderspezifische Effekte von COVID-19“. Online unter www.wu.ac.at/economics/mitarbeiter-innen/mader-k/genderspezifscheeffektevoncovid-19/ (Zugriff 31.3.2023).

Madörin, Mascha (2001): Show us the money! Frauen müssen Einfluss nehmen auf die Makroökonomie. In: AUFedition (Hg.): Kapitulieren vor dem Kapitalismus? Evaluierung der Zukunft – Eine feministische Sicht. Wien: Mandelbaum Verlag.

Marmot, Michael (2010): Fair Society, Healthy Lives: The Marmot Review. London: University College London.

Marshall, Thomas H. (1992): Bürgerrechte und soziale Klassen. Zur Soziologie des Wohlfahrtsstaates. Frankfurt a. M.: Campus.

Marterbauer, Markus/Schürz, Martin (2022): Angst und Angstmacherei. Für eine Wirtschaftspolitik die Hoffnung macht. 1. Auflage. Wien: Zsolnay.

McCall, Vikki/Satsangi, Madhu/Greasley-Adams, Corinne (2020): The Legacy of the Right to Buy and the Differentiation of Older Home Owners. In: Social Policy & Society 19, H. 2, S. 225–241.

Medinlive (2022): „Großbritannien. Rekord-Wartezeiten in Spitälern". Online unter www.medinlive.at/gesundheitspolitik/rekord-wartezeiten-spitaelern (Zugriff: 6.3.2023).

Medizinische Universität Wien (2017): „40-Stunden-Arbeitswoche als ‚gesunde Basis'". Online unter www.meduniwien.ac.at/web/ueber-uns/news/detailseite/2017/news-im-februar-2017/40-stunden-arbeitswoche-als-gesunde-basis/ (Zugriff 18.10.2023).

Meier-Gräwe, Uta/Praetorius, Ina/Tecklenburg, Feline (Hg.) (2023): Wirtschaft neu ausrichten. Care-Initiativen in Deutschland, Österreich und der Schweiz. Opladen: Barbara Budrich.

Mendel, Marliese (2022): Demonstrationen der Verzweiflung. In: Solidarität – Das ÖGB-Magazin für Österreichs Arbeitswelt, H. 997, S. 18–19.

Merrett, Stephen (1979): State Housing in Britain. London: Routledge.

Minardi, Roswitha (2022): Grundeinkommen. Herdprämie oder Booster für Geschlechtergerechtigkeit? Überlegungen zum Grundeinkommen, Band 4. Norderstedt: BoD – Books on Demand.

Mishel, Lawrence/Wolfe, Julia (2019): „CEO compensation has grown 940% since 1978: Typical worker compensation has risen only 12% during that time". Online unter www.epi.org/publication/ceo-compensation-2018/ (Zugriff: 24.2.2023).

Moder, Clara/Schultheiß, Jana (2023): Klimasoziale Politik. Entwicklungsmöglichkeiten des Sozialstaates in der Klimakrise. In: Die Armutskonferenz (Hg.): Es brennt. Armut bekämpfen, Klima retten. Norderstedt: BoD – Books on Demand. S. 153–161.

Mohammed, Samoa Zarah (2023). Zukunft jenseits des Marktes: Demokratie und gesellschaftliche Naturverhältnisse in sozialistischen Utopien. Baden-Baden: Nomos.

Moser, Michaela (2023). Wohnen ist politisch: Der Beitrag gemeinschaftlicher Wohnprojekte zu einer care-zentrierten Zukunft. In: Wirtschaft neu ausrichten: Care-Initiativen in Deutschland, Österreich und der Schweiz. Verlag Barbara Budrich. S. 125–136.

Möller, Carola (1996): Die neue Arbeitsorganisation. In: ÖGB-Rednerdienst, H. 2, S. 3–14.

Mouffe, Chantal (2018): Für einen linken Populismus. 1. Auflage. Berlin: Suhrkamp.

Müller, Hannah Lucia (2023): „Wohnbauland Wien: Preistreiber Privatunternehmen". Online unter www.awblog.at/wohnbauland-in-wien-preistreiber-privatunternehmen/ (Zugriff: 6.3.2023).

Mumok-Magazin (2022): „Von der Autonomie hin zu geteilten Situationen – Interview mit Karin Harrasser". Online unter www.mumok.at/de/blog/von-der-autonomie-hin-zu-geteilten-situationen-interview-mit-karin-harrasser (Zugriff: 16.2.2023).

Murphy, Richard (2016): The Joy of Tax. London: Penguin Random House UK.

Nagel, Britta (2016): „So wurde Wien zur Traumstadt aller Mieter". Online unter www.welt.de/finanzen/immobilien/plus157448490/So-wurde-Wien-zur-Traumstadt-aller-Mieter.html (Zugriff: 24.2.2023).

Netzwerk Menschenrechte: „Menschenrechte der Dritten Generation". Online unter www.netzwerk-menschenrechte.de/menschenrechte-der-dritten-generation-1139/ (Zugriff: 21.3.2023).

Neupert-Doppler, Alexander (2022): Ökosozialismus: INTRO-Eine Einführung. Wien: Mandelbaum.

Öhlinger, Theo (1998): Soziale Grundrechte im Verfassungsrecht. In: Appel, Margit/Blümel, Markus (Hg.): Soziale Grundrechte – Kriterien der Politik. Thaur: Verlag Thaur. S. 29–39.

O'Neill, Martin/Williamson, Thad (Hg.) (2014): Property-owning democracy: Rawls and beyond. New York: John Wiley & Sons.

Österreichische Bioethikkommission (2022). Die Klimakrise als ethische Herausforderung. Wien. Online unter www.bundeskanzleramt.gv.at/themen/bioethikkommission/publikationen-bioethik.html (Zugriff: 2.9.2023).

Partington, Richard (2022): „Benefit Cuts since 2010 increased UK child poverty in run-up to pandemic, says IFS". Online unter www.theguardian.com/business/2022/jul/14/benefit-cuts-since-2010-increased-uk-child-poverty-in-run-up-to-pandemic-says-ifs (Zugriff: 24.2.2023).

Piskur, Sarah Maria (2023): „‚Turbo zünden' für den Ausbau der Kinderbetreuung". Online unter www.tagblatt-wienerzeitung.at/nachrichten/politik/oesterreich/2174045-Turbo-zuenden-fuer-den-Ausbau-der-Kinderbetreuung.html (Zugriff: 6.12.2023)

Pistor, Katharina (2019): The Code of Capital: How the Law creates Wealth and Inequality. Princeton: Princeton University Press.

Pölsler, Gerlinde (2020): „,Wir sind hilfsbedürftig'. Kochen, Körperpflege und viel reden. Spritzen, Demenz und Tod: der verborgene Alltag der 24-Stunden Betreuerinnen". Online unter www.falter.at/zeitung/20201013/wir-sind-hilfsbeduerftig (Zugriff: 6.12.2023).

Pölsler, Gerlinde/Motter, Maria (2021): „Fossile Stoffe reichen bis in unsere Körper". Online unter www.falter.at/zeitung/20211116/fossile-stoffe-reichen-bis-in-unsere-koerper (Zugriff: 6.12.2023).

Pogge, Thomas W. (1995): Eine globale Rohstoffdividende. In: Analyse & Kritik 17, H. 2, S. 183–208.

Pogge, Thomas W. (2007): Eradicating systemic poverty: brief for a global resources dividend. In: Sur. Revista Internacional de Direitos Humanos 4, H. 6, S. 142–166.

Polanyi, Karl (1944/2001): The Great Transformation: the political and economical origins of our time. 3. Auflage. Boston: Beacon Press.

Portes, Jonathan; et al. (2017). Social prosperity for the future: A proposal for Universal Basic Services. www.ucl.ac.uk/bartlett/igp/sites/bartlett/files/universal_basic_services_-_the_institute_for_global_prosperity_.pdf.

Praetorius, Ina (2016a): Ökonomie der Geburtlichkeit: Wer das bedingungslose Grundeinkommen will, muss Wirtschaft vom menschlichen Anfang her denken. In: Blaschke, Ronald/Praetorius, Ina/Schrupp, Antje (Hg.): Das Bedingungslose Grundeinkommen. Feministische und postpatriarchale Perspektiven. Sulzbach a. Taunus: Ulrike Helmer Verlag. S. 31–45.

Praetorius, Ina (2016b): Nach der Schweizer Volksabstimmung: Das bedingungslose Grundeinkommen als care-ökonomisches Projekt. In: Katholische Sozialakademie Österreichs (Hg.): Grundeinkommen ohne Arbeit. Auf dem Weg zu einer kommunikativen Gesellschaft. Wien: ÖGB Verlag. S. XXI–XXVIII.

Prainsack, Barbara (2020): Vom Wert des Menschen: Warum wir ein bedingungsloses Grundeinkommen brauchen. Wien: Brandstätter Verlag.

Prainsack, Barbara/Wagenaar, Hendrik (2021): Assoziiert euch! Demokratie in komplexen Gesellschaften. In: Kurswechsel, H. 2, S. 76–89.

Prainsack, Barbara (2023a): Folgt die ÖVP dem britischen Tory-Drehbuch? Online unter www.derstandard.at/story/3000000180907/folgt-die-214vp-dem-tory-drehbuch (Zugriff: 2.9.2023).

Prainsack, Barbara (2023b): Wofür wir arbeiten. Wien: Brandstätter Verlag.

Prausmüller, Oliver (2021): Wenn die Krise Alltag wird. Zur Politischen Ökonomie kritischer Infrastruktur in der Vielfachkrise. In: Kurswechsel, H. 4, S. 3–6.

Randall, Akee/Copeland, William/Costello, E. Jane/Simeonova, Emilia (2018): How does household income affect child personality traits and behaviors? In: American Economic Review 108, H. 3, S. 775–827.

Rechnungshof Österreich (2022): „Allgemeiner Einkommensbericht 2022". Online unter www.rechnungshof.gv.at/rh/home/news/news/aktuelles/Allgemeiner_Einkommensbericht_2022.html (Zugriff: 16.2.2023).

Reckwitz, Andreas (2020): Das Ende der Illusionen. Politik, Ökonomie und Kultur in der Spätmoderne. Berlin: Suhrkamp.

Redl, Bernadette (2023): „Wohnungsangebot geht in Wien bis 2025 deutlich zurück". Online unter www.derstandard.at/story/2000143647311/wohnungsangebot-geht-in-wien-bis-2025-deutlich-zurueck (Zugriff: 6.3.2023).

Reitter, Karl (2021): Kritik der linken Kritik am Grundeinkommen. Wien: Mandelbaum Verlag.

Richter, Jessica (2017): „Hausgehilfe – Making of einer Verwaltungskategorie." Online unter www.univie.ac.at/fernetzt/hausgehilfe-vwgh/ (Zugriff: 14.2.2023).

Rifkin, Jeremy (1997): Das Ende der Arbeit und ihre Zukunft. Frankfurt a. M.: Fischer.

RIS (1978/2023): „Bundesrecht konsolidiert: Gesamte Rechtsvorschrift für Internationaler Pakt über wirtschaftliche, soziale und kulturelle Rechte, Fassung vom 16.2.2023". Online unter www.ris.bka.gv.at/GeltendeFassung.wxe?Abfrage=Bundesnormen&Gesetzesnummer=10000629 (Zugriff: 9.1.2023).

Ron, Amit (2008): Visions of democracy in ‚property-owning democracy': Skelton to Rawls and beyond. In: History of Political thought 29, H. 1, S. 168–187.

Rötzer, Florian (2017): „Umfrage: Mehrheit der Deutschen ist für ein bedingungsloses Grundeinkommen". Online unter www.heise.de/tp/features/Umfrage-Mehrheit-der-Deutschen-ist-fuer-ein-bedingungsloses-Grundeinkommen-3899702.html?seite=all (Zugriff: 20.2.2023).

Ryan-Collins, Josh/Greenham, Tony/Werner, Richard/Jackson, Andrew (2012): Where Does Money Come From? A Guide to the UK Monetary and Banking System. 2. Auflage. London: New Economics Foundation.

Saito, Kohei. 2023. Systemsturz. Der Sieg der Natur über den Kapitalismus. München: dtv.
Sauer, Birgit (2003): Zivilgesellschaft versus Staat? Geschlechterkritische Anmerkungen zu einer problematischen Dichotomie. In: Appel, Margit/ Gubitzer, Luise/Sauer, Birgit (Hg.): Zivilgesellschaft ein Konzept für Frauen? Frankfurt a. M.: Peter Lang Verlag. S. 117–136.
Schmidt, Wolfgang wodt (2020): Über strukturelle Erniedrigung und die Furcht vor Mitbestimmung. Demokratie in der Erwerbsarbeit und -arbeitslosigkeit. In: Die Armutskonferenz/Appel, Margit/Fabris, Verena/Knecht, Alban/Moser, Michaela/Rybaczek- Schutzbach, Franziska (2021): Die Erschöpfung der Frauen. Wider die weibliche Verfügbarkeit. München: Droemer.
Schwarz, Robert/Schenk, Martin/Stadlober, Stefanie (Hg.): Stimmen gegen Armut. Weil soziale Ungleichheit und Ausgrenzung die Demokratie gefährden. Norderstedt: BoD-Verlag. S. 141–144.

Scicurious (2013): „The Superiority Illusion: where everyone is above average". Online unter blogs.scientificamerican.com/scicurious-brain/the-superiority-illusion-where-everyone-is-above-average/ (Zugriff: 21.2.2023).
Segbers, Franz (2013): Soziale Sicherheit ist ein Menschenrecht. In: Blaschke, Ronald/Rätz, Werner (Hg.): Teil der Lösung. Plädoyer für ein bedingungsloses Grundeinkommen. Zürich: Rotpunktverlag. S. 11–24.
Sennett, Richard (2000): Der flexible Mensch. Die Kultur des neuen Kapitalismus. Berlin: Siedler Verlag.
Shaw, Christopher (2023). Liberalism and the Challenge of Climate Change. London: Routledge.
Shove, Elizabeth (2010): Beyond the ABC. Climate change policies and theories of social change. In: Environment and Planning A 42, H. 6, S. 1273–1285.
Simpson, Leanne B. (2014): Land as pedagogy: Nishnaabeg intelligence and rebellious transformation. In: Decolonization: Indigeneity, Education & Society 3, H. 3, S. 1–25.
Sitman, Matthew (2022): „Anti-Social Conservatives. The Republican Party is against society". Online unter www.gawker.com/politics/anti-social-conservatives (Zugriff: 21.2.2023).
Smyth, Stewart/Cole, Ian/Fields, Desiree (2020): From gatekeepers to gateway constructors: credit rating agencies and the financialization of housing associations. In: Critical Perspectives on Accounting 71, 102093.

Social Prosperity Network (2017): „Social prosperity for the future: A proposal for Universal Basic Services". Online unter www.ucl.ac.uk/bartlett/igp/sites/bartlett/files/universal_basic_services__the_institute_for_global_prosperity_.pdf (Zugriff: 24.2.2023).

Solnit, Rebecca (2022): Orwells Rosen. Hamburg: Rowohlt.

Sozialwissenschaftliche Rundschau (2022): Stadtleben in Wien: Bedingungen, Akteur*innen, Befunde 62, H. 3.

Spahl, Wanda/Prainsack, Barbara (2021): Lived Solidarity in the Austrian Health Care System. In: EAAST Review 40, H. 1, S. 55–61.

Standing, Guy (2020): Battling eight giants. Basic Income Now. London: L. B. Tauris.

Statistik Austria (2021): „Pensionen und Renten 1970 bis 2021". Online unter www.statistik.at/statistiken/bevoelkerung-und-soziales/sozialleistungen/pensionen/pensionen (Zugriff: 11.2.2023).

Statistik Austria (2023): „Jährliche Personeneinkommen". Online unter www.statistik.at/statistiken/bevoelkerung-und-soziales/einkommen-und-soziale-lage/jaehrliche-personeneinkommen (Zugriff: 11.3.2023).

Steinert, Heinz (2005): Eine kleine Radikalisierung von Sozialpolitik: Die allgemein verfügbare ‚soziale Infrastruktur zum Betreiben des eigenen Lebens' ist notwendig und denkbar. In: Widersprüche, H. 97, S. 51–67.

Stewart, Heather/Allegretti, Aubrey (2022): „Liz Truss plan to cut £11bn in Whitehall waste ‚ludicrous'". Online unter www.theguardian.com/politics/2022/aug/01/liz-truss-plan-to-cut-11bn-in-whitehall-waste-ludicrous?CMP=share_btn_tw (Zugriff: 24.2.2023).

Stiegler, Michael/Schönwälder-Kuntze, Tatjana (2017): Wie subsidiär ist (der) ‚Care'-Diskurs? In: Femina Politica. Zeitschrift für feministische Politikwissenschaft 26, H. 2, S. 19–33.

Stückler, David/Reeves, Aaron/Loopstra, Rachel/Karanikolos, Marina/McKee, Martin (2017): Austerity and health: the impact in the UK and Europe. In: European Journal of Public Health 27, H. 4, S. 18–21.

The Guardian (2013): „Margaret Thatcher: A life in quotes". Online unter www.theguardian.com/politics/2013/apr/08/margaret-thatcher-quotes (Zugriff: 21.2.2023).

Thieme, Sebastian (2021): Jobgarantie und Erwerbsmythos. In: Kurswechsel, H. 2, S. 102–107.

Tröger, Josephine/Wullenkord, Marlis (2020): Psychologische Perspektiven auf Lebens- und Konsumverhältnisse. Bedingungsloses Grundeinkommen – Ein Schlüssel zur Suffizienz? In: Ökologisches Wirtschaften, H. 4, S. 20–21.

Tronto, Joan C. (2013): Caring Democracy. Markets, Equality, and Justice. New York: University Press.

Tronto, Joan C. (2015): Who Cares?: How to Reshape a Democratic Politics. Ithaca: Cornell University Press.

Tronto, Joan C./Fisher, Bernice (1990): Toward a Feminist Theory of Caring. In: Abel, Emily/Nelson, Margaret (Hg.): Circles of Care. Albany, NY: SUNY Press. S. 36–54.

Unger, Petra (2018): Frauenwahlrecht. Demokratie und Frauenrechte. St. Nikolausstift Erzdiözese Wien: Eigenverlag.

Universität Osnabrück (2020a): „Arbeitswelt Monitor-Ergebnisse der 1. Befragung". Online unter www.arbeit-corona.uni-osnabrueck.de/ergebnisse-welle-1/ (Zugriff: 16.2.2023).

Universität Osnabrück (2020b): „Arbeitswelt Monitor- Ergebnisse der 2. Befragung". Online unter www.arbeit-corona.uni-osnabrueck.de/ergebnisse-welle-2/ (Zugriff: 16.2.2023).

Universität Osnabrück (2021): „Arbeitswelt Monitor- Ergebnisse der 3. Befragung". Online unter www.arbeit-corona.uni-osnabrueck.de/ergebnisse-welle-3/ (Zugriff: 16.2.2023).

University of Glasgow (2022): „University News: The devastating cost of austerity on health across the UK". Online unter www.gla.ac.uk/news/headline_852679_en.html (Zugriff: 24.2.2023).

Unterrainer, Christine (2020): Psychologische Auswirkungen von demokratischen Praktiken in Organisationen. In: Die Armutskonferenz/Appel, Margit/Fabris, Verena/Knecht, Alban/Moser, Michaela/Rybaczek-Schwarz, Robert/Schenk, Martin/Stadlober, Stefanie (Hg.): Stimmen gegen Armut. Weil soziale Ungleichheit und Ausgrenzung die Demokratie gefährden. Norderstedt: BoD-Verlag. S. 131–140.

Urban, Petr/Ward, Lizzie (Hg.) (2020): Care ethics, democratic citizenship and the state. Cham: Springer International Publishing.

Van Dyk, Silke (2022): (Ent-)Privatisierung und Kollektiveigentum. Von der Engführung der Verteilungsfrage zu einer neuen Politik des Öffentlichen. In: Kurswechsel, H. 3, S. 9–21.

Verein Joan Robinson/WIDE (Hg.) (2022): Anders wirtschaften – Zeit für eine Care-Wende. Die Covid-Krise und die möglichen Veränderungsschritte anhand des 5-Sektorenmodells der Gesamtwirtschaft betrachtet. Ein Dossier. Wien: Eigenverlag.

Vienna (2021): „Lange Wartezeiten vor Notaufnahmen in England: Zwei Patienten gestorben". Online unter www.vienna.at/lange-wartezeiten-vor-notaufnahmen-in-england-zwei-patienten-gestorben/7172237 (Zugriff: 6.3.2023).

Wagenaar, Hendrik (2007): Governance, Complexity and Democratic Participation: How citizens and public officials harness the complexities of neighbourhood decline. In: American Review of Public Administration 37, H. 1, S. 17–50.

Wagenaar, Hendrik/Prainsack, Barbara (2021): The Pandemic Within: Policy Making for a Better World. Bristol, UK: Policy Press.

Wakolbinger, Florian/Dreer, Elisabeth/Schneider Friedrich (2020): „Konsumsteuer finanziertes BGE in Österreich". Online unter fuereinander.jetzt/sites/default/files/2020%20JKU%20GAW%3A%20Basisstudie%20Konsumsteuer%20Finanziertes%20BGE%20in%20%C3%96sterreich.pdf (Zugriff: 21.2.2023).

Walther, Herbert (2008): Zwischen Effizienz und Gerechtigkeit. Auf der Suche nach einem fairen Arbeitsmarkt. In: Washietl, Engelbert/Pfisterer, Eva (Hg.): Arbeit – der Menschen zwischen Fremd- und Selbstbestimmung. Wien: Lit-Verlag. S. 107–122.

Weber, Wolfgang/Unterrainer, Christine/Schmid, Birgit E. (2009): The influence of organizational democracy on employees' socio-moral climate and prosocial behavioral orientations. In: Journal of Organizational Behavior 30, H. 8, S. 1127–1149.

Weiss, Alexia (2021): Schluss mit lustig. Online unter https://kompetenz-online.at/2021/12/02/schluss-mit-lustig/ (Zugriff 6.12.2023).

Werner, Götz/Lauer, Enrik (2018): Einkommen für alle. Bedingungsloses Grundeinkommen – die Zeit ist reif. Köln: Kiepenheuer & Witsch.

Wichterich, Christa (1998): Die globalisierte Frau. Berichte aus der Zukunft der Ungleichheit. Reinbek b. Hamburg: Rowohlt.

Wichterich, Christa (2012): Mikrokredite und die Entdeckung der Frauen. In: Luxemburg, H. 4, S. 28–35.

Wichterich, Christa (2019): Reproduktionskrisen, Sorgeextraktivismus und Sorgekämpfe in Indien. In: PROKLA, Zeitschrift für kritische Sozialwissenschaft 49, H. 197, S. 533–549.

Wichterich, Christa (2020): Care und Commons als transformatorische Strategien gegen Versorgungs-, Anerkennungs- und Zeitarmut, In: Dackweiler, Regina-Maria/Rau, Alexandra/Schäfer, Reinhild (Hg.): Frauen und Armut – Feministische Perspektiven. Opladen/Berlin/Toronto: Verlag Barbara Budrich. S. 416–432.

WIDE Switzerland (2015): Aus der Sicht der feministischen Ökonomie: Kritische Einwände zum bedingungslosen Grundeinkommen.

Wilcox, Steve (2003): „UK Housing Review 2003/04 from the Chartered Institute of Housing". Online unter www.ukhousingreview.org.uk/ukhr0304/index.html (Zugriff: 24.2.2023).

Winker, Gabriele (2020): Das Ganze der Arbeit revolutionieren. In: AEP-Informationen. Feministische Zeitschrift für Politik und Gesellschaft 47, H. 3, S. 28–31.

Winker, Gabriele (2021): Solidarische Care-Ökonomie. Revolutionäre Realpolitik für Care und Klima. Bielefeld: transcript.

Yunkaporta, Tyson (2019) Sand talk: How Indigenous Thinking Can Save the World. San Francisco: HarperOne.

Zandonella, Martina (2021): Wessen Demokratie? Ökonomische und politische Ungleichheit im Wechselspiel. In: Kurswechsel, H. 2, S. 8–16.